KB214649

예수님이 전파하는 돌이킴과 그 열매

- 돌이킴의 말씀으로 읽는 마태복음 -

다함
도서출판 은

1. **다윗**과 아브라**함**의 자손
   아브라함과 다윗의 자손으로, 하나님 구원의 언약 안에 있는 택함 받은 하나님 나라 백성을 뜻합니다.

2. 마음과 뜻과 힘을 **다하여** 하나님을 사랑하라
   구약의 언약 백성 이스라엘에게 주신 명령(신 6:5)을 인용하여 예수님이 가르쳐 주신 새 계명
   (마 22:37, 막 12:30, 눅 10:27)대로 마음과 뜻과 힘을 다해 하나님을 사랑하겠노라는 결단과 고백입니다.

사명선언문
1. 성경을 영원불변하고 정확무오한 하나님의 말씀으로 믿으며, 모든 것의 기준이 되는 유일한 진리로 인정하겠습니다.
2. 수천 년 주님의 교회의 역사 가운데 찬란하게 드러난 하나님의 한결같은 다스림과 빛나는 영광을 드러내겠습니다.
3. 교회에 유익이 되고 성도에 덕을 끼치기 위해, 거룩한 진리를 사랑과 겸손에 담아 말하겠습니다.
4. 하나님 앞에서 부끄럽지 않도록 항상 정직하고 성실하겠습니다.

예수님이 전파하는 돌이킴과 그 열매
- 돌이킴의 말씀으로 읽는 마태복음 -

초판 1쇄 인쇄 2024년 02월 21일
초판 1쇄 발행 2024년 03월 04일

지은이 | 이충재

교 정 | 김석현
펴낸이 | 이웅석
펴낸곳 | 도서출판 다함
등 록 | 제2018-000005호
주 소 | 경기도 군포시 산본로 323번길 20-33, 701-3호(산본동, 대원프라자빌딩)
전 화 | 031-391-2137
팩 스 | 050-7593-3175
블로그 | https://blog.naver.com/dahambooks
이메일 | dahambooks@gmail.com
ISBN 979-11-90584-93-7 [03230]

예수님이 전파하는

돌이킴과
그 열매

돌이킴의 말씀으로 읽는
마태복음

이충재 지음

다함
도서출판

목차

추천사

본서는 마태복음을 '돌이킴'이라는 주제로 탁월하게 해석하고 안내합니다. 회개는 마태복음뿐만 아니라 기독교 신앙에서 가장 중요하고 실제적인 주제임에도, 이 주제를 다룬 전문 서적을 찾아보기 어렵습니다. 마태복음의 '돌이킴'을 주제로 박사 학위를 받고 출판한 이충재 교수는 이 분야에 전문가로서뿐만 아니라, 돌이키게 하시는 성령의 임재를 깊이 경험한 목격자로서 저술합니다. 성경 신학적으로 접근하는 이충재 교수는 먼저 구약 성경과 신약 성경에 나타난 '돌이킴'의 주제를 드론의 렌즈로 볼 수 있게 안내합니다. 마태복음은 구약 성경에 대한 이해가 없이는 제대로 읽기 힘든 복음서입니다. 마태복음에 나타난 '돌이킴'

의 주제도 구약 성경의 개념을 반영하므로 독자는 '돌이킴'을 중심으로 구약 성경과 마태복음이 어떻게 연결되는지 쉽게 이해할 수 있습니다. 세례 요한과 예수님의 생애와 사역은 하늘나라에 들어가는 '돌이킴'을 강조한 점에서 연결됩니다. 저자는 마태복음의 숲을 친절하게 보여주면서 돌이킴과 열매의 관계를 설명합니다. 이어서 저자는 '열매'의 개념을 마태복음의 독특한 문학적 구조인 '강화'에 나타난 돌이킴의 주제를 통해 해석합니다. 마태복음은 아름다운 천상의 언어로 신자들을 격려하면서도 어떤 성경보다도 '돌이킴'을 강조합니다. 마태가 소개하는 하늘나라의 복음은 '돌이킴'의 개념을 알고 실천하는 백성을 통해 확장됩니다. 독자들은 보화와 같은 본서를 통해 돌이키는 백성을 부르고 원하시는 삼위일체 하나님의 마음을 배울 수 있을 것입니다.

강대훈 교수 (총신대학교 신학대학원, 신약학)

본서는 교회가 자주 사용하지만 그 본래적 의미를 쉽게 놓쳐왔던 '돌이킴'(메타노이아)을 연구하되, 마태복음의 맥락에서 그 사용과 의미를 철저하고도 깊이 있게 찾아갑니다. 본서만의 장점은 회개가 예수의 사역의 중심이라는 점을 마태복음을 통해서 밝히되, 이때까지 개별적으로 연구하던 주제들(산상수훈, 파송강화, 교회 공동체 강화, 감람산 강화 등)이 사실은 '돌이킴'이라는 주제로 볼 때 가장 잘 이해되고 설명될 수 있다는 점을 설득력 있게 논증하고 있다는 것입니다. 또한 그동안 교회의 소명이라 여겨온 '사람을 돌이켜 합당한 열매를 맺게 하는 일'이 얼마나 예수의 가르침에 충실한 것임을 선명하게 알려줍니다. 본서는 교회가 앞으로도 타협할 수 없고 해서도 안 되는 본질을 두고 고민하는 독자에게 분명한 지침이 될 것을 확신하며 일독을 권합니다.

박윤만 교수 (대신대학교 신학대학원장, 신약학)

우리 안에 피상적 회개와 하다가 만 돌이킴이 적지 않습니다. 이런 차제에 이충재 박사의 신간은 성경적 돌이킴의 의미를 잘 살핀 후 그리스도인의 실천적 돌이킴을 촉구합니다. 무엇보다 저자는 마태복음에서 돌이킴을 예수님의 구원 사역의 중심 목표로 볼 수 있는 근거를 제시하면서, 마태복음 전체 메시지에서 돌이킴을 관통시킵니다. 본서를 통해 예수님의 구원의 은총을 입은 하나님의 백성이라면, 하나님의 뜻과 선한 행실을 전 생애에 걸쳐서 힘써 이루어야 한다는 귀한 교훈을 얻게 됩니다.

송영목 교수 (고신대학교 신학과, 신약학)

오늘날 기독교의 문제점을 한마디로 말하자면 죄의 인식과 의의 추구가 결여되었다는 점일 것입니다. 안타깝게도 기독교인들은 죄에 무감각해졌습니다. 죄를 짓고도 아무런 통증 없이 버젓이 활보합니다. 죄를 느끼지도 않고, 두려워하지도 않고, 피하지도 않고, 싸우지도 않습니다. 동시에 기독교인들이 의에 무기력해진 것도 걱정스런 일입니다. 의를 알려고 하지도 않고, 따르지도 않고, 행하지도 않고, 의의 열매를 맺지도 않습니다. 죄에 대한 인식과 의에 대한 추구를 상실한 오늘날 기독교에 가장 절실하게 요구되는 것은 회개입니다. 죄로부터 나와서 의에 참여하는 돌이킴입니다. 회개는 성경의 본질적 요구이지 않습니까?

이런 현실에서 이충재 박사는 마태복음을 가지고 "돌이킴"(회개)을 화두로 꺼내들었습니다. 우리 시대에 정말로 통절하게 필요한 말머리입니다.

마태복음은 신약 성경의 첫 번째 책이자 예수님의 말씀과 활동을 다량으로 지닌 큰 분량의 책이기 때문에, 세상에는 마태복음 연구가 봇물 터진 것처럼 많고 다양한 주제를 피력하며 소용돌이치듯이 꽤나 활발하게 진행됩니다. 이런 와중에 이충재 박사는 "돌이킴(회개)"을 중심 주제로 삼아 마태복음을 연구합니다. 그의 연구는 마태복음 전체를 꿰뚫어 보면서 "돌이킴(회개)"이라는 주제가 어떻게 녹아있는지 집요하게 밝힙니다.

먼저 이 책은 회개의 개념을 선명하게 정리해줌으로써 우리가 얼마나 회개를 잘못 이해하고 있는지 바로 잡는 일을 합니다. 이어서 마태복음 본문 전부를 해설하면서 각 단락마다 "돌이킴(회개)"이라는 주제가 어떻게 연결되는지 일목요연하게 보여줍니다. 또한 이 책은 박사학위논문을 바탕으로 하고 있기 때문에, 웬만해서는 접하기 어려운 유수한 학자들의 견해와 해석을 들여다볼 수 있는 짭짤한 유익을 부수적으로 얻을 수 있습니다.

이충재 박사는 죄에 대한 두려움과 의에 대한 간절함을 잃어버린 우리 시대에 신선한 도전을 일으키는 값지고 요긴한 책을 내놓았습니다. 이 책으로 "돌이킴(회개)"이 기독교 안에 들끓는 이야깃거리가 될 것을 기대합니다.

조병수 교수 (합동신학대학원대학교 전임 총장
/명예교수, 프랑스 위그노 연구소 대표)

'돌이킴'(회개)라는 주제로 마태복음을 읽으면, 어떤 이야기들이
나올까요? 짧지만 인상적이고 친절한 이 책은 이런 질문에 대한
귀한 답을 제공합니다. 오늘날, 은혜로 얻는 구원을 확신하면서
도 '열매 맺기까지 돌이키는 참된 회개의 길'은 가볍고도 소홀하
게 취급하는 경향이 있습니다. 저자는 자신의 소중한 영적 경험
과 학문적 연구를 발판으로, 마태복음을 관통하는 '돌이킴'의 주
제를 새롭게, 도전적으로, 설득력 있게 설명합니다. 교회의 참
된 부흥을 기다리는 진지한 그리스도인이라면, 이 책이 주는 도
전을 꼼꼼하게 살펴보려 할 것입니다.

채영삼 교수 (백석대학교 신학대학원, 신약학)

들어가며

예수님을 믿는 대부분의 사람이 경험하겠지만, 필자가 기억하는 세 번의 회개 경험이 있습니다. 첫 번째는 초등학교 2학년 여름성경학교 어느 저녁에 경험한 것입니다. 예배당의 불이 꺼지고 십자가에 촛불이 밝혀졌을 때 전도사님이 아이들에게 십자가의 의미를 설명하고 지은 죄를 회개하게 하였습니다. 예수님이 나의 죄 때문에 돌아가신 사실을 강력하게 선포하고 그 큰 사랑 앞에 지은 죄를 고백하고 용서를 얻으라는 부르심에 많은 아이들이 울며 지은 죄를 고백하고 용서를 구했습니다.

당시 제 옆에 앉아있던 형은 진짜 나쁜 형이었는데 그 형이 울면서 죄를 고백하고 용서를 구하기 시작하자 저도 눈물이 터져 나왔습니다. 저는 당시 착한(?) 아이였기 때문에 지은 죄가 많이 없었다고 생각했지만 지난 시간 부모님께 잘못했던 것, 친구들에게 잘못했던 것, 동생에게 잘못했던 것들이 마구 떠오르면서 모든 죄를 고백하고 용서를 구했습니다. 그리고 한없는 용서의 사랑 앞에 감격하며 눈물을 흘렸습니다. 어린 시절에 경험한 놀라운 성령의 돌이킴의 역사였습니다.

두 번째는 대학 시절 캠퍼스 선교 단체 수련회에서 경험한 것입니다. 저희 단체는 여름과 겨울 방학을 마쳐갈 때쯤 새로운 학기를 준비하며 수련회를 했습니다. 2004년쯤 여름 방학이 끝나가는 8월 말에 어느 때와 같이 하나님의 말씀을 사모하고 기도하기 위하여 수련회에 참여했습니다. 당시 한 선배 목사님이 특강을 해주러 오셨습니다. 목사님은 대학생 시절 자신의 성적 타락을 고백하며 하나님 앞에 순결한 청년의 모습에 대해 설교하였습니다. 그 선배 목사님은 대학 시절 아름답고 예쁘게 교제하고 있던 자매와 혼전 성관계를 가진 죄를 고백했습니다. 그로 인해 아름다웠던 관계를 망치고 서로에게 큰 상처만 남긴 것을 통회하며 눈물로 고백하셨습니다. 저는 그 당시까지도 상당히 착한(?) 청년이었기 때문에 여성과 어떤 스킨쉽도 해보지 않았었습니다. 그런데 당황스럽게도 목사님의 눈물의 고백을 들으면서 제 눈에도 주체할 수 없는 눈물이 흐르기 시작했습니다.

지금 돌이켜 보면 옆에 있던 형제자매들이 제 모습을 보고 같은 죄를 저질렀기 때문에 멈추지 않는 회개의 눈물을 흘렸다고 생각했었던 것 같습니다. 하지만 제 눈물의 의미는 어떤 성적 타락에 대한 뉘우침이나 후회의 눈물이 아니었습니다. 돌이켜 예수님을 따르는 거듭난 영혼으로서 내 모든 마음과 모든 삶에 하나님이 아닌 것이 하나도 없이 순결하고 싶다는 갈망의 눈물이었습니다. 그리고 내 영혼에 주님이 아닌 다른 세상적인 욕심, 내가 늘 먼저이던 자아, 예수님이 아닌 세상적인 자랑 등을 미워하고 그것을 모두 태워 없애 버리고 싶은 소망을 담은 기도의 눈물이었습니다. 강의가 마친 후에도 눈물을 멈출 수가 없었고 그 순수하고자 했던 간절함은 여전히 제 마음과 삶의 한 켠을 채우고 있습니다.

세 번째는 대학생 시절 출석하던 교회의 한 여름 수련회에 경험한 것입니다. 이번 경험은 당시 부교역자로 섬기던 한 목사님이 자신의 악한 마음을 고백하면서 시작되었습니다. 그날의 느낌이 아직도 느껴질 만큼 너무 강한 회개의 성령이 모든 교회에 임하였습니다. 당시 부목사님은 서울에서 사역하시다가 경기도 안성에 내려오셨는데, 서울이 아닌 지방에 내려간다는 것은 실패한 사역자가 되는 것이라고 생각했다고 하셨습니다. 그리고 잠시 있다가 다시 서울로 올라가야지 하는 어리석은 생각을 했다고 고백하셨습니다. 목사님은 주님이 보내주신 교회에 모든 마음을 두지 못하고 진실하게 섬기지 못한 것을 고백하며 교회 앞에 죄송하다고 고백하셨습니다.

　교회 앞에 털어놓은 죄의 고백과 "죄송합니다"라는 사죄의 말은 그 모든 것을 듣고 있던 교인들의 마음에 크게 다가왔습니다. 그때 너무나 강한 회개의 영이 임하여 모든 성도가 그 마음에 공감하고 죄를 고백하며 울기 시작했습니다. 그런데 정말 특별했던 점은 그당시 다들 바닥에 앉아서 예배를 드리고 있었는데 성령이 임하였을 때 앉아있을 수가 없었다는 것입니다. 그렇다고 일어난 것도 아니었습니다. 바닥이 우리 모두를 강한 힘으로 끌어당겨 온몸이 바닥에 엎드려졌고 바닥을 치며 죄를 고백하고 애통했습니다. 저는 이 장면을 기억하고 있습니다. 정말로 도미노가 쓰러지듯이 혹은 강한 바람에 숲이 흔들리며 나무들이 일제히 한 방향으로 눕혀지듯이 교인들이 바닥에 엎드려져 눈물로 통회하며 기도하고 있었습니다.

　다른 형제자매들이 어떤 회개의 기도를 드렸는지 다 알지는 못합니다. 하지만, 저는 다시 한번 오직 하나님이 나의 마음에 전부가 되도록 간구하였습니다. 그리고 주님이 아닌 것으로 만족하고 잠시 있다 없어질 것들로 안정감을 가지며 살았던 삶을 회개했습니다. 다시 말해 나의 삶의 목적과 방향이 주님이 아니었던 것을 회개하며 순수함을 회복하기를 바라는 간절한 기도를 드렸습니다. 오직 주님 한 분만으로 충분하고 그분의 말씀으로 가득한 순결한 주의 백성으로 다시 새롭게 돌이키도록 기도했습니다. 그리고 무엇보다 성령님은 하나님이 보내 주신 내 교회 공동체를 진실로 내 몸과 같이 사랑하고 섬기고자 하는 마음을 불러일으켜 주셨습니다.

우리의 회개는 단순히 나쁜 짓, 더러운 짓, 나쁜 말, 음란물, 시기, 질투 등을 뉘우치고 후회하는 것이 아니었습니다. 우리 모든 마음과 그에 따른 삶을 완전히 돌이켜 주님만 사랑하고 주님만으로 가득하고 만족하길 바라는 회개였습니다. 그리고 우리 대부분은 마음과 삶에 하나님의 은혜로 충만하게 되었고 그로 인한 기쁨과 즐거움에 춤추며 찬양하였습니다. 그날 이후 평소에 관계가 좋지 않았던 어떤 형제자매들은 화해하여 관계를 회복하였습니다. 그리고 대부분은 더 크고 순수한 마음으로 교회 공동체를 사랑하고 섬겼습니다.

이 세 번의 경험은 하나님의 말씀에 따라 비둘기같이 순결한 주의 백성으로 돌이키는 시작점이자 연속점이 되었습니다. 성경이 늘 회개를 말하며 그에 합당한 열매를 명하듯이 저의 이 경험들은 항상 조금 더 분명하고 구체적으로 하나님께 더욱 순수하게 다가가는 아름다운 돌이킴의 열매가 맺히는 경험들이었습니다. 이와 같은 강한 성령의 역사로 인한 돌이킴의 경험은 단회성 체험에서 끝나야 하는 것이 아닙니다. 예수님은 돌이키라고 전파하며 수많은 사람을 돌이켰습니다. 또한 예수님은 불과 성령으로 세례를 주어 사람들을 돌이키고 그에 합당한 열매를 가르치며 맺게 하셨습니다. 돌이킴은 체험일 뿐만 아니라 그에 합당한 열매를 맺는 삶이기도 하기 때문입니다.

필자의 지난 경험과 마태복음 말씀의 연구로 지어진 이 책은 예수님이 가르치는 돌이킴과 그에 합당한 열매를 종합적으로 해설합니다. 이 책은 필자의 박사 학위 졸업 논문과 그것을 수정하여 출판한 *Repentance as a major theme of the Gospel of Matthew* (Wipf&Stock: Eugene, OR; 2020)에 뿌리를 둔 책입니다. 출판된 논문을 기반으로 질그릇을 만들고 그 안에 보석과도 같은 하나님 말씀을 담아 내어놓습니다. 질그릇과 같은 이 책이 마태복음에서 돌이키라고 선포하는 예수님의 말씀을 교회와 성도들에게 잘 전달하여 유익을 드릴 수 있기를 기도합니다. 이 책은 너무나도 놀라운 돌이키게 하는 성령의 역사가 그에 합당한 열매를 맺는 역사로 이어지도록 도울 것입니다.

책의 구성

이 책은 마태복음에서 예수님이 명하는 돌이킴과 그에 합당한 열매를 다룹니다. 이 책은 크게 3부로 나뉘어져 구성됩니다. 먼저 1부에서는 예수님이 명하는 돌이킴을 이해하기 위해 돌이킴의 사전적·성경적 의미를 살펴볼 것입니다. 1부를 여는 1장에서는 "회개하다"라고 번역하는 메타노에오($\mu\varepsilon\tau\alpha\nuo\acute{\varepsilon}\omega$)의 사전적 의미를 살펴보고, 이를 통해 우리가 일반적으로 사용하는 "회개"에 대한 오해와 예수님이 명하시는 돌이킴(회개)의 바른 의미를 확인할 것입니다. 2장에서는 예수님이 명하시는 돌이킴을 이해하기 위해 하나님이 구약 모세 오경부터 시작하여 역사서를 지나 선지서에 이르기까지 반복적으로 선포하는 돌이킴의 말씀을 확인할 것입니다. 3장에서는 사복음서를 시작으로 서신서를 거쳐 요한계시록에 이르기까지 신약 성경이 선포하는 돌이킴을 확인할 것입니다. 이를 통해 예수님이 명하는 돌이킴의 바른 의미를 확인할 것입니다. 그리고 부가적으로 신구약 전체 성경이 돌이킴을 상당히 중심적인 말씀으로 선포하고 있다는 것을 확인할 것입니다.

2부에서는 마태복음에서 예수님이 돌이킴을 전파하고 그에 합당한 열매를 가르치는 사역을 중점적으로 펼치셨음을 확인할 것입니다. 먼저, 2부를 여는 4장에서는 마태복음의 서론이라고 할 수 있는 마태복음 3장에서 세례 요한이 예수님에 앞서 돌이킴을 중점적으로 전파하며 사역하는 모습을 자세히 살펴볼 것입니다. 그리고 마태복음의 본론인 4-28장에서 예수님이 세례 요한을 이어 그와 동일하게 돌이킴을 전파하는 사역을 이어가는 모습을 자세히 확인할 것입니다. 이를 통해 마태복음 서론에 등장하는 세례 요한과 본론에 등장하는 예수님이 공생애 동안 돌이킴을 중심으로 사역을 펼치셨음을 확인할 것입니다.

5장에서는 여러 증거들을 통해 예수님이 공생애 동안 하늘나라의 도래에 따른 돌이킴과 그에 합당한 열매를 가르치며 죄인을 돌이켜 구원하는 사역을 중점적으로 펼치셨음을 확인할 것입니다. 마지막으로 6장에서는 예수님이 돌이킴을 중심으로 펼치는 공생애 사역과 그것을 기록하는 마태복음의 큰 줄거리를 정리해 볼 것입니다. 마태복음 1장부터 28장까지 예수님의 사역과 가르침을 추적하며 그 내용들이 돌이킴을 중심으로 전개되고 있는 것을 확인할 것입니다.

3부에서는 마태복음에서 예수님이 돌이킴을 전파하며 가르치는 돌이킴에 합당한 열매들을 살펴볼 것입니다. 먼저 7장에서는 예수님이 돌이킴에 합당한 열매로서 가르치는 제자도를 살펴본 후, 8장에서는 예수님이 돌이킴에 합당한 열매로서 마태복음 5-7장 산상수훈에서 가르치는 더 나은 의를 살펴볼 것입니다. 9장에서는 예수님이 마태복음 10장 파송 강화와 지상 명령에서 돌이킴에 합당한 열매로서 명하는 돌이킴을 전파하며 목숨을 다하는 선교하는 합당한 삶을 살펴볼 것입니다. 10장에서는 예수님이 마태복음 18장 공동체 강화에서 가르치는 십자가를 본 받는 돌이킴에 합당한 자기 낮춤과 섬김의 열매를 살펴볼 것입니다. 그리고 마지막으로 11장에서는 예수님이 마태복음 23-25장 마지막 강화에서 돌이킴의 유무에 따른 구원과 심판에 대해 집중적으로 선포하는 것과 돌이킴에 합당한 열매를 항상 맺는 지혜와 충성으로 재림을 준비하는 것을 살펴볼 것입니다.

이 책을 통해 예수님이 전파하는 돌이킴의 의미를 바르게 이해하고, 예수님이 공생애 동안 중점적으로 돌이킴을 전파하며 그에 합당한 열매를 가르치는 사역을 펼치시는 것을 확인할 수 있을 것입니다. 예수님이 돌이킴과 그에 합당한 열매를 가장 중요한 구원의 길로 가르치고 있다는 것과, 예수님이 명하는 돌이킴에 합당한 다양한 열매들을 자세하고 구체적으로 배울 수 있을 것입니다. 그리고 이전에 즐기던 죄악을 모두 버리고 주의 말씀에 따라 30배, 60배, 100배 돌이킴에 합당한 열매를 맺는 풍성한 삶을 살아가는 데 도움을 얻을 수 있을 것입니다.

1부
돌이킴의 바른 의미

> 그때부터 예수께서는 "회개하여라 하늘나라가 가까이 왔
> 다"하고 선포하기 시작하셨다 (마 4:17 새번역)

마태복음은 신약 성경의 첫 번째 책으로서 예수님이 세상에 오
시어 죽어가는 모든 죄인을 돌이켜 구원하는 공생애 사역을 상
당히 체계적으로 기록하고 있습니다. 특히, 마태복음 4장 17절
은 예수님이 공생애 사역을 시작하는 첫 장면을 보여줍니다. 세
상을 죄와 죽음에서 구원하기 위해 오신 그리스도 예수님이 시
작하는 공생애 사역의 첫 장면은 어떤 모습일까요?

새번역 성경은 예수님의 공생애 사역의 첫 장면을 다음과
같이 묘사합니다. "그때부터 예수께서는 '회개하여라 하늘나
라가 가까이 왔다'하고 선포하기 시작하셨다"(마 4:17). 예수님
은 죄악과 그로 인한 죽음의 심판 아래 있는 세상을 구원하기
위해 "회개하여라(돌이키라)"라고 선포하기 시작합니다. 왜냐하
면, 이제 하늘나라의 도래와 함께 세상을 마지막으로 심판하는
날이 가까이 왔으므로 그들이 구원을 얻을 길은 하나님께 돌이
키는 것뿐이기 때문입니다.

그렇다면 예수님이 공생애 사역을 열며 전파하기 시작하는
돌이킴(회개)은 정확히 어떤 의미일까요? 기독교인이라면 누구라
도 돌이킴(회개)에 대해 알고 있고 그것이 어떤 것인지에 대한 각
자의 생각과 경험을 가지고 있을 것입니다. 그러나 예수님이 전

파하기 시작하는 돌이킴의 의미를 정확히 알아야 할 필요가 있습니다. 왜냐하면 예수님이 전파하며 가르치는 돌이킴(회개)과 오늘날 우리가 생각하는 돌이킴(회개)은 사뭇 다르기 때문입니다.

예수님이 전파하는 돌이킴을 이해하기 위해 구약 성경과 신약 성경이 전파하는 돌이킴을 모두 살펴보는 것이 유익할 것입니다. 모든 성경의 중심이자 저자이신 예수님이 구약 성경과 다른 돌이킴을 선포하지는 않으실 것이기 때문입니다. 그리고 무엇보다 예수님이 돌이키라고 전파하기 시작하며 펼쳐가는 공생애 사역과 가르침을 살펴보아야 합니다. 예수님의 전파와 사역은 우리에게 돌이킴이 무엇인지 정확히 알려주어 돌이킴에 대한 잘못된 이해를 바르게 교정해 줄 수 있기 때문입니다.

이 책의 1부에서는 마태복음에서 예수님이 명령하며 가르치는 돌이킴이 무엇인지 살펴볼 것입니다. 이를 위해 1장에서는 예수님이 전파하는 돌이킴을 바르고 정확하게 이해하기 위해 간략한 사전적 의미를 살펴보고, 2장에서는 예수님이 명하는 돌이킴을 바르게 이해하기 위해 가장 중요한 곳인 구약 성경이 명하는 돌이킴의 의미와 그것이 선포되는 여러 장면을 살펴볼 것입니다. 그리고 3장에서는 예수님을 비롯한 신약 성경이 명하는 돌이킴과 그것이 전파되는 여러 장면을 살펴볼 것입니다. 이를 통해 부가적으로 돌이킴이 마태복음뿐만 아니라 성경 전체를 관통하는 주요한 주제라는 것을 확인할 것입니다.

RE:TURN

1. 예수님이 선포하는 돌이킴의 의미

> 그때부터 예수께서는 "회개하여라. 하늘나라가 가까이 왔
> 다"하고 선포하기 시작하셨다 (마4:17 새번역)

마태복음 4장 17절은 세상을 구원하러 오신 예수님이 공생애 사역과 가르침을 시작하는 역사적인 장면을 묘사합니다. 구약의 마지막 선지자인 말라기를 끝으로 오래 닫혔던 하늘이 열리고 이 땅에 내려오신 하나님의 아들은 일체의 주저함 없이 다음과 같이 세상에 외치셨습니다. "회개하여라. 하늘나라가 가까이 왔다(마 4:17 새 번역)"

하나님의 아들 예수 그리스도는 죄악으로 인해 죽음의 심판

아래 고통하고 있는 세상을 구원하기 위해 "회개"를 전파하셨습니다. 그리고 "하늘나라가 가까이 왔다"라는 말씀을 통해 최후 심판의 날이 가까이 왔음을 선포하며 돌이켜 심판을 피하고 구원을 얻으라고 전파하셨습니다. 예수님이 죄인을 구원하기 위해 전파하신 회개 혹은 돌이킴은 정확히 어떤 의미일까요?

이번 장에서는 예수님이 전파하신 회개 혹은 돌이킴의 사전적이고 성경적인 의미를 살펴보려고 합니다. 첫째, 일반적으로 오해되거나 혹은 부정적인 의미로 제한되어 이해되는 회개(돌이킴)를 살펴볼 것입니다. 둘째, 예수님이 명하는 회개(돌이킴)의 의미를 바르게 이해하기 위해 사전을 확인해 볼 것입니다. 셋째, 이 과정을 통해 회개(돌이킴)가 신구약 성경의 상당히 많은 부분을 관통하는 크고 중심된 주제임을 확인할 것입니다.

하나님은 아담과 하와의 타락 이후 죄악에 빠져 죽음으로 치닫는 이스라엘과 세상에 수많은 선지자를 보내 돌이킴을 전파하셨습니다. 그리고 마지막 날에 아들 예수 그리스도를 보내어 온 세상에 돌이킴을 전파하여 구원을 성취하셨습니다.

회개에 대한 오해

일반적으로 회개는 하나님 앞에 지은 죄를 자복하고 뉘우치며 용서를 구하는 것으로 이해합니다. 그리고 구원의 서정으로 알려진 여러 단계에서 제일 처음에 단 한 번 일어나는 것으로 생각합니다. 그러나, 성경이 말하는 회개 혹은 돌이킴은 과거의 죄를 고백하고 뉘우치며 슬퍼하는 수준에 멈추는 것이 아닙니다. 그리고 구원의 서정이라는 신학자들이 만든 논리적 순서에서 단 한 번만 제한적으로 일어나는 것도 아닙니다.

오히려 성경이 말하고 예수님이 명하신 회개 혹은 돌이킴은 오직 하나님의 은혜로 예수님을 그리스도로 영접한 한 사람이 모든 마음과 삶을 사탄과 세상과 죄로부터 철저히 그리고 급진적으로 예수님과 하늘나라와 주님의 의로운 말씀으로 돌이키고 그에 합당한 좋은 열매를 맺는 것을 의미합니다.

마태복음 4장 17절을 비롯하여 한글 성경이 일괄적으로 "회개하다"라고 번역하는 단어는 메타노에오(μετανοέω)입니다. 메타노에오는 "인간 존재의 전체적 방향 재설정, 인간 삶의 급진적(철저한) 변화, 하나님을 향한 존재적 돌이킴 … 내적 그리고 외적 탈바꿈"을 의미합니다.[1] 메타노에오는 죄를 뉘우치고 미안한 마음을 갖는 부정적인 측면을 포함합니다. 하지만 전체 마음과 삶의 방향을 예수 그리스도에게 완전히 돌이키고 그에 합당

---

1 Strecker, *Theology of the New Testament*, 224. BDAG, 640. BDAG는 "한 사람의 마음을 바꾸고 이에 수치심을 느끼다, 회개하다, (종교-윤리적 개념에서) 전향/변화하다"로 정의한다.

하게 그 가르침을 따라 좋은 열매 맺는 긍정적인 측면을 더 크게 강조합니다. 다시 말해, 성경이 말하는 회개 혹은 돌이킴은 사탄, 죄, 불의, 악, 세상 등에서 완전히 돌이켜 나와 하나님, 예수님, 그의 말씀, 의, 선, 하늘나라 등으로 돌이켜 들어가는 것을 의미합니다.

비유하면 한 사람이 더러운 진흙탕 길을 한참 동안 걸어가다가 그것이 잘못되었다는 것을 깨닫고 그 길에서 돌이킨다고 했을 때, 혹은 회개한다고 했을 때, 그 돌이킴 혹은 회개는 더러운 길에 들어선 것을 후회하고 그 길 가는 것을 멈추는 것을 의미하지 않습니다. 오히려 그 더러운 길에서 나와 깨끗한 길로 돌이켜 가는 것을 의미합니다. 더러운 진흙탕 길에 들어선 것을 후회하고 가만히 멈추어 서 있다면 그것은 온전한 돌이킴이 아닙니다. 오히려 그 더러운 길에서 나와 깨끗한 길로 돌이켜 걸어가며 기뻐하고 즐거워하는 것이 돌이킴을 완성하는 것입니다. 즉, 돌이킴 혹은 회개의 초점은 더러운 길을 걷던 어두운 과거를 버리고 깨끗한 길로 돌이켜 걸으며 밝은 미래를 열어가는 것에 있습니다.

마찬가지로 성경이 말하고 예수님이 명하는 돌이킴은 더러운 죄를 지으며 살아가던 과거의 삶의 길을 멈추는 것이 전부가 아닙니다. 오히려 그 길에서 나와 모든 마음과 그에 따른 삶을 예수님께 돌이켜 그를 따르며 그가 가르치는 말씀에 비추어 돌이킴에 합당한 열매를 맺으며 주님과 함께 아름답고 멋진 삶을 살아가는 것입니다.

예수님은 "회개하라/돌이키라(메타노에이테; μετανοεῖτε)"라고 선포하는 공생애 사역을 시작하며 '돌이켜 나와야 하는 죄악'을 책망하셨습니다. 그리고 '돌이켜 들어가야 하는', 즉 돌이킴에 합당한 열매로서 하나님의 말씀과 그 안에 담긴 의를 가르치셨습니다. 이미 백여 년 전에 로버트슨(A. T. Robertson)이 말했듯이 예수께서 "회개하라/돌이키라"(메타노에이테)라고 선포하셨을 때, 단지 죄를 뉘우치고 미안해 하라 혹은 마음만 바꾸라는 의미로 말씀하신 것이 아닙니다. 오히려 모든 마음과 그에 따르는 모든 삶을 돌이키고 그에 합당하게 주의 말씀을 행하는 아름다운 열매가 맺히는 변화된 삶을 사는 것을 명하는 것입니다.[2]

우리가 일반적으로 사용하는 "회개"라는 용어는 한자어 '悔'(돌이킬 회)와 '改'(고칠 개)로 만들어져 '돌이켜 고치다'라는 의미를 갖습니다. 용어 그대로 예수님이 명하는 "회개"는 하늘나라와 그 나라의 왕인 예수님께 돌이켜 그를 따르며 그와 동행하는 것입니다. 예수님의 삶과 가르침을 기뻐하고 즐거워하여 그것을 온 마음에 담고 삶에 나타나게 하는 것입니다. 예수님이 명

---

2 Robertson, *Word Pictures*, Matt. 3:2.

하는 돌이킴은 죄를 멈추는 부정적인 측면보다는 좋은 마음과 좋은 열매를 맺는 긍정적인 측면에 의미의 무게추가 있습니다.

그러나, 앞서 언급했듯이 일반적으로 우리는 "회개"라는 말을 죄를 뉘우치고 멈추는 부정적인 측면을 부각하는 방식으로 이해하고 사용합니다. 이런 상황에서 우리는 먼저 예수님이 명하는 회개의 바른 의미를 여러 측면에서 다시 생각해 볼 필요가 있습니다. 그리고 회개라는 용어보다는 순수 한글 단어인 "돌이킴" 혹은 "돌이키다"를 사용하는 것도 좋을 방법입니다.

돌이킴(메타노에오)의 사전적 의미

일반적으로 "회개하다"라고 번역되는 메타노에오의 사전적 (혹은 신학적) 의미를 크게 세 가지로 정리해 볼 수 있습니다. 첫째, 예수님 당시 메타노에오는 "죄와 의에 대한 생각과 태도의 완전한 변화, 그리고 그에 따른 한 사람의 삶의 방향 혹은 방식의 변화, 생각과 행위의 전체적인 변화"라는 의미였습니다.[3] 즉, 메타노에오는 한 사람의 마음과 삶에서 죄를 멈추는 것만이 아니라 의로 돌이켜 그것을 구하고 열매 맺는 것입니다.

---

3 Louw and Nida, *Greek-English Lexicon*, Domain 41, 510.

예수님은 이 메타노에오의 정의대로 마태복음 4장 17절에서 "돌이키라"라고 명하시고 곧 이어지는 마태복음 5-7장 산상수훈에서 "더 나은 의를 가지라", "의를 인해 핍박받으라", "바리새인처럼 남에게 보이기 위해 위선적으로 의를 실천하지 말라", "너희는 먼저 하나님의 나라와 그의 의를 구하라"라고 명하셨습니다(마5:6, 10, 20; 6:1, 33).

그렇다면 예수님이 명하는 의는 무엇일까요? 예수님과 성경이 말하는 "의"(디카이오수네; δικαιοδύνη)는 그 한자 의미 그대로 "옳음", 혹은 "옳은 것"을 의미합니다. 그리고 그것은 언제나 옳은 하나님의 말씀과 그 안에 담긴 하나님의 뜻을 가리킵니다. 즉, 예수님과 성경이 말하는 메타노에오(돌이킴)는 "죄에서 언제나 옳은 하나님의 말씀으로 돌이키다"라는 의미입니다.

둘째, 메타노에오는 "모든 마음과 삶을 어느 누군가에게 돌이키다"라는 의미를 갖습니다. 다시 말해, 메타노에오는 "헌신의 관계" 혹은 "제자도"와 관련하여 "돌이키다"라는 의미입니다.[4] 메타노에오는 이전에 누군가의 제자가 되어 그에게 배우며 그에게 밀착되어 있거나 헌신했던 인격과 삶을 완전히 버리고 새로운 존재에게 돌이켜 그의 제자가 되어 그에게 밀착하여 배

---

4 Silva, *New International Dictionary*, 3:290-92.

우고 헌신하는 것을 의미합니다. 마태복음에서도 돌이킴은 과거에 밀착하여 배우며 헌신했던 것 혹은 섬기던 모든 것에서 떠나 하늘나라와 그 나라의 왕인 예수님께 돌이켜 그의 제자가 되고 그의 모든 것에 밀착하여 그에게 배우고 그를 따라 살며 헌신하는 것으로 묘사됩니다(마 4:17-23).

예수님은 마태복음 4장 17절부터 돌이키라 전파하기 시작하시고 곧 이어지는 4장 18절에서 "나를 따르라"라고 말하며 제자들을 부르십니다. "돌이키라"는 명령이 "나를 따르라"는 관계적 밀착과 헌신의 명령, 즉 제자도의 언어로 표현됩니다. 예수님은 세상 누군가에게 제자가 되어 그에게 밀착하고 배우며 헌신했던 사람들에게 돌이켜 자신의 제자가 되고 자신에게 밀착하여 헌신하고 배우는 제자가 되라고 부르셨습니다. 예수님은 그것이 세상이든, 사탄이든, 재물이든, 과거에 밀착되어 배우던 모든 관계에서 돌이켜 자신에게 밀착하여 배우며 헌신하는 돌이킴을 명령하셨습니다.

셋째, 메타노에오는 긴 삶 속에서 이루어지는 삶의 방식 혹은 경로의 돌이킴을 의미합니다.[5] 즉, 돌이킴(회개)은 하나님과의 회복된 관계를 시작하는 것일 뿐만 아니라 그와 지속되는 관

---

5 Boda, "*Return to Me*," 194.

계 안에서 계속해서 이어지는 것입니다. 돌이킴은 신자가 될 때 처음 한 번 일어나는 사건일 뿐만 아니라 신앙의 여정 속에서 반복하여 일어날 수 있습니다. 돌이켜 예수님을 따르는 제자가 되었다고 하더라도 그 사람에게는 돌이켜야 할 죄의 종류가 너무나 많고, 돌이킴에 합당하게 맺는 의의 열매도 그 종류가 상당히 많기 때문입니다.

즉, 돌이킴은 삶의 다양한 정황 속에서 계속 마음과 그에 따른 삶의 경로 혹은 방식을 바꾸는 것입니다. 돌이킴은 모든 마음과 그에 따른 행위, 즉 모든 존재와 삶을 죄에서 의로, 악에서 선으로, 인간의 뜻에서 하나님의 뜻으로, 세상에서 하늘나라로 계속 돌이키는 것입니다. 그러므로 돌이킴은 시간 속에서 다양한 방면으로 계속 이루어집니다. 이미 예수님께 돌이켜 따르는 제자라고 하더라도 죄의 유혹에 취약한 육체를 입고 긴 시간을 살아가기 때문에 넘어질 수 있기에 돌이킴은 반복될 수 있습니다.

예를 들어, 예수님은 마태복음 18장 3절에서 이미 돌이킨 그의 제자들에게 다시 한번 돌이켜 작고 낮은 존재인 어린아이처럼 되라고 명령하셨습니다. 예수님은 크고 높아지려 애쓰는 제자들에게 어린아이가 상징하는 자기를 낮추는 모습으로 돌이키고 그 돌이킴에 합당한 섬김의 열매를 맺으라는 삶의 방식 혹은 경로를 명령하셨습니다. 예수님이 먼저 그 모본으로 자신을 낮추어 십자가에 달리며 목숨을 희생하여 그의 자녀들을 섬기셨습니다. 그리고 예수님은 제자들에게 그들의 모든 마음, 모든 인격, 모든 행위, 모든 삶을 십자가를 본받아 자기를 낮추어 섬기는 삶의 경로로 돌이켜 그에 합당하게 살아가는 긴 여정을 명령하셨습니다.

이미 예수님께 돌이켜 그를 따르는 제자가 된 사람들도 여전히 타락한 세상 속에서 죄성을 가진 육체를 입고 살아가기 때문에 반복해서 넘어집니다. 그리고 전에는 미처 발견하지 못한 여러 죄들을 끝없이 발견하게 될 것입니다. 그리고 그때마다 하나님은 다양한 방편으로 우리 마음과 삶을 다시 돌이켜 그에 합당한 열매를 가르치며 맺게 하실 것입니다.

신·구약 성경이 끊임없이 선포하는 돌이킴(회개)

지금까지 "회개하다"라고 번역되어 사용되는 헬라어 메타노에오의 성경적 의미 이해를 위해 주요 사전의 정의를 살펴보았습니다. 이를 통해 메타노에오가 인간 내면과 그에 따른 외적 삶의 전체적인 돌이킴 혹은 방향 전환을 의미한다는 것을 확인했습니다. 또한 이 용어가 전달하는 의미의 중심점이 슬퍼함, 죄를 멈춤, 마음을 바꿈 등의 부정적인 측면보다는 마음과 그에 따른 삶의 돌이킴, 악에서 선으로의 돌이킴, 죄에서 의로 돌이킴, 예수님의 제자가 되어 살아가는 "새로운 삶", "삶의 수정", 혹은 "삶의 변화"라는 긍정적인 열매가 맺히는 측면에 있다는 것도 확인했습니다.

이번에는 성경이 이 돌이킴을 항상 명하고 있다는 것을 확인해 볼 것입니다. 하나님은 아담과 하와의 타락 이후부터 세상을 향해 돌이키라고 반복해서 선포하셨습니다. 다음 장에서 자세히 살펴볼 것이지만 하나님은 구약의 시작점인 모세오경을 시작으로 여호수아, 사사들, 사무엘, 그리고 구약의 모든 선지자를 통해 이스라엘과 세상에 끊임없이 돌이킴을 선포하셨습니다. 그리고 신약의 시작점인 복음서를 시작으로 세례 요한, 예수님, 그리고 사도들을 통해 세상 모든 민족에게 끊임없이 돌이킴을 선포하셨습니다. 즉, 돌이킴은 구약의 시작점인 모세 오경부터 그 마지막인 요한계시록에 이르기까지 반복되어 선포되었습니다.

이 반복되는 다양한 용례들을 보며 발견할 수 있는 중요한 사실 한 가지는 전체 신·구약 성경이 돌이킴을 중심 메시지로 전파한다는 것입니다.[6] 모든 성경이 말하고 있는 즉 전체 성경의 중심인 예수님이 사역의 시작점에서 가장 먼저 돌이키라고 전파하시고 그것을 지속하셨다는 것 자체가 이미 돌이킴이 전

---

6 Boda, *"Return to Me"*는 신구약 성경의 돌이킴의 주제를 잘 망라해 정리해 준다.

체 성경의 중심 메시지라는 사실을 보여줍니다. 이는 우리가 성경을 읽고 들을 때 이 돌이킴의 말씀에 집중해서 읽고 들어야 한다는 것을 일깨워줍니다.

예수님의 "돌이키라"는 말씀은 전혀 새로운 것이 아닙니다. 예수님은 구약 성경이 이미 중요하게 다루고 있는 돌이킴의 말씀을 연속해서 선포하신 것입니다. 구약에서 시작되고 반복하여 선포되던 돌이킴이 하나님의 아들 예수님의 사역 전면부에 이어졌습니다. 구약 성경의 한 중심 메시지인 돌이킴이 신약 성경의 중심 메시지로 이어지며 선포되었습니다.

특히, 신약 성경의 첫 번째 책인 마태복음의 첫 부분, 즉 신약 성경의 첫 부분에서 예수님에 앞서 돌이킴을 선포하는 세례 요한의 등장은 돌이킴이 신·구약 성경의 중심 메시지라는 것을 잘 보여 줍니다(마 3:1-12; 막 1:1-11; 눅 3:1-22; 요 1:19-36). 세례 요한은 구약 선지자의 대표라고 할 수 있는 엘리야처럼 나타나 돌이키라고 선포했습니다. 구약 선지자들이 중요하게 선포했던 돌이킴이 마지막 선지자인 세례 요한을 통해 신약 전면부에서 선포되었습니다.

그리고 하나님의 아들 구원자 예수님이 세례 요한을 이어 돌이킴을 선포하셨습니다(마3:2; 4:17). 구약의 선지자들, 세례 요한 그리고 예수님에게로 이어지는 이 돌이킴의 전파는 하나님과 그의 말씀을 담은 모든 성경이 죄악된 세상을 향해 항상 돌이키라고 말씀하고 있다는 것을 알려 줍니다. 예수님의 "돌이키라"라는 말씀은 전혀 새로운 것이 아닙니다. 예수님은 구약 성경이 이미 중요하게 다루고 있는 돌이킴의 말씀을 연속해서 선포하신 것입니다. 구약에서 시작되고 반복하여 선포되던 돌이킴이 하나님의 아들 예수님의 사역 전면부에 이어졌습니다. 구약 성경의 한 중심 메시지인 돌이킴이 신약 성경의 중심 메시지로 이어지며 선포되었습니다.

예수님이 단순히 구약 선지자와 세례 요한이 전파하는 돌이킴을 반복해서 선포하신 것은 아닙니다. 예수님은 구약부터 선포되어 온 돌이킴의 말씀을 궁극적으로 성취하셨습니다(렘 24장; 마 1:23; 4:17). 구약 성경은 하나님의 첫 창조, 인간의 타락과 죄, 심판, 그리고 사탄의 머리를 상하게 하고 인류를 구원할 메시아에 대한 약속으로 시작합니다(창 1-3장). 그리고 신약 성경은 예수님이 그 약속된 메시아로 세상에 오시어 사탄을 물리치고 인간을 죄에서 돌이키고 새롭게 창조하는 구원을 성취하는 분이라는 것을 알리며 시작합니다(마 1-4장).

예수님이 이 땅에 오신 목적은 죄로 가득한 온 세상을 돌이켜 구원을 얻게 하고 의로 가득한 새로운 창조를 이루는 것입니다. 하나님은 모세와 선지자들을 통해 세상 모든 민족을 향해 돌이키라고 선포해 오셨습니다. 그리고 이제 마지막 때에 그의 아들 예수 그리스도를 통해 하늘나라가 가까이 임하였으니 돌이키라고 전파하며 죄악으로 인해 죽음으로 치닫는 세상을 하늘나라로 돌이켜 구원하고 새 창조를 성취합니다(마 3:10-12; 4:17; 28:18-20).

하나님께 범죄하고 그를 멀리 떠나 죽은 인류가 다시 생명을 얻는 길은 하나님과 그의 아들 예수님께 모든 마음과 그에 따른 삶을 돌이키는 것밖에는 없습니다. 하나님의 아들 예수 그리스도는 이 돌이킴이 유일한 구원의 소망이기 때문에 망설임 없이 그것을 가장 먼저 선포하셨습니다. 그리고 모든 성경이 이를 반복하여 끊임없이 선포합니다. 죄를 범해 죽어가는 모든 사람이 귀 기울여야 할 하나의 중요한 말이 있다면 그것은 돌이키라는 말씀입니다.

RE:TURN

2. 구약 성경의 돌이킴

예수님의 돌이키라는 명령은 구약 성경이 무수히 많이 선포하던 돌이키라는 명령과 깊이 연관되어 있습니다. 아담과 하와의 타락 이후 하나님은 노아를 시작으로 모세를 거쳐 여러 사사와 선지자들을 통해 끊임없이 세상을 향해 돌이킴을 외치셨습니다. 그러므로 예수님이 명하신 돌이킴의 의미와 그에 합당한 열매에 대한 가르침을 이해하는데 구약 성경이 큰 도움을 줍니다.

구약 성경은 하나님이 모세오경부터 말라기에 이르기까지 수많은 선지자를 보내 오랜 기간 동안 끊임없이 범죄한 세상과 이스라엘을 향해 돌이키라고 명령하는 장면을 기록합니다. 하나님이 오랜 시간 반복해서 끊임없이 선지자들을 보내 돌이키라고 부르는 것은 범죄한 세상을 향한 창조주의 끝까지 포기하지 않는 사랑을 보여주는 것입니다. 하나님은 자신이 창조한 사람이 죄악 가운데 멸망 당하지 않고 돌이켜 영원한 생명을 얻기를 원하십니다.

구약 성경을 잘 아는 사람에게 이미 익숙하겠지만 하나님이 선지자들을 보내 돌이킴을 전파하는 것은 일종의 반복되는 특정한 패턴이 있습니다.[1] 먼저 선지자들은 악한 세상과 이스라엘이 하나님을 떠나 우상을 섬기며 범죄하는 내용들을 구체적으로 지적했습니다. 그리고 모든 마음과 그에 따른 삶을 다시 하나님을 믿고 섬기며 그에 합당하게 하나님의 말씀에 기반한 의를 행하는 삶으로 돌이키라고 명했습니다. 하나님은 돌이키는 자들에게는 구원을 줄 것이라는 약속을 주시고 그렇지 않은 자들에게는 심판과 저주를 선언하여 돌이킴에 강한 동기를 부여하셨습니다.

더불어, 많은 선지자들이 하나님의 말씀을 읽어 주고 풀어 가르치며 사람들이 돌이킴에 합당한 의로운 열매 맺는 삶을 살도록 인도했습니다. 선지자들의 선포에 어떤 사람들은 말로 죄

---

1 Boda, *"Return to Me,"* 145-57, 192-93. 성경이 반복해서 명하는 돌이킴의 기본적인 의미는 하나님과의 언약 관계로 다시 돌아가는 것입니다(슥 1:16; 행 26:16-20).

를 고백하고 용서를 구하며 금식하고 베옷을 입고 재에 앉는 등의 의식적인 행위를 했습니다. 그러나 어떤 사람들은 돌이킴을 거부하고 오히려 하나님이 보낸 선지자들을 핍박하고 죽이기도 했습니다.

이와 같은 구약 성경의 돌이킴 전파 패턴은 예수님에게 이어졌습니다. 특히, 예수님이 신약 성경에서 사용하는 헬라어 메타노에오는 구약 선지자들이 사용하는 히브리어 슈브(שוב)와 연속성을 갖습니다. 히브리어 슈브는 예수님이 사용하신 헬라어 메타노에오와 같이 "죄에서 하나님과의 신실한 관계로 돌아서다" 혹은 "다시 돌아가다"라는 의미입니다(신 30:2-10; 호 2:7; 3:5; 6:1; 11:15; 아 4:6, 8-9; 사 6:10; 9:13; 31:6; 렘 2:27; 3:10, 12, 14, 22; 겔 3:18-19; 14:6; 18:30, 32; 36:26-27; 37:14 등).

이제 이 단어의 용례를 따라 구약 성경에서 하나님이 선지자들을 보내 범죄한 이스라엘과 세상을 향해 돌이키라고 부르시고 그에 합당한 열매를 가르치는 대표적인 장면들을 살펴볼 것입니다.

모세가 명하는 돌이킴

모세오경은 선지자적 돌이킴(회개)의 부름으로 가득합니다. 가장 먼저 창세기 6장에서 하나님이 죄로 가득한 세상을 물로 심판하는 장면을 살펴보겠습니다. 하나님은 아담과 하와의 범죄 이후 사람을 창조한 것을 후회할 만큼 자신을 떠나 죄로 가득한 세상을 보며 한탄하십니다. 그리고 세상을 물로 심판하고 깨끗이 씻어 새롭게 할 것을 계획하셨습니다. 하지만 하나님은 노아에게 은혜를 주어 방주를 짓게 하고 구원을 얻도록 하셨습니다. 창세기 6장은 노아가 세상을 향해 죄를 버리고 돌이켜 방주에 올라 구원을 얻으라고 선포하는 장면을 직접 기록하지 않지만, 세상이 노아의 이야기를 듣고 방주를 보고도 방주에 타지 않는 것은 그들이 하나님께 돌이키기를 거부하고 여전히 범죄하는 일에 몰두하여 멸망했음을 보여줍니다.

노아 이후 돌이킴을 선포한 선지자인 모세를 살펴보겠습니다. 모세는 신명기 1-3장에서 출애굽한 이스라엘이 가나안 땅에 들어가서 전쟁에서 승리하고 그 땅을 차지할 것을 예언했습니다. 그리고 신명기 4장과 30장 등에서 가나안 땅에 들어가서 하나님을 떠나 우상을 섬기지 말고 범죄하지 말 것을 경고했습니다. 만약 하나님을 떠난다면 그로 인해 전멸하고 환난을 당할 것이라고 경고합니다(신 4:21-29). 그럼에도 불구하고 이스라엘이 죄를 지어 하나님을 떠나게 되었을 때에는 하나님의 자비로우심을 떠올리며 다시 돌이키라고 명령합니다. 그리고 돌이키는 자들에게 큰 복을 주실 것이라는 약속의 말씀을 주었습니다.

안타깝게도 모세의 예언은 현실이 됩니다. 모세는 "이 모든

일이 네게 임하여 환난을 당하다가 끝날에 네가 네 하나님 여호
와께로 돌아와서 그의 말씀을 청종하리니(신4:30-31)"라고 예언
했습니다. 다시 말해 모세는 출애굽 한 이스라엘이 가나안 땅에
들어가서 그곳을 차지하게 될 것이지만 그들이 곧 하나님을 떠
나 우상을 섬기며 범죄하여 큰 심판의 환난 당할 것을 예견했던
것입니다. 그리고 그들이 큰 고통을 겪은 이후에 다시 하나님을
기억하고 돌이키게 될 것도 예언한 것입니다. 또한 그럼에도 불
구하고 그때에 자비로운 하나님이 그들을 다시 받아 주시고 버
리지 아니할 것을 약속합니다(신 4:31).

모세는 신명기 30장 9-10절에서 구체적으로 돌이킴을 선포
합니다.

> 네가 네 하나님 여호와의 말씀을 청종하여 이 율법책에
> 기록된 그의 명령과 규례를 지키고 네 마음을 다하며 뜻
> 을 다하여 여호와 네 하나님께 돌아오면 네 하나님 여호
> 와께서 네 손으로 하는 모든 일과 네 몸의 소생과 네 가축
> 의 새끼와 네 토지 소산을 많게 하시고 네게 복을 주시되
> 곧 여호와께서 네 조상들을 기뻐하신 것과 같이 너를 다
> 시 기뻐하사 네게 복을 주시리라 (신30:9-10)

모세는 하나님을 떠나 우상을 섬기며 범죄한 이스라엘이
온전히 마음과 뜻을 돌이켜 율법책에 기록된 하나님의 율례와

법도를 지키라고 선포했습니다. 그리하면 하나님이 그들을 용서하고 큰 복을 주실 것이라고 약속합니다(신 30:2, 9, 16). 이는 하나님이 모세를 통해 선포하는 돌이킴이 불신앙과 우상 숭배와 하나님의 말씀을 범하는 죄에서 떠나 온전히 마음과 뜻을 다하여 여호와 하나님을 사랑하며 그의 말씀을 청종하여 율법책에 기록된 명령과 규례를 지키는 열매를 맺는 것임을 보여줍니다. 그리고 돌이키는 자들에게 큰 복을 약속하는 것은 하나님이 얼마나 자신을 떠난 백성이 돌아오기를 원하시는지를 보여줍니다.

그런데, 모세는 신명기 30장 6절에서 이 돌이킴이 오직 하나님의 능력으로 가능하다는 것을 분명히 선포했습니다.

> 네 하나님 여호와께서 네 마음과 네 자손의 마음에 할례를 베푸사 너로 마음을 다하며 뜻을 다하여 네 하나님 여호와를 사랑하게 하사 너로 생명을 얻게 하실 것이며
> (신30:6)

모세는 신명기30장 6절에서 하나님이 범죄한 이스라엘이라고 할지라도 그들의 마음에 할례를 베풀고 마음과 뜻을 다하여 하나님을 사랑하게 하여 생명을 얻게 하실 것이라는 약속의 말씀을 선포했습니다. 즉, 신명기 30장 6절과 9절을 종합해서 읽어보면 돌이킴은 인간이 할 수 없으며 오직 하나님이 베푸는 은

혜와 권능으로 마음에 할례를 받아 하나님을 사랑하게 되는 것임을 보여줍니다(신 30:6-9; 왕상 8:36, 58; 18:37; 학 1:12; 슥 7-8장; 12:10-13:1; 시 32; 51장; 애 5:21).

하나님이 모세를 통해 선포하는 돌이킴은 성경 전체가 전파하는 돌이킴의 기본 의미가 됩니다. 하나님은 모세를 통해 이스라엘이 범죄할 것을 예견하고 돌이킴을 선포하셨습니다. 이는 하나님이 모든 사람의 앞날을 아시며 그들이 죄를 짓고 자신을 떠나 우상을 섬기는 악을 범할 것도 알고 있다는 것을 보여줍니다. 그리고 그들을 그대로 두지 아니하고 그들의 마음에 친히 할례를 베푸시고, 하나님을 사랑하며 그 법도를 따르는 합당한 열매 맺게 하는 돌이킴의 은혜를 베푸시는 분임을 보여줍니다. 또한 이 돌이킴의 은혜를 통해 약속한 복을 베푸는 자비로운 분임을 보여줍니다.

역사서가 가르치는 돌이킴

모세오경에 이어지는 역사서 역시 돌이킴의 부르심으로 가득합니다. 역사서를 시작하는 여호수아와 사사기의 사사들은 하나님을 떠나 우상을 섬기며 범죄한 이스라엘에게 반복해서 돌이킴을 외치며 그에 합당하게 하나님의 말씀을 따라 의를 행하도록 선포했습니다. 먼저, 여호수아는 여호수아 24장 14-25

절에서 하나님을 떠나 이방신들을 섬기며 범죄하는 가나안 땅
의 이스라엘에게 돌이켜 여호와만 섬기라고 명하며 돌이킴을
선포했습니다.

> 여호와를 경외하며 온전함과 진실함으로 그를 섬기라 너
> 희의 조상들이 강 저쪽과 애굽에서 섬기던 신들을 치워
> 버리고 여호와만 섬기라 … 너희가 섬길 자를 오늘 택하라
> 오직 나와 내 집은 여호와를 섬기겠노라 (수 24:14-15)

이에 더하여 여호수아는 이방신을 섬기는 악한 이스라엘에
게 하나님이 재앙을 내리고 멸하실 것이라는 심판을 선포하여
돌이킴에 강한 동기를 부여했습니다. 이에 이스라엘 백성은 "우
리가 여호와를 섬기겠나이다"라고 고백했습니다. 그리고 여호
수아는 그들에게 이방 신들을 치워 버리게 하고 율례와 법도를
제정하여 돌이킴에 합당하게 하나님의 말씀에 따라 살도록 했
습니다(수 24:21-25).

여호수아가 죽고 그 후에 일어난 세대는 여호와도, 그가 이
스라엘을 위하여 행한 일도 알지 못했습니다. 이들은 다시 하나
님을 떠나 악을 행하며 바알들을 비롯한 이방 신을 섬기는 죄를
범했습니다(삿 2:8-13). 그로 인해 하나님은 말씀하신대로 그들
에게 재앙을 내리셨습니다. 하지만 하나님은 약속하신대로 그
들을 포기하지 않으셨습니다. 하나님은 다시 이스라엘에게 사

사들을 보내어 죄에서 돌이키고 자신을 섬기게 하셨습니다. 돌이킴에 합당하게 말씀을 행하게 하셨습니다. 그리고 범죄로 인한 재앙을 거두는 은혜를 베푸셨습니다.

이후에 등장하는 이스라엘은 또다시 여호와를 떠나 우상을 섬기며 범죄했습니다. 그렇지만 하나님은 다른 사사들을 보내어 그들을 돌이키며 구원하셨습니다. 그리고 이렇게 범죄, 심판, 돌이킴, 구원이라는 돌이킴의 패턴은 끊임없이 반복됩니다 (삿 2:14-23).

역사서에 등장하는 대표적인 선지자인 사무엘은 출애굽 이후 하나님을 떠나 이방 신을 섬기는 이스라엘을 미스바에 불러 모았습니다. 사무엘은 그들에게 이방신들을 버리고 마음으로부터 여호와께 돌아와 그를 섬기며 삶 전체를 돌이키라고 외쳤습니다(삼상 7장).

> 사무엘이 이스라엘 온 족속에게 말하여 이르되 만일 너희가 전심으로 여호와께 돌아오려거든 이방 신들과 아스다롯을 너희 중에서 제거하고 너희 마음을 여호와께로 향하여 그만을 섬기라 그리하면 너희를 블레셋 사람의 손에서 건져내시리라 이에 이스라엘 자손이 바알들과 아스다롯을 제거하고 여호와만 섬기니라 (삼상 7:3-4)

범죄한 이스라엘 백성은 미스바에 모여 여호와 앞에 물을 붓고 온종일 금식하며 죄를 고백했습니다. 죄를 고백하며 여호와 앞에 물을 붓는 것은 죄를 씻는 것을 상징합니다. 생명을 유지하기 위한 양식을 끊는 금식은 자신을 위해 살았던 과거를 뉘우치고 생명까지도 여호와께 맡겨 드리는 돌이킴에 합당한 열매를 상징합니다.

그때에 블레셋 사람들이 이스라엘이 미스바에 모였다는 것을 듣고 공격하려고 했습니다. 하지만 하나님이 자신에게 돌이키는 이스라엘 백성을 보호하셨습니다. 이는 하나님이 자신에게 돌이키는 자들을 보호하고 생명을 주는 분이심을 보여줍니다.

사무엘은 마지막 연설에서 이스라엘을 향해 하나님이 베풀어 주신 출애굽의 큰 일을 생각하라고 선포했습니다. 이러한 큰일을 베푸신 하나님에게서 돌아서지 말고 모든 마음을 다하여 여호와를 섬기고, 헛된 것과 악을 버리며 기도를 쉬는 죄를 범하지 말라고 명령했습니다. 하나님의 말씀에 따라 선과 의의 길로 섬길 것을 강조한 것입니다(삼상 12:20-25).

사무엘은 모세와 여호수아를 이어 큰 구원을 이루어 주신 하나님께 모든 마음과 그에 따른 삶을 돌이켜 그에 합당하게 선과 의의 열매를 맺는 돌이킴을 전파했습니다. 그리고 하나님의 말씀을 떠나 죄를 범하는 자들에게 강력한 하나님의 진노의 심판을 선언했습니다. 또한, 하나님께 돌이켜 그에 합당한 열매 맺는 자들은 결코 버리지 않을 것이라는 약속을 주어 돌이킴을 강조했습니다(삼상 12:22, 25).

돌이킴의 장소인 성전

> 만일 주의 백성 이스라엘이 주께 범죄하여 적국 앞에서
> 패하게 되므로 주께로 돌아와서 주의 이름을 인정하고 이
> 성전에서 주께 기도하며 간구하거든 주는 하늘에서 들으
> 시고 주의 백성 이스라엘의 죄를 사하시고 그들의 조상들
> 에게 주신 땅으로 돌아오게 하옵소서 … 이 곳을 향하여
> 기도하며 주의 이름을 찬양하고 그들의 죄에서 떠나거든
> 주는 하늘에서 들으사 주의 종들과 주의 백성 이스라엘의
> 죄를 사하시고 그들이 마땅히 행할 선한 길을 가르쳐 주
> 시오며 주의 백성에게 기업으로 주신 주의 땅에 비를 내
> 리시옵소서 (왕상 8:33-36)

열왕기상 8장 33-36절은 솔로몬이 성전을 봉헌하며 하나님
께 기도하는 장면을 기록합니다. 이 솔로몬의 기도는 구약 시
대와 옛 이스라엘의 중심이라고 할 수 있는 성전이 돌이킴을 위
한 아주 특별한 장소로 봉헌되었다는 것을 보여줍니다. 솔로몬
은 하나님께 이스라엘 백성이 범죄하고 성전에서 하나님께 죄
를 자백하고 용서를 구하면 구원을 베풀어달라고 기도했습니
다. 그들이 성전에서 돌이켜 주의 이름을 인정하고 찬양하며 죄
에서 떠나 모든 마음을 주께로 향하며 그에 합당하게 하나님의

법과 율례를 지키는 선한 삶의 길을 걷도록 기도했습니다(왕상 8:33-61).

또한 솔로몬은 성전을 이스라엘뿐만 아니라 모든 열방을 위한 죄 사함과 돌이킴의 장소로 봉헌했습니다. 모든 민족 천하 만민이 그곳에 나와 모든 마음과 그에 따른 삶을 하나님께 돌이키고 그에 합당하게 하나님의 법과 율례에 기반한 열매를 맺으며 구원을 얻는 장소로 선포했습니다. 즉, 하나님의 영이 거하는 성전은 하나님을 떠나 범죄한 이스라엘과 이방인들이 돌이켜 나와 죄를 고백하고 죄 사함을 위해 제사를 드리는 곳입니다. 그리고 모든 마음과 그에 따른 삶을 하나님과 그의 법과 율례로 돌이키는 장소입니다(왕상 6장; 7:13-15).

예루살렘 성전이 돌이킴을 위한 장소라는 것을 기억하는 것은 중요합니다. 성전은 두 돌판을 보관하고, 대속 제물을 드려 죄 사함을 상징하고, 하나님께 죄 사함을 기도하며 하나님과 만나던 곳입니다. 구약 성경의 중심과도 같은 성전이 죄를 범한 자들이 돌이키고 하나님의 말씀을 다시 받아 순종을 다짐하며 용서를 얻는 장소로 봉헌된 것은 하나님과 구약 성경이 돌이킴에 지대한 관심을 가지고 있다는 것을 보여줍니다. 이는 하나님과 모든 민족에게 성전이 중요한 만큼 돌이킴이 중요하다는 것을 일깨웁니다.

오랜 시간이 지나고 약 이천 년 전에 예루살렘 성전은 무너졌습니다. 그리고 옛 성전에 머무르던 하나님의 영이 예수님 위에 임합니다(마 3:16-17). 이를 통해 하나님은 예수님이 이 옛 성전을 대체하는 새로운 성전이라는 것을 보여줍니다. 예수님은 이 옛 성전의 모든 기능을 대체합니다. 예수님은 돌이키라고 선포하십니다. 예수님은 하나님의 말씀을 풀어 가르치며 돌이킴에 합당한 의로운 삶을 살게 하십니다. 그리고 많은 사람을 위한 대속 제물로 십자가에 못 박혀 죽으심으로 영생을 주셨습니다. 옛 성전이 돌이킴과 그것을 통한 죄 사함을 위한 곳이었듯이 새 성전인 예수님은 돌이킴과 죄 사함을 위한 메시아이십니다.

구약의 중심인 예루살렘 성전과 신약의 중심이자 새 성전이신 하나님의 아들 예수님이 모두 돌이킴을 중심으로 가르치고 있다는 것은 하나님의 관심과 이를 기록한 모든 성경의 중심 메시지가 죄로 가득한 세상의 돌이킴에 있다는 것을 잘 보여줍니다.

요시야 왕의 돌이킴

> 요시야와 같이 마음을 다하며 뜻을 다하며 힘을 다하여 모세의 모든 율법을 따라 여호와께로 돌이킨 왕은 요시야 전에도 없었고 후에도 그와 같은 자가 없었더라
> (왕하 23:25)

솔로몬 왕의 죽음 이후 이스라엘은 북쪽의 이스라엘과 남쪽

의 유다로 나뉘었습니다. 이후 이스라엘은 반복적으로 하나님을 떠나 우상을 섬기고 말씀을 버리는 죄악을 저질렀습니다. 그러던 중 유다의 선한 왕인 요시야는 이스라엘의 큰 돌이킴의 역사를 이끌었습니다. 요시야는 하나님을 떠나 이방 신을 섬기는 이스라엘의 모든 우상과 산당을 파괴했습니다. 그리고 이 돌이킴을 위해 예루살렘 성전에서 발견한 율법을 이스라엘 백성에게 새롭게 선포했습니다. 요시야는 하나님을 떠나고 그의 말씀을 버린 이스라엘의 모든 마음과 그에 따른 행위를 하나님과 그의 말씀으로 돌이키는 놀라운 역사를 이끌었습니다(왕하 22-23장; 대하 34장).

하나님은 열왕기하 23장 25절에서 요시야같이 마음과 뜻과 힘을 다하여 하나님의 말씀에 따라 돌이킨 왕은 그 전에도 그 이후에도 없었다는 말로 그를 높이셨습니다. 요시야 왕을 향한 이 놀라운 말씀은 하나님이 돌이킴의 역사를 매우 중요하게 생각하신다는 것을 잘 보여줍니다. 그리고 성경이 말하는 돌이킴이 우상과 죄를 버리는 것에 그치지 않고 모든 마음과 뜻을 다하여 하나님을 섬기고 그의 말씀에 순종하는 열매 맺음으로 완성됨을 알려줍니다.

예수님 역시 하나님을 떠나 그의 말씀을 버리고 행악하는 세상 모든 민족에게 마음과 그에 따른 삶을 하나님께 돌이키고, 자신이 가르치는 하나님의 말씀에 순종하는 열매를 맺을 것을 전파하셨습니다(마 4:17-7:21). 하나님은 오직 은혜로 사람들의 마음에 할례를 주어 돌이키고 그의 말씀을 마음에 새겨 삶으로 열매 맺게 하십니다. 요시야가 경험한 것과 같은 놀라운 돌이킴의 역사를 소망하는 자들이 있다면 지금 예수님의 돌이키라는 말씀에 모든 마음으로 귀 기울여야 합니다.

선지서의 돌이킴

이스라엘은 하나님을 떠나 우상을 섬기는 여러 왕과 그들의 다스림 아래 하나님의 말씀을 버리고 행악하는 긴 시간을 보냈습니다. 이에 하나님은 악을 행하는 이스라엘을 심판하여 바벨론에서 포로 생활을 하게 하셨습니다. 그리고 동시에 이스라엘과 이방인들에게 수많은 선지자를 보내 반복해서 돌이킴을 선포하셨습니다. 선지서는 이와 같은 하나님이 보낸 많은 선지자가 이스라엘과 이방 민족들을 향해 돌이킴을 전파하는 내용들을 기록하고 있습니다.

선지서의 중심 주제가 대부분 돌이킴이라는 것은 더 이상 설명할 필요가 없을 만큼 분명합니다. 모세를 시작으로 구약의 모든 선지자는 우상 숭배와 죄에서 떠나 하나님과 그의 말씀으로 마음을 다해 삶을 돌이키라는 선포를 반복했습니다. 즉, 하나님은 많은 선지자를 통해 마음과 뜻과 힘을 다하여 다시 자신

을 사랑하고 자신의 법과 말씀과 뜻을 순종하라는 돌이킴의 메
시지를 구약 성경에 가득 울리게 하셨습니다.

> 에스라가 하나님의 성전 앞에 엎드려 울며 기도하여 죄를
> 자복할 때에 많은 백성이 크게 통곡하매 이스라엘 중에서
> 백성의 남녀와 어린아이의 큰 무리가 그 앞에 모인지라 …
> 우리가 우리 하나님께 범죄하여 이 땅 이방 여자를 맞이
> 하여 아내로 삼았으나 이스라엘에게 아직도 소망이 있나
> 니 곧 내 주의 교훈을 따르며 우리 하나님의 명령을 떨며
> 준행하는 자의 가르침을 따라 이 모든 아내와 그들의 소
> 생을 다 내보내기로 우리 하나님과 언약을 세우고 율법대
> 로 행할 것이라 (스 10:1-3)

대표적으로 에스라는 이스라엘의 범죄함으로 파괴된 예루
살렘 성전을 재건하며 돌이킴의 역사를 이루었습니다. 예루살
렘 성전은 솔로몬이 모든 민족을 위한 돌이킴의 장소로 봉헌한
곳입니다. 에스라는 이 돌이킴을 위한 성전을 재건한 후에 하나
님께 자신과 이스라엘 백성의 죄를 자복했습니다. 또한 하나님
의 명령에 따라 이스라엘을 말씀에 순종하는 백성으로 돌이켰
습니다(에 10:1-3).

느헤미야 9-10장은 더욱 실감나게 이스라엘의 돌이킴의 모
습을 보여줍니다.

이스라엘 자손이 다 모여 금식하며 굵은 베 옷을 입고 티
끌을 무릅쓰며 모든 이방 사람들과 절교하고 서서 자기의
죄와 조상들의 허물을 자복하고 이 날에 낮 사분의 일은
그 제자리에 서서 그들의 하나님 여호와의 율법책을 낭독
하고 낮 사분의 일은 죄를 자복하며 그들의 하나님 여호
와께 경배하는데 (느 9:1-3)

느헤미야는 무너진 예루살렘 성벽을 재건하는 동시에 금식
하며 굵은 베옷과 티끌을 뒤집어쓰며 자신들과 선조들의 죄를
자복했습니다. 에스라는 하나님의 율법을 낭독하고 모든 이에
게 들리게 하여, 이스라엘이 죄에서 떠나 하나님과 그의 말씀으
로 돌이키도록 했습니다.

예레미야는 이스라엘에게 돌이키라고 명령하며 여호와 하
나님의 말씀에 따른 삶과 행위의 변화를 그에 합당한 열매로 선
포했습니다.

너희는 각기 악한 길에서 돌이키며 너희의 길과 행위를
아름답게 하라 (렘 18:11)

특히, 예레미야는 돌이킴이 오직 하나님이 여호와인 줄 아
는 마음을 주시며 그의 능력으로 가능하게 되는 것임을 선포했
습니다.

내가 여호와인 줄 아는 마음을 그들에게 주어서 그들이
전심으로 내게 돌아오게 하리니 그들은 내 백성이 되겠고
나는 그들의 하나님이 되리라 (렘 24:7)

예레미야의 이 선포는 하나님이 악한 길로 가는 자들에게
친히 자신이 여호와인 줄 아는 마음을 주어 그것으로 말미암아
전심으로 돌아오게 한다는 것을 분명히 보여줍니다. 이후 예
레미야는 하나님이 패역한 죄인들을 돌이키고 그들에게 새 언
약을 주어 그들의 마음에 자신을 두고 자신의 법을 새겨 그들
이 다시는 자신을 떠나지 않게 하신다고 선포했습니다(렘 31:31;
32:38-40).

예레미야의 이 두 선포는 하나님의 주권적으로 은혜를 주실
때에만 죄인이 돌이킬 수 있고 새 언약으로 말미암아 그 마음에
하나님의 법이 새겨져 돌이킴에 합당한 말씀의 열매를 맺을 수
있다는 것을 보여줍니다. 선한 것이 하나도 없는 모든 인류는
모든 마음과 삶을 하나님과 그의 법을 사랑하고 지키는 것조차
스스로 할 수 없습니다(애 5:21).

이 돌이킴을 성취하는 분은 예수님입니다. 예수님은 성령
의 권능으로 사람들을 돌이키며, 그 마음에 하나님과 아들을 알
게 하십니다. 그리고 하나님의 의로운 말씀을 가르치고 마음
에 새겨 돌이킴에 합당한 열매를 맺게 하십니다(마 3:11, 16; 4:17;

5:1-7:29; 11:25-27).

　이외에도 하나님은 끊임없이 선지자들을 보내어 돌이키라고 외치셨습니다. 호세아(호 2:7; 3:5; 6:1; 11:15), 아모스(암 4:6, 8-9), 이사야(사 6:10; 9:13; 31:6), 예레미야(렘 2:27; 3:10, 12, 14, 22), 그리고 에스겔(겔 14:6; 18:30, 32; 37:14; 39:29) 등 모든 선지서는 악한 행위에서 떠나, 온 마음으로 하나님과의 신실한 관계로 돌이키고 그에 합당하게 말씀에 순종하는 열매를 맺으라고 명령했습니다. 그리고 하나님의 강력한 심판과 축복의 메시지를 주어 돌이켜야 하는 이유를 설파했습니다.

　또한, 하나님은 여러 선지자를 통하여 자신이 직접 악한 자들의 마음을 기경하고 자신의 영을 부어 돌이킴을 가능하게 하고 그에 합당하게 자신의 법을 행하게 할 것을 약속하셨습니다. 특히, 구약의 마지막 책인 말라기는 하나님의 율례와 법도를 기억하라고 명하며 하나님이 최후 심판의 날이 이르기 전에 선지자 엘리야가 다시 자녀들의 마음을 아버지께 돌이키게 하여 저주를 받지 않게 하실 것이라고 예언했습니다(말 4:4-6).

> 너희는 내가 호렙에서 온 이스라엘을 위하여 내 종 모세에게 명령한 법 곧 율례와 법도를 기억하라 보라 여호와의 크고 두려운 날이 이르기 전에 내가 선지자 엘리야를 너희에게 보내리니 그가 아버지의 마음을 자녀에게로 돌이키게 하고 자녀들의 마음을 그들의 아버지에게로 돌이

키게 하리라 돌이키지 아니하며 두렵건대 내가 와서 저주
로 그 땅을 칠까 하노라 하시니라 (말 4:4-6)

구약의 마지막 말씀은 선지자 엘리야가 자녀들의 마음을 아
버지에게 돌이켜 그들이 하나님의 법을 지켜 행하게 할 것이라
는 약속의 말씀입니다. 그리고 하나님은 이 약속대로 죄인들이
돌이켜 최후 심판의 날이 이를 때에 구원을 얻게 하십니다. 예
수님이 이 새 언약의 돌이킴을 성취하십니다. 예수님은 성령의
권능으로 사람들을 돌이키며, 그 마음에 하나님과 아들을 알게
하십니다. 그리고 하나님의 의로운 말씀을 가르치고 마음에 새
겨 돌이킴에 합당한 열매를 맺게 하십니다(마 3:11, 16; 4:17; 5:1-
7:29; 11:25-27).

지금까지 살펴본 바와 같이 구약 성경은 모세오경부터 말라
기까지 돌이키라는 명령을 반복합니다. 구약 성경이 끊임없이
반복해서 돌이킴을 선포한다는 것은 세상과 이스라엘의 죄와
불의의 크기를 반영합니다. 한편, 하나님의 끊임없는 돌이킴의
부르심은 하나님의 끊임없고 변함없는 사랑의 크기를 보여줍
니다.

결론: 예수님이 성취하신 돌이킴의 약속

하나님이 구약에서 끊임없이 선지자들을 보내 죄인을 향해 돌이키라고 하시는 것은 신약으로 이어집니다. 하나님은 신약 성경의 시작점에서 엘리야와 같은 선지자 세례 요한을 보내어 회개(돌이킴)에 합당한 열매를 맺으라고 선포하게 하셨습니다(마 3:2-12). 그리고 그를 이어 예수님이 세상 모든 민족에게 돌이키라고 선포하시며 하나님의 말씀에 따라 돌이킴에 합당한 열매를 가르치셨습니다(마 4:17). 특히, 예수님은 성령의 능력으로 자녀들의 마음과 삶을 하나님께로 돌이키고 심판을 피하게 하는 약속을 성취하셨습니다(마 11:20-21).

특히, 신약 성경은 구약의 마지막 책인 말라기의 예언을 성취하는 것으로 시작합니다. 말라기 4장 5-6절은 엘리야가 다시 온다는 것, 그가 하나님의 자녀들의 마음을 돌이키는 일을 한다는 것, 하나님의 율례와 법도를 기억하게 하여 돌이킴을 성취한다는 것, 그리고 돌이키지 않는 자에 대한 심판을 예언했습니다. 이 예언처럼 세례 요한은 엘리야의 모습으로 나타나 돌이킴을 선포했습니다(마3:2-4). 그리고 돌이키게 하기 위한 물 세례를 주며 그에 합당한 열매를 맺으라고 선포했습니다(마 3:2-10).

그러나 세례 요한이 이 약속을 성취하는 메시아가 아니었습니다. 세례 요한은 예수님을 자신보다 능력 많은 메시아로 지목하며 그가 돌이킴을 위하여 성령과 불로 세례를 베풀 것이라고 예언했습니다(마 3:11-12). 예수님은 세례 요한이 시작한 돌이킴의 사역을 이어가며 구약의 약속을 성취하셨습니다. 예수님은 예레미야 24장 7절; 31장 31절; 32장 38-40절 등에서 선포되는 돌이킴의 약속을 성취하셨습니다. 예수님은 구약의 예언대로 성령의 능력으로 사람들의 마음을 돌이키시고, 하나님의 말씀을 가르치시고 마음에 새겨 돌이킴에 합당한 열매를 맺게 하시며, 세상 끝날까지 함께하는 약속을 성취하셨습니다(마 4:17-7:21; 11:25-27; 28:18-20 등).

RE:TURN

3. 신약 성경의 돌이킴

그때에 세례 요한이 이르러 유대 광야에서 전파하여 말하
되 회개하라 천국이 가까이 왔느니라 … 그러므로 회개에
합당한 열매를 맺고 (마 3:2, 8)

이때부터 예수께서 비로소 전파하여 이르시되 회개하라
천국이 가까이 왔느니라 하시더라 (마 4:17)

내가 의인을 부르러 온 것이 아니요 죄인을 불러 회개시
키러 왔노라 (눅 5:32; 마 9:14; 막 2:17)

하나님이 신약 성경을 시작하며 세상을 향해 선포하는 첫 번째
말씀은 "돌이키라"입니다. 신약 성경을 시작하는 마태복음, 마

가복음, 누가복음은 먼저 예수님의 탄생 이야기를 기록합니다. 그리고 곧 이어 세례 요한과 예수님이 돌이킴을 전파하며 공생애 사역을 시작하는 장면을 기록합니다. 세례 요한은 예수님에 앞서서, 예수님은 세례 요한을 이어서 "돌이키라"라고 전파하며 공생애 사역을 시작했습니다. 신약 성경은 이렇게 돌이킴을 그 전면부에 두어 매우 중요한 하나님의 말씀으로 강조합니다 (마 3:2, 8; 4:17; 막 1:4, 15; 눅 3:3). 구약 시대의 마지막 선지자격인 세례 요한을 이어 신약 시대를 여는 메시아 예수님이 돌이킴을 선포하는 모습은 신약 성경이 구약 성경의 돌이킴의 메시지를 이어가고 있음을 보여줍니다. 그리고 구약 성경이 예언한 메시아를 통한 돌이킴의 구원 역사를 예수님이 성취하시는 것을 보여줍니다(마 4:17; 28:18-20).

신약 성경은 사복음서를 시작으로 사도행전, 서신서, 요한계시록에 이르기까지 꾸준히 돌이킴을 선포합니다. 사도행전과 서신서는 예수님이 펼치던 돌이킴의 사역을 사도들과 그들이 세운 교회가 이어가는 모습을 기록합니다. 예수님은 하늘에 오르며 사도들을 세상 모든 민족에게 보내어 자신이 해오던 대로 돌이키라고 전파하게 했습니다(마 28:18-20). 그리고 사도들은 예수님과 같이 돌이킴을 전파하고 권능을 베풀며 많은 사람을 돌이켜 제자 삼고 주님이 명령하신 돌이킴에 합당한 말씀을 가르쳐 지키게 했습니다.

구약부터 전파되어 오던 돌이킴의 메시지가 신약으로 이어지며 선포되는 모습은 돌이킴이 신약과 구약의 중심 메시지이며 그 둘을 단단히 묶어 주는 끈이라는 것을 잘 보여줍니다. 이번 장에서는 신약성경에서 선포하는 돌이킴의 메시지를 추적해 볼 것입니다. 이를 통해 예수님이 명하시는 돌이킴의 의미와 신약 성경이 이를 중점적으로 선포하고 있다는 것을 확인할 수 있습니다.

마태복음의 돌이킴

신약 성경의 첫 책인 마태복음은 예수 그리스도의 탄생기사로 시작합니다. 그리고 구약 시대의 마지막 선지자라고 할 수 있는 세례 요한이 돌이키고 그에 합당한 열매를 맺으라고 선포하는 장면이 이어집니다(마 3:2-12). 세례 요한은 돌이키라고 선포할 뿐만 아니라 돌이키게 하는 세례를 주어 사람들을 죄에서 돌이켰습니다. 그리고 마태복음은 예수님이 세례 요한을 이어 돌이키라고 전파하셨다고 기록합니다(마 4:17).

마태복음이 그 첫 장면부터 세례 요한과 예수님이 돌이키라고 전파하는 것을 기록한 이유는 무엇일까요? 그리고 예수님이 돌이킴을 가장 먼저 선포하신 이유는 무엇일까요? 아마도 예수님에게 가장 시급하고 중요한 일이 죄와 죽음으로 가득한 세상을 하나님과 의로 돌이켜 구원하는 일이기 때문일 것입니다. 돌이킴을 통해 생명을 구원하는 것이 다른 일과 경중을 따지는 것이 무의미할 만큼 시급하고 중요한 일이기 때문일 것입니다. 그리고 무엇보다 예수님이 세상에 오신 목적이 죽어가는 죄인을 하나님께 돌이켜 구원하는 것이기 때문입니다.

세례 요한보다 능력 많은 하나님의 아들 예수님은 구약의 예언대로 돌이키라고 전파하시며 성령을 주고 권능을 베풀며 죄인들을 돌이키셨습니다. 그리고 구약 선지자들과 같이 하나님의 말씀을 가르치고 마음에 새기며 돌이킴에 합당한 열매를 맺게 했습니다(마 3:11-12, 16; 11:20-21, 25-27; 5-7장; 10장; 18장; 23-25장 등). 세례 요한은 마태복음 3장에서 돌이키라고 전파하며 그에 합당한 열매를 맺으라고 말했지만 실제로 그 열매에 대해 가르치지 않았습니다. 그러나 예수님이 세례 요한을 이어 돌이키라고 전파하시며 그에 합당한 열매에 대해 본격적으로 가르치셨습니다.

> 내가 율법이나 선지자를 … 완전하게 하려 함이라 … 너희 의가 서기관과 바리새인보다 더 낫지 못하며 결코 천국에 들어가지 못하리라 (마 5:17-20)

예수님은 구약 선지자들과 같이 마태복음 4장 17절에 이어지는 마태복음 5-7장의 산상수훈에서 율법과 선지자, 즉 구약 성경을 풀어 가르치며 돌이켜 나와야 할 죄악과 돌이켜 가야 할 하나님의 말씀을 가르치셨습니다. 이미 여러 학자들은 산상수훈이 예수님이 전파하는 돌이킴(회개)의 목록이며 돌이킨 삶의 모습이라고 말했습니다.[1] 만약 예수님이 "돌이키라"라고 선포하고 무엇을 돌이켜야 하는지 가르치지 않는다면 그 선포는 무의미하게 남아 버릴 것입니다. 그러나 돌이키라고 선포하신 예수님은 산상수훈을 시작으로 하나님의 말씀을 돌이킴에 합당한 열매로 가르치셨습니다.

예수님은 먼저 율법과 선지자 안에 담긴 "더 나은 의"를 돌이킴에 합당한 열매로 가르치셨습니다(마 5:17-20; 7:12, 21; 22:40). 예수님이 돌이킴에 합당한 열매로 가르치는 이 "더 나은 의"는 서기관과 바리새인들이 외식으로 사람에게 보이기 위하여 율법을 행하는 거짓 의를 넘어서는 것을 의미합니다. 특히 예수님은 하나님을 마음으로 사랑하지 않고 사람에게 보이기 위하여 외식으로 구제하고 금식하며 기도하며 비판하는 악을 책망하셨습니다(마 6:2, 5, 16; 7:5). 그리고 전심으로 하나님을 사랑하고 섬기며 그의 말씀에 순종하는 더 나은 의의 열매를 가르

---

1 France, *The Gospel of Matthew*, 143. Talbert, *Reading the Sermon on the Mount*, 143-44. Keener, *Matthew*, 149. Luz, *Matthew 1-7*, 198.

치셨습니다.

> 그러므로 무엇이든지 남에게 대접을 받고자 하는 대로 너
> 희도 남을 대접하라 이것이 율법이요 선지자니라 (마7:12,
> 황금률)

예수님은 산상수훈 전체에서 돌이킴에 합당한 열매를 가르
치시고 그것을 황금률로 종합해 주셨습니다. 예수님은 하나님
의 율법과 선지자(구약 성경)에 담긴 모든 뜻이자 바리새인과 서
기관보다 더 나은 의는 이 황금률을 진심으로 행하는 것이라고
가르치셨습니다(마 7:12). 그리고 예수님은 이 모든 합당한 열매
를 맺어 하늘나라에 들어가는 지혜로운 자가 되라고 명하셨습
니다(마 7:24-27).

> 선생님 율법 중에서 어느 계명이 크니이까 예수께서 이르
> 시되 네 마음을 다하고 목숨을 다하고 뜻을 다하여 주 너
> 의 하나님을 사랑하라 하셨으니 이것이 크고 첫째 되는
> 계명이요 둘째도 그와 같으니 네 이웃을 네 자신과 같이
> 사랑하라 하셨으니 이 두 계명이 온 율법과 선지자의 강
> 령이니라 (마 22:37-40)

더불어 예수님은 황금률과 함께 범죄한 인류가 돌아가야 하
는 온 율법과 선지자, 즉 구약의 하나님의 법과 뜻을 또 다른 한

문장으로 종합해 선포하셨습니다. 그것은 너무나도 유명한 말씀인 "네 마음과 목숨과 뜻을 다하여 하나님을 사랑하고 네 이웃을 네 자신과 같이 사랑하라"라는 것입니다(마 22:37-40). 이는 예수님이 명하는 구원을 얻게 하는 돌이킴은 죄를 자각하고 뉘우치고 끊어 내는 것에서 시작해 하나님 말씀에 따라 남에게 대접 받고자 하는 대로 남을 대접하고 하나님을 사랑하고 이웃 사람을 사랑하는 돌이킴에 합당한 좋은 열매를 맺는 것으로 완성된다는 것을 보여줍니다.

예수님은 마태복음 10장 38-39절에서 돌이켜 자신을 따르는 제자들에게 또다른 돌이킴에 합당한 열매를 가르칩니다.

> 또 자기 십자가를 지고 나를 따르지 않는 자도 내게 합당하지 아니하니라 자기 목숨을 얻는 자는 잃을 것이요 나를 위하여 자기 목숨을 잃는 자는 얻으리라 (마 10:37-39)

예수님은 돌이켜 자신을 따르는 제자는 그에 합당하게 자기 십자가를 지고 자신을 따르며 자신을 위해 목숨을 잃는다고 가르치셨습니다. 예수님이 이 말씀을 하시는 문맥은 열두 제자들을 파송하여 자신을 이어 세상 모든 민족에게 하늘나라의 도래를 전파하며 죄인을 돌이키게 하는 장면입니다. 예수님은 뜻밖에도 열두 제자들이 자신을 이어 돌이키게 하는 사역을 감당하며 심한 핍박을 당하고 죽음의 위기에 처할 것을 예견하셨습니다(마 10:16-40). 그리고 그 가운데에서도 선교를 포기하지 말고 자기 십자가를 지고 자신을 따르며 자신을 위해 목숨을 잃는 것이 합당하다고 가르치셨습니다. 즉, 제자들이 목숨을 잃으며 선교하는 열매를 맺을 것을 명하신 것입니다.

> 진실로 너희에게 이르노니 너희가 돌이켜 어린아이와 같이 되지 아니하면 결단코 천국에 들어가지 못하리라 그러므로 누구든지 이 어린아이와 같이 자기를 낮추는 사람이 천국에서 큰 자니라 (마 18:3-4)

예수님은 공동체 강화로 알려진 마태복음 18장 1-6절에서도 돌이킴과 그에 합당한 열매를 명하셨습니다. 예수님은 마태복음 18장 3-4절에서 이미 돌이켜 자신을 따르고 있는 제자들이지만 다시 한번 돌이켜 어린아이와 같이 되라고 명하셨습니다. 그리고 어린아이와 같이 되는 것은 자기를 낮추는 사람이 되는 것이라고 말씀하셨습니다. 즉, 예수님은 제자들에게 돌이켜 어린아이 같이 자기를 낮추어 섬기는 열매를 맺을 것을 명하셨습니다.

예수님이 제자들에게 이 열매를 명하는 것은 앞선 마태복음 18장 1-2절에서 그들이 천국에서 누가 큰지 물으며 천국에서 큰 사람이 되고자 하는 욕심을 드러내었기 때문입니다. 예수님은 하늘나라는 세상과 달라서 자기를 낮추는 사람이 큰 사람으로 여김을 받는 곳이라고 가르치셨습니다. 그러므로 돌이켜 하늘나라 왕 예수님을 따르는 제자는 세상에서 큰 사람이 되려 하던 욕심을 버리고 자기를 낮추어 섬기는 하늘나라에서 큰 사람이 되어야 합니다.

예수님이 죄인들을 돌이키기 위하여 하신 일 중에 중요한 부분은 권능 베푸는 일, 즉 병자를 치유하고 귀신을 내어 쫓으며 바람과 바다를 잔잔하게 하고 죽은 이를 일으키는 이적을 베푸는 일이었습니다. 예수님은 돌이키라고 전파하시며 권능을 베풀어 자신이 하나님의 아들이며 죄를 사하는 권세가 있음을 보여주셨습니다(마 8:29; 9:6; 14:33; 눅 5:24 등 참고). 그래서 실제로 자신에게 돌이켜 그에 합당한 열매 맺는 제자가 죄 용서를 받고 구원을 얻는다는 것을 알려주셨습니다.

예수님은 마태복음 11장 20-21절에서 이 권능 베푸는 일의 목적이 돌이킴(회개)을 위한 것임을 명확하게 말씀하셨습니다.

> 예수께서 권능을 가장 많이 행하신 고을들이 회개하지 아니하므로 그때에 책망하시되 화 있을진저 고라신아 화 있을진저 벳새다야 너희에게 행한 모든 권능을 두로와 시돈에서 행하였더라면 그들이 벌써 베옷을 입고 재에 앉아 회개하였으리라 (마 11:20-21; 눅 10:13참고)

예수님은 마태복음 8-9장에 걸쳐 이스라엘 모든 동네를 다니며 권능을 베풀어 죄인을 돌이키는 사역을 하셨습니다. 그럼에도 불구하고 죄를 돌이키지 않는 이스라엘 고을이 있었습니다. 예수님은 그 고을들을 보며 자신이 돌이킴(회개)을 위해 수많은 권능을 행하였음에도 불구하고 돌이키지 않는다며 한탄하셨습니다. 이 한탄은 예수님이 권능을 베푸신 이유가 돌이킴에 있다는 것을 명확히 보여줍니다.

마지막으로 예수님은 지상 명령으로 잘 알려진 마태복음 28장 19-20절에서 사도들을 세상 모든 민족에게 파송하여 그들을 제자 삼고 분부한 모든 것을 가르쳐 지키게 하라고 명하셨습니다. 그리고 아버지와 아들과 성령의 이름으로 세례를 주라고 명합니다. 예수님이 앞서 분부한 모든 것은 다른 것이 아니라 그가 앞서 돌이키라고 전파하시며 그에 합당한 열매로 분부한 모든 말씀입니다(마 5:1-20; 7:12, 21; 10:37-39; 12:45-50; 13:30, 40, 49, 50; 15:7; 16:3; 18:1-6; 22:40; 23장; 24:51 등). 그리고 세례 요한의 물세례가 돌이키기 위한 것이었듯이 예수님이 명하는 이 세례 역시 돌이킴을 위한 것입니다. 즉, 예수님은 하늘에 오르며 자신이 지난 시간 펼쳐오던 돌이키는 사역을 제자들이 이어가게 하셨습니다.

예수님은 제자들에게 세상 끝날까지 항상 함께할 것이라고 약속하셨습니다. 엄밀히 말하면 예수님은 하늘에 올라서도 세상 모든 민족을 돌이키게 하는 제자들과 항상 함께하겠다고 하시는 것입니다. 이는 예수님이 하늘에서도 제자들과 항상 함께하며 자신이 지난 시간 땅에서 펼쳐온 돌이킴의 사역을 이어가겠다는 약속입니다. 예수님은 하늘과 땅의 모든 권세를 가지고 제자들과 항상 함께 세상 모든 민족을 돌이키며 그에 합당한 열매를 맺게 하는 일을 오늘도 펼치고 계십니다.

누가복음의 돌이킴

마태복음과 같이 마가복음과 누가복음도 모두 그 책의 시작점에서 세례 요한과 예수님이 "하늘(하나님)나라가 임하였으니 돌이키라"라고 전파하시며 공생애 사역을 시작하는 모습을 기록했습니다(마 4:17; 막 1:15; 눅 3:3, 8; 5:32; 24:47). 세 복음서가 모두 동일하게 이를 기록하는 것은 돌이킴이 예수님 공생애 사역과 복음서의 핵심 키워드임을 보여줍니다.

마가복음에서 돌이킴은 대부분의 경우 마태복음과 병렬되는 말씀에 등장합니다. 누가복음-사도행전은 신약 성경에서 돌이킴을 가장 많이 말하며 강조합니다(눅 3:3, 8; 5:32; 10:13; 11:32; 13:3, 5; 15:7, 10; 16:30; 17:3, 4; 24:47; 행 2:38; 3:19; 5:31; 8:22; 11:18, 21; 14:15; 17:30; 19:4; 20:21; 26:20). 그리고 누가복음-사도행전은 돌이킴의 메시지가 세례 요한과 예수님에게서 사도들로 이어지는 구체적인 모습들을 보여줍니다.

> 요한이 요단강 부근 각처에 와서 죄 사함을 받게 하는 회
> 개의 세례를 전파하니 (눅 3:3; 막 1:4)

> 너희에게 이르노니 너희도 만일 회개하지 아니하면 다 이
> 와 같이 망하리라 (눅 13:3, 5)

누가복음 3장은 세례 요한이 요단강 부근에서 돌이키게 하는 세례를 전파하며 그에 합당한 좋은 열매를 가르치는 장면을 보여줍니다. 마태복음과 다르게 누가복음과 마가복음은 세례 요한과 예수님이 전파하는 돌이킴이 죄 사함을 받게 하는 것임을 명확하게 기록했습니다. 그리고 돌이키게 하는 세례는 돌이킴을 통한 구원을 상징합니다. 물에 들어갔다가 나오는 의식은 돌이킴을 통해 죄로 인한 죽음의 심판을 건너고 죄를 씻음과 그로 인해 새로운 생명을 얻는 것을 상징합니다.

세례 요한과 예수님은 "하늘나라가 가까이 임하였으니"라고 선포했습니다. 이는 여호와의 날, 즉 여호와의 최후 심판과 구원의 날이 가까이 임하였음을 의미합니다(사 40:1-5; 말 4:5-6). 그러므로 세례 요한과 예수님은 돌이켜 죄 사함을 얻고 그에 합당한 열매를 맺음으로 최후 심판을 피하고 구원을 얻으라고 외치며 사람들을 깨웠던 것입니다. 누가복음에서 세례 요한과 예

수님은 한 사람의 마음과 삶을 돌이키고 그에 합당한 열매를 맺는 것에 죄 사함과 구원이 달려있다는 것을 확인해 줍니다. 더불어, 예수님은 누가복음 13장 3, 5절에서 강한 어조로 너희가 돌이키지 않으면 망할 것이라고 선포하셨습니다. 예수님은 누가복음에서 더욱 직접적으로 돌이킴에 구원과 멸망을 피하는 것이 달려 있음을 명확히 선포하십니다.

> (그러므로 회개에 합당한 열매를 맺고 ⋯) 무리가 물어 이르되 그러면 우리가 무엇을 하리이까 대답하여 이르되 옷 두 벌 있는 자는 옷 없는 자에게 나눠 줄 것이요 먹을 것이 있는 자도 그렇게 할 것이니라 하고 세리들도 세례를 받고자 하여 와서 이르되 선생이여 우리는 무엇을 하리이까 하며 이르되 부과된 것 외에는 거두지 말라 하고 군인들도 이르되 우리는 무엇을 하리이까 하매 이르되 사람에게서 강탈하지 말며 거짓으로 고발하지 말고 받는 급료를 족한 줄로 알라 하니라 (눅 3:8-14)

누가복음은 마태복음, 마가복음과는 다르게 세례 요한이 가르친 돌이킴에 합당한 좋은 열매를 구체적으로 기록합니다. 세례 요한은 돌이키게 하는 세례를 베풀고 그에 합당한 열매를 맺으라고 명했습니다. 이에 세례 받은 무리들, 세리들, 그리고 군인들이 세례 요한에게 무엇을 행해야 하는지, 즉 어떤 돌이킴에 합당한 열매를 맺어야 하는지 질문했습니다. 세례 요한은 그들에게 돌이킴에 합당하게 가진 것을 없는 자와 나누고, 불법을 저지르지 않고, 악행을 하지 않고, 가진 것에 만족하며 감사하라고 가르쳤습니다.

예수님도 누가복음에서 세례 요한을 이어 동일하게 돌이킴을 전파하시며 그에 합당한 열매를 가르치셨습니다. 예수님은 이스라엘과 이방 지역 각지에서 나온 많은 병자를 고치고 귀신을 내어 쫓으며 죄인들을 돌이키셨습니다(눅 10:13 참고). 그리고 누가복음 6장 20-49절의 평지 설교로 알려진 말씀으로 돌이킴에 합당한 열매를 가르치셨습니다. 예수님의 이 설교는 마태복음 5-7장에서 돌이킴에 합당한 열매로 가르친 산상수훈과 그 내용이 거의 일치합니다. 예수님은 부요한 자, 지금 배부른 자, 웃는 자, 칭찬 받는 거짓 선지자들에게 화를 선포하며 돌이켜 나와야 할 죄악을 책망하셨습니다.

예수님은 누가복음 곳곳에서 반복해서 돌이킴을 선포하시며 죄를 책망하시고 그에 합당한 열매를 가르치셨습니다. 예수님은 공의와 사랑을 버리고 높은 자리에 앉으려 하며 외식하고 율법을 잘못 가르치는 바리새인과 율법 교사에게 화를 선포하셨습니다(눅 11:42-54). 특히 재물을 섬기며 축적하고 가난한 자에게 나누지 않는 죄악을 강하게 책망하셨습니다(눅 12장; 16:13-15; 18:18-30 참고). 예수님은 원수를 사랑하고 축복하며, 구하는 자에게 주고, 다시 달라고 하지 말며, 남에게 대접받고자 하는 대로 남에게 대접하라고 명하셨습니다. 더불어 좋은 열매 맺는 좋은 나무와 같이 자비로운 자가 되어 비판하지 말고 마음에 악한 것을 버리고 선한 것을 쌓으라고 명하셨습니다. 그리고 자기를 낮추어 섬기는 자가 되라고 명하셨습니다(눅 14:7-14).

> 내가 너희에게 이르노니 이와 같이 죄인 한 사람이 회개
> 하면 하늘에서는 회개할 것 없는 의인 아흔아홉으로 말미
> 암아 기뻐하는 것보다 더 하리라 (눅 15:7)

특별히 예수님은 누가복음에서 자신이 죄인 한 사람이 돌이켜 생명을 얻게 하기 위해 오신 것을 강조하셨습니다. 그리고 아버지 하나님과 아들 예수님이 그것을 기뻐하는 것을 적극적으로 표현하셨습니다. 그런 연유로 누가복음은 예수님이 세리와 죄인과 함께 어울리며 그들을 돌이키고 그에 합당한 열매 맺게 하며 구원하는 이야기로 가득합니다(눅 5:8, 30, 32; 7:34, 37; 15:1; 18:13; 19:7 등).

예수님은 누가복음 15장 1-7절에서 죄인 한 사람이 돌이키는 것을 잃어버리지 않은 양 아흔아홉 마리보다 잃어버린 양 한 마리를 찾는 것이 더 큰 기쁨을 준다는 것으로 비유하셨습니다. 그리고 누가복음 15장 7-10절에서는 이를 어떤 여자가 잃어버

린 한 드라크마를 찾은 기쁨으로 비유하셨습니다. 그리고 이어지는 누가복음 15장 11-32절에서는 돌아온 탕자 비유를 통해 죄인 한 사람이 돌이켜 하나님 아버지에게 나오는 것의 기쁨을 극적으로 가르치셨습니다. 반면, 예수님은 바리새인과 서기관이, 세리와 죄인과 이방인이 돌이켜 하나님의 백성이 되는 구원을 얻는 것을 싫어하는 것을 책망하기도 하셨습니다(눅 15:2).

예수님은 누가복음 16장 19-31절에서 거지 나사로와 부자 이야기를 하셨습니다. 돈을 사랑하고 화려한 생활을 하는 한 부자가 있습니다. 그는 하나님의 말씀을 따르지 않고 집 앞에 거지 나사로를 긍휼히 여겨 돌아보지 않습니다. 이후 거지 나사로는 하늘나라에 들어갔습니다. 하지만 하나님의 말씀을 따르지 않고 돈을 좋아하며 자비를 베풀지 않는 부자는 음부에서 고통당합니다. 예수님은 그 둘 사이에는 큰 구렁이 있어서 결코 건너갈 수 없다고 말씀하셨습니다.

반면, 지옥에서 고통 당하는 부자는 나사로를 그의 집에 보내 형제 다섯에게 말하여 이 고통 받는 곳에 오지 않도록 말할 수 있게 해달라고 말했습니다. 그는 죽은 나사로가 부활하여 그들에게 말하면 그것이 큰 표적이 되어 하나님과 그 말씀으로 돌이킬 것이라 생각했습니다. 그러나 예수님은 모세와 선지자들의 말을 듣지 않는 사람들은 나사로의 말도 듣지 않으며 결코 돌이키지 않을 것이라고 하셨습니다.

예수님은 이 이야기를 통해 자신이 펼치는 사역에도 불구하고 돈을 사랑하고 돌이키지 않는 자들의 굳은 마음을 묘사하셨습니다. 또한 이 세상과 돈에서 돌이켜 자신을 따르지 않으면 결코 하늘나라에 들어갈 수 없다는 진리를 설명하셨습니다. 동시에 재물에서 돌이키지 않는 죄인들은 결코 되돌릴 수 없는 참혹한 지옥의 심판을 당할 것이라고 하셨습니다. 이를 통해 재물을 사랑하고 목적하는 마음과 삶을 돌이켜 예수님을 사랑하고 목적하며 재물을 나누는 것이 참으로 지혜로운 것임을 깨닫게 하십니다.

> 만일 네 형제가 죄를 범하거든 경고하고 회개하거든 용서하라 만일 하루에 일곱 번이라도 네게 죄를 짓고 일곱 번 네게 돌아와 내가 회개하노라 하거든 너는 용서하라 하시더라 (눅 17:3-4; 마 18:21-22 참고)

예수님은 누가복음 17장 3-4절에서 죄를 범한 형제나 자매가 돌이키거든 제한 없이 용서하라고 명하셨습니다. 예수님은 자신이 돌이키는 죄인들을 용서하는 사랑을 베푸는 것과 같이 돌이켜 자신을 따르는 제자들도 그들에게 죄를 짓고 돌이키는 형제자매를 용서하여 사랑을 베풀기를 원하십니다. 예수님이 죄에서 돌이키는 자를 무한히 용서하라고 가르치는 것은, 예수님이 돌이키는 자를 무한히 용서하는 분이라는 것을 알려줌니다. 그리고 이미 돌이켜 예수님을 따르는 제자라도 그가 다시 죄를 짓고 돌이키면 무한히 용서하여 주실 것도 알려줍니다.

누가복음 19장 1-10절은 아마도 예수님께 돌이켜 그에 합당한 열매 맺은 가장 유명한 사람이 등장하는 곳일 것입니다. 그는 바로 세리 삭개오입니다. 예수님은 누가복음에서 죄인을 돌이켜 구원하는 사역을 펼치며 반복해서 재물을 섬기고 축적하는 죄악을 책망하며 돌이키셨습니다(눅 12장; 16:13-15; 18:18-30 참고). 그리고 당시 세리장으로 일하며 상당한 부를 축적한 삭개오를 돌이키셨습니다.

예수님이 뽕나무 위에서 자신의 행차를 바라보던 삭개오를 부르셨습니다. 예수님은 그의 집에 머물겠다고 말씀하셨고, 삭개오는 예수님을 기쁘게 맞이했습니다. 그리고 삭개오는 기다렸다는 듯이 자신의 집에 들어오신 예수님에게 다음과 같이 말했습니다.

> 뭇 사람이 보고 수군거려 이르되 저가 죄인의 집에 유하러 들어갔도다 하더라 삭개오가 서서 주께 여짜오되 주여 보시옵소서 내 소유의 절반을 가난한 자들에게 주겠사오며 만일 누구의 것을 속여 빼앗은 일이 있으면 네 갑절이나 갚겠나이다 예수께서 이르시되 오늘 구원이 이 집에 이르렀으니 이 사람도 아브라함의 자손임이로다 인자가 온 것은 잃어버린 자를 찾아 구원하려 함이니라 (눅 19:7-10)

아마도 삭개오는 예수님이 지난 시간 선포해 온 재물에 대한 돌이킴의 메시지와 그에 합당한 열매에 대한 가르침을 들어 알고 있었던 것 같습니다. 그리고 사람들의 말과 같이 자신이 돈을 섬기고 축적하는 죄를 짓고 살았다는 것을 알고 뉘우치고 있었던 것 같습니다. 그렇기에 그가 자기 집에 찾아와 주신 예수님께 가진 재물 절반을 나누어 주고 불의하게 빼앗은 것이 있다면 네 배로 갚아 주겠다고 선언할 수 있었던 것입니다.

삭개오의 말과 행동은 그가 지난 시간 재물을 섬기며 그것을 축적해 온 죄악을 돌이켰음을 분명히 보여줍니다. 그리고 가진 재물의 절반을 나누어 주는 것은 돌이킴에 합당한 열매를 맺은 것을 보여줍니다. 또한 불의하게 재물을 빼앗아 축적하던 죄악에서 돌이키고, 그에 합당하게 네 배로 돌려주는 열매를 맺는 것도 보여줍니다. 삭개오의 돌이킴은 "너희는 하나님과 재물을 겸하여 섬길 수 없다(눅 16:13)"라는 말씀을 실천한 것입니다.

> 또 그의 이름으로 죄 사함을 받게 하는 회개가 예루살렘에서 시작하여 모든 족속에게 전파될 것이 기록되었으니 너희는 이 모든 일의 증인이라 (눅 24:47-48)

마지막으로 부활하신 예수님은 부활하신 이후에 자신이 십자가에 죽고 부활하는 것과 죄 사함을 받게 하는 돌이킴이 예루살렘에서 시작하여 모든 족속에게 전파되는 것이 성경에 기록된 것임을 가르치셨습니다(창 12:3; 시 22:27; 사 2:2; 49:6; 호 2:23; 말 1:11 등). 예수님은 성경의 기록대로 자신이 예루살렘과 이스라엘 주변의 이방 족속들에게 돌이킴을 전파하고 그에 합당한 열매를 가르쳐 죄 사함을 얻게 했음을 밝히셨습니다. 그리고 이제 자신이 부활하여 하늘에 오른 이후에는 제자들이 그 일에 증인이 되어 세상 모든 족속에게 죄 사함을 얻게 하는 돌이킴을 전파하게 될 것을 선포하셨습니다.

이 말씀은 예수님과 그의 파송을 받은 사도들의 모든 사역의 중심이 죄 사함을 얻게 하는 돌이킴과 그에 합당한 열매 맺게 하는 일에 있다는 것을 잘 보여줍니다. 예수님은 제자들에게 약속하신 성령과 능력을 기다리라 하셨고, 그것을 받은 이후에 세상 모든 민족에게 나아가 돌이킴을 전파하라고 하셨습니다(눅 24:49). 복음서에 이어지는 사도행전은 성령을 받은 제자들이 세상 모든 민족에게 나아가 돌이킴을 전파하며 예수님의 부활을 증거하는 일들을 보여줍니다. 이는 오늘날의 교회가 세상 모든 민족에게 돌이킴과 예수님의 부활을 중심으로 증거해야 한다는 것을 알려줍니다.

사도행전의 돌이킴

그러므로 너희가 회개하고 돌이켜 너희 죄 없이 함을 받
으라 이같이 하면 새롭게 되는 날이 주 앞으로부터 이를
것이요 (행 3:19)

먼저 다메섹과 예루살렘에 있는 사람과 유대 온 땅과 이
방인에게까지 회개하고 하나님께로 돌아와서 회개에 합
당한 일을 하라 전하므로 (행 26:20)

사도행전은 예수님의 돌이킴 전파 사역이 사도들에게 이어
지는 모습을 기록합니다. 예수님이 승천하며 말씀하셨듯이 "그
의 이름으로 죄 사함을 받게 하는 회개가 예루살렘에서 시작하
여 모든 족속에게 전파되는 것이" 사도들을 통해 이루어집니다
(눅 24:47). 사도행전은 베드로와 바울을 비롯한 사도들과 집사
들이 예루살렘과 이방 땅 곳곳의 모든 족속에게 돌이킴과 예수
님의 부활을 선포하는 선교와 그에 따라 열방이 예수님께 돌이
키는 이야기들로 가득합니다(행 2:38; 3:19; 5:31; 8:22; 11:18, 21;
14:15; 17:30; 19:4; 20:21; 26:20).

먼저 사도행전에서 베드로가 예수님을 죽인 이스라엘에게
"회개하고 돌이켜 죄 사함을 받으라"라고 선포했습니다. 그리고
그 바통을 사도 바울이 이어받았습니다. 사도 바울은 세상 끝

이라고 여겨지는 로마에 이르러서 자신의 지난 사역을 회고하며 "회개하고 돌아와서 하나님께 회개에 합당한 일을 하라"(행 26:20)라고 전파해 왔다고 말했습니다.

이와 같이 사도행전에서 사도들의 선교는 세례 요한과 예수님을 이어 돌이켜 죄 사함과 생명을 얻으라는 선포를 중심으로 전개되었습니다. 그리고 하나님의 말씀을 강론하며 예수님을 증언하고 예수님이 분부한 돌이킴에 합당한 열매를 가르쳐 마음과 그에 따른 삶에 좋은 열매를 맺는 제자를 세우는 것으로 이루어졌습니다(마 28:18-20; 눅 24:47; 행 1:8 등).

이는 오늘날 교회의 선교가 하나님께 회개하고 돌아와서 그에 합당한 일을 행하라고 전파하는 것이어야 한다는 것을 보여줍니다. 그리고 주님이 돌이킴에 합당한 열매에 대해 분부한 모든 말씀을 가르쳐 지키게 하는 것을 중심으로 전개되어야 한다는 것도 보여줍니다.

> 그들이 이 말을 듣고 마음에 찔려 베드로와 다른 사도들에게 물어 이르되 형제들아 우리가 어찌할꼬 하거늘 베드로가 이르되 너희가 회개하여 각각 예수 그리스도의 이름으로 세례를 받고 죄 사함을 받으라 그리하면 성령의 선물을 받으리니 … 또 여러 말로 확증하며 권하여 이르되 너희가 이 패역한 세대에서 구원을 받으라 하니 (행 2:37-40)

사도행전 2장은 오순절에 성령이 임하여 제자들이 각기 다른 언어로 하나님의 큰 일을 말하는 장면을 보여줍니다. 그때에 세계 각처에서 예루살렘에 모인 유대인과 예루살렘에 사는 모든 사람이 제자들이 그들의 언어로 말하는 것을 듣고 놀랐습니다. 베드로는 이것이 구약에 예언된 일이며 또한 하나님의 정하신 뜻대로 그들이 죄 없는 그리스도 예수님을 죽였다고 말했습니다. 베드로의 말을 들은 자들은 그 마음에 찔려 어찌해야 하는지를 질문했습니다. 베드로는 돌이키고 세례를 받아 죄 사함과 성령을 선물로 받으라고 말했습니다. 그리고 이 패역한 세대에서 구원을 받아 하나님을 섬기고 그의 말씀을 청종하는 합당한 삶을 명했습니다.

베드로는 사도행전 2-5장에 걸쳐 지속적으로 예루살렘과 이스라엘을 중심으로 권능을 베풀어 많은 사람을 돌이키게 하고 예수님의 이름으로 세례를 베풀었습니다. 앞서 확인하였지만 세례는 돌이킴을 위한 것입니다(마 3:1-12; 눅 3:1-17 참고). 베드로는 사도행전 5장 30-31절에서 "너희가 나무에 달아 죽인 예수를 우리 조상의 하나님이 살리시고 이스라엘에게 회개함과 죄 사함을 주시려고 그를 오른 손으로 높이사 임금과 구주로 삼으셨느니라"라고 선포합니다. 이를 통해 하나님이 이스라엘의 돌이킴과 죄 사함을 위해 예수님을 살리시고 왕과 구원자로 삼으신 놀라운 계획을 선포했습니다.

사도행전 6-7장에서 스데반은 베드로처럼 큰 기사와 표적을 행하며 예수님의 죽음과 부활을 전파했습니다. 이번에도 이스라엘 사람들은 마음에 찔림을 받았지만 앞서 돌이킨 사람들과는 달리 스데반을 돌로 쳐 죽이며 돌이킴을 거부했습니다. 사도행전 8장에서 빌립도 사마리아 성에서 그리스도를 전하고 많은 권능을 베풀며 예수님의 이름으로 돌이킴을 위한 세례를 베풀었습니다. 이후 빌립은 성령의 이끌림을 받아 이디오피아 내시를 만나 그가 읽던 이사야서를 풀어 주며 예수님을 전했습니다. 그리고 그에게 돌이킴의 세례를 베풀었습니다.

사도행전 9장은 사울이 교회를 핍박하는 것과 예수님이 그를 찾아가 완전히 돌이키는 놀라운 사건을 기록합니다. 예수님은 사울에게 나타나 자신을 핍박하는 이유를 묻고 그의 눈을 멀게 하며 장차 이방인을 위한 사도가 되어 그들에게 자신을 증언하고 돌이키게 할 것을 선포하셨습니다. 이후 예수님은 아나니아를 통해 다메섹에 있는 사울을 안수하여 고치고 성령으로 충만하게 하셨습니다. 그리고 바울도 돌이킴의 세례를 받았습니다(행 9:18; 22:16).

> 그들이 이 말을 듣고 잠잠하여 하나님께 영광을 돌려 이르되 그러면 하나님께서 이방인에게도 생명 얻는 회개를 주셨도다 하니라 (행 11:18)

베드로는 계속 예루살렘과 이스라엘 여러 지역에 돌이킴과 예수님의 부활을 전파했습니다. 베드로는 룻다에서 중풍병 걸린 애니아를 고치고 그 권능을 본 룻다와 사론에 사는 사람들이 다 주께 돌이켰습니다(행 9:32-35). 베드로가 죽은 도르가를 살렸습니다. 그리고 사도행전 10-11장에서 하나님의 특별한 계시와 인도를 받아 이방인 고넬료에게 돌이키게 하는 세례를 베풀었습니다. 이때 그는 공식적으로 예루살렘과 교회에 하나님이 이방인에게도 생명 얻는 돌이킴을 주셨음을 선포했습니다. 베드로의 말은 돌이킴에 세상 모든 민족이 생명을 얻는 구원이 달려 있음을 다시 확인해 줍니다.

사도행전 11장은 스데반의 일로 각처로 흩어진 제자들이 안디옥에서 헬라인에게 그리스도를 전하는 것과 수많은 사람들이 돌이키는 것을 기록합니다(행 11:19-21). 그리고 예수님께 돌이킨 바울이 베드로를 이어 세상 모든 민족에게 돌이킴을 전파하기 시작하는 장면을 기록합니다. 그는 이방 땅 곳곳을 돌아다니며 돌이킴과 예수님의 부활을 전파했습니다. 특히, 사도행전 13장은 안디옥 교회가 바나바와 바울을 파송하는 일을 기록합니다. 바울과 바나바는 바예수에게 돌이킴을 선포했습니다(행 12:4-12). 그리고 비시디아 안디옥, 이고니온, 그리고 루스드라 등을 거쳐 다시 안디옥에 이르기까지 이적을 베풀고 예수 그리스도를 전하여 많은 사람을 믿게 하고 돌이켰습니다.

사도행전 15장은 예루살렘 공회에서 주께 돌아오는 이방인들에 대해 논의하는 장면을 기록합니다. 그리고 사도들은 돌이키는 이방인들에게 유대인의 관습을 따르지 않고 우상의 더러운 것, 음행과 목메어 죽인 것, 피를 멀리하라고 당부하게 결정했습니다. 바울은 계속해서 사도행전 16장에서 더베와 루스드라에도 이르며 말씀을 강론하고 제자 디모데를 세워 교회를 섬기게 했습니다. 이후 마게도냐 지역 빌립보에 이르러 루디아를 만나고 여러 사람에게 말씀을 강론하고 믿음을 갖도록 했습니다.

　　알지 못하던 시대에는 하나님이 간과하셨거니와 이제는
　　어디든지 사람에게 다 명하사 회개하라 하셨으니 (행 17:30)

　　바울은 사도행전 17장에서 데살로니가, 베뢰아, 아덴에서 이적을 행하고 예수 그리스도의 부활을 전하고 하나님이 이제는 온 세상 모든 민족에게 돌이키라 명하는 시대가 이르렀음을 선포했습니다(행 17:30). 바울은 사도행전 18장에서 고린도에 이르러 회당장 그리스보와 수많은 사람들에게 돌이킴을 위한 세례를 베풀었습니다. 그리고 그곳에서 1년 6개월을 머물러 말씀을 강론하며 돌이킴에 합당한 열매를 가르쳤습니다. 사도행전 19장은 바울이 에베소에서 세례 요한이 베푸는 돌이킴을 위한 세례를 받은 자들에게 예수님의 이름으로 돌이킴의 세례를 베푸는 것을 기록합니다. 그리고 바울은 두란노 서원에 머물며 2년 동안 돌이킴에 합당한 열매에 대해 가르쳤습니다. 바울은 그곳에서 많은 이적을 베풀어 사람들을 돌이켰습니다.

사도 바울은 사도행전 20장에서 말씀을 강론하던 중 유두고를 살렸습니다. 이후 바울은 예루살렘에 올라갈 계획을 세우고 에베소의 사람들에게 지난 시간 자신이 "유대인과 헬라인들에게 하나님께 대한 회개와 우리 주 예수 그리스도께 대한 믿음을 증언한 것"을 고백했습니다(행 20:21). 이는 바울의 지난 여정이 예수님께 돌이켜 세례를 받고 그에 합당하게 유대인과 이방인에게 예수 그리스도를 전파하고 그들을 돌이키며 세례를 주고 그에 합당한 열매를 가르치는 것이었음을 보여줍니다.

사도행전 21장부터는 바울이 예루살렘으로 여정을 떠나며 본격적인 박해를 당하는 것과 땅 끝인 로마에 이르는 여정의 시작을 기록합니다. 바울은 사도행전 22-26장에 걸쳐 예루살렘 부형들, 벨릭스 총독, 베스도 총독, 아그립바 왕 앞에서 변론했습니다. 그는 자신이 지난 시간 다메섹과 예루살렘과 유대와 이방 모든 민족에게 회개하고 하나님께 돌아와 그에 합당한 일을 행하라고 전파해왔다고 말하며 자신의 사역을 요약했습니다(행 26:20). 이후 바울은 로마에 이르러 예수님의 명령대로 로마에 사는 이들을 돌이키기 위해 말씀을 강론하고 하나님의 나라를 증언하며 모세의 율법과 선지자의 말을 통해 예수님을 전파했습니다(행 28:23-28).

서신서의 돌이킴

　사도행전에서 확인했듯이 사도 바울의 전도 여행은 예수 그리스도의 부활과 그를 향한 돌이킴과 믿음 그리고 그에 합당한 열매를 명하고 가르치는 것을 중심으로 전개되었습니다. 바울은 수많은 이방 땅을 돌아다니며 죄인들을 돌이키고 그들을 중심으로 여러 교회를 세웠습니다. 그리고 이후 교회들을 돌보기 위해 여러 서신을 기록했습니다. 바울 서신에서 돌이킴은 여전히 주요 주제로 등장합니다. 그러나 돌이킴 혹은 회개로 번역되는 헬라어 메타노에오/메타노이아가 자주 등장하지는 않습니다. 하지만 헬라어 메타노에오/메타노이아는 종종 등장하며 그 개념은 여러 곳에 중심 주제로 나타납니다.

　가장 먼저 바울은 로마서 2장 4-5절에서 하나님이 인자하셔서 남을 판단하는 악한 이스라엘도 친히 인도하여 돌이키게 한다고 말했습니다. 그러나 그들이 완고함으로 인하여 마음을 돌이키지 않으며 하나님의 심판의 날에 진노를 스스로 쌓고 있다고 책망했습니다. 바울은 이 두 구절을 중심으로 로마서 1-2장에서 완고하고 악한 이스라엘과 패역한 이방인들이 돌이켜야 할 죄악들을 고발했습니다.

바울은 로마서 1장 18-32절에서 이방인의 패역과 죄악의 목록을 가감없이 고발하며 하나님의 심판을 선포했습니다. 그리고 이어지는 로마서 2장 1-29절에서 패역한 이방인을 판단하는 이스라엘도 동일한 죄악을 저지르는 패역한 자들이며 외식으로 율법을 행하는 죄악을 범한다는 것을 고발했습니다. 그리고 그들에게 마음을 돌이키고 그에 합당하게 마음에 할례를 받으라고 선포했습니다.

바울은 이어지는 로마서 3장에서 예수 그리스도를 믿음으로 이루어지는 구원과 그것을 통해 율법이 세워지는 복음을 선포했습니다. 즉, 바울은 예수님을 그리스도로 알고 믿어 그에게 돌이켜 그에 합당한 열매로 율법을 세우는 복음을 선포한 것입니다.

> 무릇 그리스도 예수와 합하여 세례를 받은 우리는 그의 죽으심과 합하여 세례를 받은 줄을 알지 못하느냐 그러므로 우리가 그의 죽으심과 합하여 세례를 받음으로 그와 함께 장사되었나니 이는 아버지의 영광으로 말미암아 그리스도를 죽은 자 가운데서 살리심과 같이 우리로 또한 새 생명 가운데서 행하게 하려 함이라 (롬 6:3-4)

바울은 로마서 6장에서 다시 한번 세례를 언급하며 돌이킴과 그에 합당한 열매 맺는 신자에 대해서 가르쳤습니다. 세례 요한과 예수님이 주신 세례는 돌이킴을 위한 것이며 돌이킴 그 자체를 의미합니다. 바울은 신자가 예수 그리스도의 죽으심과 합하여 돌이킴의 세례를 받았고 그의 부활과 같이 살아나 새 생명 가운데서 행하게 한다고 말했습니다. 이는 신자가 예수님께 돌이켜 그와 합하여 죄에 대하여 죽고 그와 합하여 부활하여 새 생명 가운데서 하나님의 말씀에 따라 행한다는 것을 의미합니다(골 2:12-15 참고). 즉, 신자는 예수님께 돌이켜 그와 함께 죄에 대하여 죽고 의에 대하여 살아나 돌이킴에 합당한 의로운 열매를 맺으며 산다는 것입니다.

바울은 이어지는 로마서 6장 5-23절에서 예수님과 합하여 받은 이 돌이킴의 세례에 합당하게 죄를 버리고 거룩함에 이르라고 명했습니다. 그리고 로마서 8장 5-14절에서 이 돌이킴에 합당한 열매 맺는 삶을 위해 성령으로 육신의 행위를 죽이며 살도록 권면했습니다. 그리고 이어지는 로마서 12장부터는 돌이킴에 합당한 거룩한 삶의 내용이라고 부를 수 있는 다양한 가르침을 주었습니다.

바울은 고린도후서 7장 8-10절에서 자신이 앞서 고린도교회에 편지를 한 것에 대해 말하며 그 목적이 그들을 돌이키고 그에 합당한 열매 맺게 하기 위한 것임을 밝혔습니다.

그러므로 내가 편지로 너희를 근심하게 한 것을 후회하였으니 지금은 후회하지 아니함은 그 편지가 너희로 잠시만 근심하게 한 줄을 앎이라 내가 지금 기뻐함은 너희로 근심하게 한 까닭이 아니요 도리어 너희가 근심함으로 회개함에 이른 까닭이라 너희가 하나님의 뜻대로 근심하게 된 것은 우리에게서 아무 해도 받지 않게 하려 함이라 하나님의 뜻대로 하는 근심은 후회할 것이 없는 구원에 이르게 하는 회개를 이루는 것이요 세상 근심은 사망을 이루는 것이니라 (고후 7:8-10)

바울은 고린도교회에 앞서 보낸 편지인 고린도전서에서 고린도교회의 패역함을 책망하며 하나님의 진노의 심판을 선포했습니다. 그리고 그것으로 그들을 근심하게 한 것이 구원에 이르는 돌이킴(회개)을 이루었다는 것을 밝히며 기뻐했습니다. 이는 바울이 고린도전서를 쓴 목적이 패역에 이른 교회를 돌이키고 그에 합당한 열매를 맺도록 가르치기 위한 것임을 알려줍니다.

바울은 고린도전서에서 고린도교회 내의 시기와 분쟁을 지적하며 책망했습니다(고전 1-4장). 그리고 교회 내의 음행, 즉 아버지의 아내를 취한 죄악, 탐욕, 우상 숭배, 모욕, 술취함, 속여 빼앗음, 남색 등에 대해 지적하며 그들을 내어쫓으라고 말하며 강하게 책망했습니다(고전 5-6장).

바울은 거기에서 멈추지 않고 지적한 죄악에서 돌이키고 그에 합당한 열매로서 맺히는 하나님의 뜻과 행실을 가르쳤습니다. 바울은 이혼과 결혼, 우상 제물을 옳게 소비하는 법, 형제자매가 시험에 들지 않게 먹는 것, 하나님의 영광을 위해 먹고 마실 것, 판단 받지 않는 모임이 될 것 등을 가르쳤습니다(고전 7-11장). 또한 성령의 은사에 대해 설명하며 그것으로 서로 시기하거나 분쟁하지 말 것을 명하고 은사를 바르게 사용하는 방법도 가르쳤습니다(고전 12장, 14-15). 바울은 무엇보다 돌이킴에 합당한 열매는 서로 사랑하는 것임을 일깨워 선포했습니다(고전 13장).

> 보라 하나님의 뜻대로 하게 된 이 근심이 너희로 얼마나 간절하게 하며 얼마나 변증하게 하며 얼마나 분하게 하며 얼마나 두렵게 하며 얼마나 사모하게 하며 얼마나 열심 있게 하며 얼마나 벌하게 하였는가 너희가 그 일에 대하여 일체 너희 자신의 깨끗함을 나타내었느니라 (고후 7:11)

바울은 이어지는 고린도후서 7장 11절에서 자신이 고린도전서에서 죄악을 책망하고 심판을 선포하며 돌이킴을 전파하여 교회를 근심하게 한 것이 유익이라는 것을 고백했습니다. 바울은 죄를 지적하며 심판을 선포하고 돌이킴을 명하는 것이 은혜를 간절히 바라게 하고 믿음을 변증하게 하며 죄에 분노하게 하고 심판을 두렵게 하며 말씀을 사모하게 하여 의에 열심 있게 하고 악을 벌하게 하는 결과를 가져왔다고 말했습니다. 그리고 돌이킴을 통해 다시 교회가 깨끗하게 되었음을 기뻐했습니다.

바울은 고린도후서를 시작하며 자신이 앞서 보낸 고린도전서에서 패역한 형제들을 책망하고 내어쫓으라고 말한 일로 그들이 너무 근심하지 않을까 하는 염려하는 마음을 보였습니다. 그들에게 용서하고 사랑하라고 말했습니다(고후 2장). 그리고 이어지는 내용에서 그들을 사랑하고 자랑스럽게 여기는 마음을 표현했습니다(고후 3장). 그리스도로 말미암아 새로운 피조물로 거듭난 형제자매임을 선포하며 이전 것은 지나갔으니 더 이상 육신을 따라 살지 말라고 권면했습니다(고후 5:17). 그리고 "하나님을 두려워하며 거룩함을 온전히 이루어 육과 영의 온갖 더러운 것에서 자신을 깨끗하게 하자"라고 권면했습니다(고후 7:1). 바울은 편지를 마치며 다시 한번 자신이 고린도교회를 방문할 때에 앞서 지적한 더러움과 음란함과 호색함 등의 죄악에서 돌이키지 않을까 걱정하는 마음을 보이며 그 죄악에서 돌이킬 것을 촉구했습니다(고후 12:21).

바울이 고린도교회의 돌이킴을 위해 편지를 쓴 것은 그가 다른 교회에 쓴 다른 여러 편지의 목적도 돌이킴에 있다는 것을 시사합니다. 앞서 살펴 본 대로 바울은 로마서에서 이방 모든 세계와 이스라엘의 패역함을 지적하며 돌이킴을 촉구했습니다. 바울은 갈라디아서에서 다른 복음을 따르는 죄를 책망하며 자신이 전한 온전한 복음을 다시 설명하며 그것으로 돌이킬 것을 촉구했습니다(갈 1-4장). 그리고 육체의 정욕을 따라 살지 말고 성령을 따라 살며 그에 합당한 열매를 맺을 것을 명했습니다 (갈 5-6장).

바울은 에베소서 4-5장에서 에베소교회가 부르심을 받은 자들로서 그에 합당하게 옛사람을 벗어 버리고 의와 진리의 거룩함으로 살 것을 명했습니다. 그리고 여러 구체적인 거룩한 삶의 모습을 나열해 가르쳤습니다. 이는 예수님이 그들을 물로 씻어 거룩하고 흠이 없게 하기 위함, 즉 돌이키기 위함입니다.

> 그러므로 주 안에서 갇힌 내가 너희를 권하노니 너희가 부르심을 받은 일에 합당하게 행하여 모든 겸손과 온유로 하고 오래 참음으로 사랑 가운데서 서로 용납하고 평안의 매는 줄로 성령이 하나 되게 하신 것을 힘써 지키라 (엡 4:1-3)

> 너희는 유혹의 욕심을 따라 썩어져 가는 구습을 따르는 옛사람을 벗어 버리고 오직 너희의 심령이 새롭게 되어 하나님을 따라 의와 진리의 거룩함으로 지으심을 받은 새사람을 입으라 (엡 4:22-24)

바울은 교회가 그리스도 안에 하나가 될 것을 간곡히 명했습니다. 서로 다른 직분을 가진 자들이 서로를 섬기라고 가르쳤습니다. 모든 악독과 죄악과 음행을 버리고 서로 친절히 행하며 긍휼히 여겨 용서하고 무엇보다 사랑하라고 명했습니다. 열매 없는 어둠의 일에 참여하지 말고 그것을 책망하며 빛의 자녀들처럼 행하라고 명했습니다. 세월을 아끼고 술 취하지 말고 성령에 충만하며 부부간에 피차 복종하며 서로 사랑하라 명했습니다(엡 4-5장). 이런 권면들은 예수님이 마태복음 5장 13-16절에서 돌이킴에 합당한 열매를 가르치며 그것을 행하는 제자를 빛을 비추는 것으로 은유하는 것과 일치합니다.

바울은 에베소서 5장 26-27절에서 이것들을 명하는 것이 예수님이 교회를 "물로 씻어 말씀으로 깨끗하게 하사 거룩하게 하시고 자기 앞에 영광스러운 교회로 세우사 티나 주름 잡힌 것이나 이런 것들이 없이 거룩하고 흠이 없게 하려 하심이라"라고 말합니다. 예수님이 교회를 물로 씻는다는 것은 죄를 돌이키는 물 세례를 상징합니다. 이는 바울이 에베소서 4-5장에 걸쳐 가르친 모든 것이 예수님이 교회에 돌이킴을 위한 물 세례를 베풀어 죄를 씻고 그에 합당한 거룩한 열매를 바울이 이어서 가르치는 것임을 보여줍니다. 즉, 바울은 예수님을 이어 돌이킴을 전파하고 세례를 베풀며 그에 합당한 열매로서 에베소서 4-5장을 기록했다는 것을 보여줍니다.

바울은 디모데후서 2장 25-26절에서 디모데를 비롯한 사역자들에게 거역하는 자를 돌이키게 하라고 명하며 그 방법을 알려주었습니다.

주의 종은 마땅히 다투지 아니하고 모든 사람에 대하여 온유하며 가르치기를 잘하며 참으며 거역하는 자를 온유함으로 훈계할지니 혹 하나님이 그들에게 회개함을 주사 진리를 알게 하실까 하며 그들로 깨어 마귀의 올무에서 벗어나 하나님께 사로잡힌 바 되어 그 뜻을 따르게 하실까 함이라 (딤후2:25-26)

바울은 거역하는 자들에게 다투지 않고 온유함으로 훈계하라고 명했습니다. 그리하면 혹 하나님이 그들에게 돌이킴(회개함)을 주어 진리를 알게 하고 마귀의 올무에서 벗어나 하나님께 사로잡혀 그의 뜻을 따르게 될 수도 있다고 말했습니다. 특히, 바울은 돌이킴이 하나님이 주시는 것임을 가르쳤습니다. 그리고 그것이 마귀의 올무에서 벗어나 하나님께 사로잡혀 그의 뜻을 따르는 것이라고 말했습니다. 그리고 그것을 위해 사역자들은 온유함으로 훈계하는 것이 필요하다는 것을 알려주었습니다.

디모데후서 3장에서는 "자기를 사랑하고 돈을 사랑하고 자랑하며 교만하고 비방하며 부모를 거역하며 감사하지 않고 거룩하지 아니하며 무정하고 원통함을 풀지 않고 모함하며 절제하지 못하며 사나우며 선한 것을 좋아하지 않고 배신하며 조급하며 자만하며 하나님보다 쾌락을 사랑하며 경건의 능력을 부인하는 자들에게서 돌아서라"라고 명했습니다. 그리고 배우고 확신한 일에 거하며 하나님의 감동으로 된 성경이 가르치는 것에 거하라고 명했습니다. 이는 성경이 "교훈과 책망과 바르게 함과 의로 교육하기에 유익"할 뿐 아니라 "하나님의 사람으로 온전하게 하며 모든 선한 일을 행할 능력을 갖추게 하"기 때문입니다.

이 외에도 바울은 여러 서신에서 '믿음, 자기 부인, 새로운 삶, 새 창조, 거듭남, 어둠에서 빛으로, 죽음에서 삶으로' 등의 언어를 통해 돌이킴을 개념적으로 강조했습니다.[2] 바울 서신이 돌이킴과 이를 위한 세례 그리고 돌이켜야 할 죄와 돌이킴에 합당한 열매 등 돌이킴을 상기하는 말씀을 가르치는 곳은 상당히 많습니다(골 1:9-14; 3:1-4:6; 살전 2:11-12; 4-5장; 딤전 3-6장; 딛 1-3장; 참고: 히 6장 등). 사실 바울이 가르치는 의로운 행위 혹은 좋은 열매 들은 모두 예수님이 가르치는 돌이킴에 합당한 더 나은 의의 열매의 내용을 반복하고 있으며 그것을 확장합니다. 바울은 많은 민족을 돌이켜 교회를 세우고 서신을 통해 그들에게 돌이킴과 그에 합당한 열매를 계속 가르치며 양육합니다.

바울뿐 아니라 야고보, 베드로 사도 등도 공동서신을 통해 흩어져 있는 교회에 돌이킴을 명하고 그에 합당한 열매를 가르쳤습니다. 특히, 야고보서는 예수님이 마태복음에서 돌이키라

---

2 Silva, ed., *New International Dictionary*, 3:290-92.

선포하며 가르치신 합당한 열매의 내용을 반복하며 구체화해서 가르칩니다. 이는 야고보가 예수님이 지상명령에서 돌이킴에 합당한 열매로서 분부한 모든 것을 가르쳐 지키게 하라고 명하신 것에 순종하고 있는 것을 보여줍니다.

야고보서는 두 마음을 품지 않는 것, 주 앞에 자기를 낮추어 섬기는 것, 성내지 않는 것, 모든 더러운 것과 넘치는 악을 버리는 것, 혀에 재갈을 물리고 작은 자를 돌 보는 것, 세속에 물들지 않는 것, 차별하지 않는 것, 간음하지 않고 살인하지 않는 것, 행함이 있는 살아 있는 믿음을 갖는 것, 선행으로 지혜와 총명을 나타내는 것, 화평하게 하는 것, 욕심내지 않고 시기하여 다투지 않는 것, 악을 버리고 하나님을 가까이 하는 것, 웃음과 즐거움을 돌이켜 슬퍼하며 애통하고 우는 것, 비방하지 않고 자랑하지 않는 것, 썩어질 재물과 사치와 방종을 버리는 것, 오래 참는 것, 죄를 고백하는 것, 미혹된 자를 돌이키는 것 등을 돌이킴에 합당한 열매로 가르쳤습니다.

베드로전·후서 역시 예수님이 돌이킴에 합당한 열매로 가르치신 말씀을 반복하고 확대하여 가르쳤습니다. 베드로는 거룩하신 하나님처럼 모든 행실에 거룩할 것(마 5:48 참고), 영혼을 깨끗이 하여 거짓 없이 형제를 뜨겁게 사랑할 것, 악독 외식 기만 시기 비방의 말을 버릴 것, 육체의 정욕을 제어할 것, 선을 행하여 이방인이 하나님께 영광을 돌리게 할 것, 선행으로 고난을 받을 것, 그리스도의 자취를 따를 것, 형제를 사랑하고 긍휼히 여기며 겸손하며 원수를 위해 복을 빌어 줄 것, 악을 떠나 선과 화평을 구할 것, (돌이킴의) 세례 받은 것에 합당하게 선한 양심을 가질 것, 극한 방탕을 버릴 것, 무엇보다도 뜨겁게 서로 사랑하며 은사대로 섬길 것, 하나님의 양 무리를 자원함으로 돌볼 것, 겸손할 것, 염려를 하나님께 맡길 것, 정욕으로 인해 썩어질 것을 피하고 하나님의 성품에 참여할 것, 믿음, 덕, 지식, 절제, 인내, 경건, 형제 우애, 사랑의 열매를 맺을 것 등을 명했습니다.

요한계시록의 돌이킴

> 그러나 너를 책망할 것이 있나니 너의 처음 사랑을 버렸느니라 그러므로 어디서 떨어졌는지를 기억하고 회개하여 처음에 한 행위를 하라 만일 그리하지 아니하고 회개하지 아니하면 내가 네게 가서 네 촛대를 그 자리에서 옮기리라 (계 2:4-5)

예수님은 돌이키라고 전파하시고 그에 합당한 열매를 가르치며 교회를 세우셨습니다. 그러나 죄악에서 돌이켜 예수님을 따르는 교회가 그 첫 사랑과 첫 행위를 잃고 심지어 다시 악을 행하게 되었습니다. 예수님은 사도 요한을 통해 요한계시록 2-3장에서 집중적으로 교회에 다시 한번 돌이키라고 명하시며 그에 합당한 열매를 가르치셨습니다. 요한계시록의 돌이킴 역시 한 사람의 마음과 그에 따른 삶의 방향을 죄에서 의로 완전히 돌이키는 것을 의미합니다. 그리고 예수님은 다시 한번 돌이킴과 그에 합당한 열매 맺는 일에 하나님의 심판과 구원이 달려 있음을 경고하며 강조하셨습니다.

예수님은 에베소 교회를 시작으로 일곱 교회를 차례대로 호명하며 돌이킴(회개)을 선포하셨습니다. 예수님이 각 교회에 돌이킴을 선포하는 이 장면은 너무나 특별합니다. 이는 예수님이 돌이켜 자신을 따르는 각 교회의 상황을 모두 알고 있다는 것을 분명히 보여줍니다. 그리고 그들이 항상 돌이킴에 합당한 열매를 맺도록 돌보신다는 것을 알려줍니다. 특히, 예수님이 이미 돌이켜 자신을 따르는 교회에 다시 돌이킴을 선포하는 것은 돌이킴이 교인이 되는 시작점에 일어날 뿐만 아니라 교인의 긴 삶의 여정에서 반복되어 일어날 수 있는 것임을 보여줍니다.

예수님이 구체적으로 교회들이 돌이켜야 할 죄악을 지적하고 그에 합당하게 맺어야 할 열매를 가르치는 것은 주님이 교회를 구원한 것의 목적과 최종 도착지점이 하나님의 말씀이 온전히 열매로 맺히는 것임을 보여줍니다. 그리고 만약 그렇지 못하게 되었을 경우에도 하나님은 끝까지 포기하지 않고 목표하신 아름다운 열매를 맺도록 여러 방편을 사용하여 돌보신다는 것을 분명히 보여줍니다. 특히 예수님은 강력한 심판의 경고와 축복의 약속을 통해 범죄한 교회가 다시 죄를 돌이키고 그에 합당한 열매를 맺게 합니다.

먼저 예수님은 요한계시록 2장 1-7절에서 처음 사랑을 잃어버린 에베소 교회에 돌이킴을 명하셨습니다. 예수님은 에베소 교회가 처음에는 자신의 이름을 위하여 수고하고 인내하며 악한 자들을 용납하지 않고 자칭 사도들의 거짓을 드러낸 것을 칭찬하셨습니다. 그러나 예수님은 그들이 가졌던 처음 사랑을 버렸다고 책망하셨습니다. 그리고 돌이켜 처음 사랑과 처음 행위를 회복하라고 명하셨습니다(계 2:4). 그리고 그렇게 하지 않으면 촛대를 옮길 것이라고 경고하셨습니다. 하지만, 돌이켜 그에 합당한 열매를 맺으면 낙원에 있는 생명나무 열매를 주셔서 먹게 할 것을 약속하셨습니다.

예수님은 요한계시록 2장 8-11절에서 서머나교회를 칭찬하셨습니다. 예수님은 서머나교회가 환난과 궁핍에 있지만 실제로는 부요한 자라고 격려하셨습니다. 예수님은 그들에게 고난을 두려워하지 말고 죽도록 충성하라고 명하셨습니다. 그리고 그리하며 생명의 면류관을 받을 것이라고 약속하셨습니다. 예수님은 서머나교회가 자신으로 인해 받는 환난과 궁핍에서도 끝까지 믿음을 지키고 범죄하지 않도록 미연에 방지하셨습니다. 그리하여 그들이 다시 돌이켜야 하는 상황에 처하는 것을 차단하셨습니다.

예수님은 요한계시록 2장 12-17절에서 버가모교회에 니골라당의 가르침과 발람의 악한 행위를 좇는 삶을 돌이키라고 명하셨습니다. 예수님은 버가모교회가 충성된 안디바가 죽임을 당할 때에도 믿음을 져버리지 않았음을 칭찬하셨습니다. 그러나 우상의 제물을 먹고 행음하는 죄악을 저질렀음을 책망하셨습니다. 그리고 돌이키라 선포하며 자신의 입에 있는 말씀의 검으로 심판할 것이라고 경고하셨습니다. 그리고 악한 세력의 유혹을 물리치고 돌이켜 말씀에 순종하는 승리(이김)를 쟁취하는 자에게 감추어진 만나와 그 위에 이름이 새겨져 있는 흰돌을 줄 것을 약속하셨습니다. 돌이켜 하나님을 섬기고 그에 합당하게 의로운 말씀을 순종하는 일에 모든 이의 생명이 달려 있습니다.

예수님은 요한계시록 2장 18-29절에서 두아디라교회에 돌이킴을 선포하셨습니다. 예수님은 두아디라 교회가 처음보다 더 많은 사업과 사랑과 믿음과 섬김과 인내를 가졌다고 칭찬하셨습니다. 그러나 자칭 이세벨이라고 하는 선지자를 용납하고 그에게 미혹되어 행음하고 우상의 제물을 먹는 죄악을 저질렀음을 책망하셨습니다. 예수님을 따르는 교회가 행음하고 우상을 섬기는 것은 실로 충격적인 사건입니다. 하나님이 당장 내쳐도 부당하지 않을 만큼 심각한 범죄입니다. 그러나 예수님은 그들을 끝까지 포기하지 않고 다시 돌이키며 거룩한 하나님의 백성으로 보호하십니다.

예수님은 이 범죄한 교회에게 회개하지 아니하면 큰 환난과 자녀가 죽임 당하는 큰 심판을 받을 것이라고 선언하셨습니다. 예수님이 선언하는 심판이 크고 참혹한 것은 예수님이 죄악을 얼마나 미워하는지를 보여줍니다. 그리고 그 죄악에서 의로 돌이키기 원하는 마음의 크기도 보여줍니다. 예수님은 돌이켜 죄를 이기는 자에게는 만국을 다스리고 새벽별을 줄 것을 약속하셨습니다. 예수님이 약속하는 상이 큰 것은 교회가 죄에서 돌이키기를 원하시는 예수님의 마음을 보여줍니다.

예수님은 요한계시록 3장 1-6절에서 사데교회에 돌이킴을 선포하셨습니다. 예수님은 사데교회의 행위를 보고 살았다는 이름을 가졌으나 실제로는 죽은 자라고 책망하셨습니다. 그리고 사데교회에서 하나님 앞에 온전한 행위를 찾을 수 없다고 책망하며 잘못을 일깨워 돌이키라고 선포하셨습니다. "온전한 행위"라는 것은 모든 마음과 그에 따른 모든 삶이 한 부분이라도 예외 없이 그 전체가 온전히 하나님과 그의 말씀에 따라 행하는 것을 의미합니다(마 5:48 참고).

예수님은 도적과 같이 다시 올 것이라고 경고하셨습니다. 자신이 언제 올지 모르니 항상 돌이킴에 합당한 열매를 맺고 있으라는 명령입니다. 그리하여 자신이 언제 돌아오든지 항상 신실한 교회로 발견되어 약속된 복을 받으라는 가르침입니다. 예수님은 죄의 유혹을 이기고 바른 열매를 맺는 합당한 자에게는 흰옷을 입히고 생명책에서 지우지 않을 것을 약속하시며 돌이 킴을 촉구하셨습니다.

예수님은 요한계시록 3장 7-13절에서 빌라델비아교회에는 돌이킴을 선포하지 않으셨습니다. 예수님은 빌라델비아교회가 작은 능력을 가지고 있음에도 불구하고 자신의 말을 지키고 자신의 이름을 배반하지 않은 것을 칭찬하셨습니다. 그리고 인내의 말씀을 지켰기 때문에 그들을 지켜 시험의 때를 면하게 할 것을 약속하셨습니다. 예수님은 어려운 상황에서도 가진 것을 굳게 잡아 면류관을 빼앗지 못하게 하라고 격려하셨습니다. 또한 끝까지 시험을 이기는 자에게 하나님 성전에 기둥이 되게 할 것과 그 위에 새 예루살렘의 이름과 자기의 이름을 새기는 영광을 얻게 할 것도 약속하셨습니다. 이미 죄악에서 돌이켜 주님을 따르는 자는 이 영광스러운 상을 마음에 품으며 끝까지 돌이킴에 합당한 열매를 맺으며 살아야 합니다.

예수님은 요한계시록 3장 14-22절에서 라오디게아교회에 돌이킴을 선포하셨습니다. 예수님은 라오디게아교회가 차갑지도 뜨겁지도 아니하다고 책망하며 돌이켜 차든지 뜨겁든지 하라고 명하셨습니다. 예수님은 그들이 부자가 되어 부요하고 부족한 것이 없다고 자랑하는 것을 책망하셨습니다. 그리고 그런 그들은 하나님이 주시는 부요함을 잃어버린 실제로는 곤고하고 가련하고 가난하고 눈멀고 벌거벗은 존재라는 것을 일깨워

주셨습니다. 예수님은 그들이 재물로 인해 부한 삶을 돌이켜 오히려 주를 위해 인내하고 연단을 받으라고 말씀하셨습니다.

다시 말해, 예수님은 재물을 향한 욕심으로 인해 더러워진 마음과 삶을 버리고 돌이켜 흰옷을 입은 자와 같이 깨끗이 하여 그 수치를 없이하라고 말씀하셨습니다. 그리고 재물로 먼 눈을 고치기 위해 안약을 사서 바르라고 명하셨습니다. 이것은 재물을 섬기는 마음과 삶을 돌이키고 그에 합당하게 예수님의 말씀을 마음과 삶에 다시 담아 섬김의 열매를 맺는 것을 비유한 것입니다. 예수님은 그들이 뜨겁든지 차갑든지 다시 열심을 내어 돌이키라고 명하셨습니다.

예수님은 문밖에 서서 두드리는 자신의 이 목소리를 듣고 그 마음과 삶을 다시 돌이켜 자신을 온전히 영접하여 함께 먹고 마시는 연합을 이룰 것을 촉구하셨습니다. 즉, 마음속에 가득한 돈을 몰아내고 예수님에게 마음 문을 열어 온전히 모시고 살라는 것입니다. 그렇게 하여 자신과 함께 더불어 먹고 마시며 그가 바라고 구하며 으뜸으로 여기는 하나님의 뜻을 구하는 삶을 살도록 초청하십니다.

결론:
신약 성경의 처음부터 마지막까지 돌이키라 선포하는 예수님

　신약 성경은 마태복음부터 요한계시록까지 모든 마음과 그에 따르는 행위, 즉 존재 전체를 아버지 하나님과 아들 예수님께 돌이키고 그에 합당한 삶을 말씀에서 배우고 행하는 좋은 열매를 맺으라고 선포합니다. 그리고 이 돌이킴에 죄 사함을 통한 구원과 심판이 달려 있다고 선언합니다. 예수님은 자신을 따르는 교회와 항상 함께하며 그들이 다시 범죄할 때에도 망설이지 않고 다시 돌이킴을 선포하시고 그에 따른 심판과 구원을 선언하며 그들이 끝까지 온전히 돌이킴에 합당한 열매 맺는 삶을 살도록 돌보십니다. 예수님은 자신을 따르며 그에 합당한 열매 맺는 성도를 끝까지 붙드십니다.

2부

공생애의 핵심 사역
[돌이킴]

1부에서는 성경이 말하는 돌이킴의 의미를 확인해 보았습니다. 성경이 말하는 돌이킴은 한 사람의 모든 마음과 그에 따른 삶을 죄, 사탄, 세상에서 의, 하나님, 하늘나라로 돌이키고 그에 합당한 열매를 맺는 것이라고 확인했습니다. 그리고 그것은 사람이 할 수 없고 오직 하나님의 긍휼의 은혜가 성취한다는 것도 확인했습니다.

이제는 예수님이 마태복음에서 명하고 가르치는 돌이킴으로 초점을 옮겨 보려 합니다. 2부에서는 마태복음에서 예수님이 펼치는 돌이킴 사역을 살펴볼 것입니다. 정확히 말해 마태복음에서 예수님이 공생애 사역의 중심에서 그 어떤 것보다 하늘나라의 도래에 따른 돌이킴을 전파하고 그에 합당한 열매를 가르치며 죄인을 구원하는 사역에 집중하신 것을 확인할 것입니다.

대부분의 책이 그 시작점에 핵심을 담고 있듯이 마태복음도 예수님이 사역을 시작하는 이 첫 장면에 그의 사역과 가르침의 핵심을 담고 있습니다. 특히 예수님이 공생애 사역을 여는 첫 장면을 묘사하는 마태복음 4장 17절은 예수님이 하늘나라의 도래에 따른 돌이킴을 전파하고 그에 합당한 열매를 가르치는 것을 중심으로 사역을 펼쳤음을 보여줍니다.

또한 마태복음의 서론이라고 할 수 있는 마태복음 3장에 기록된 세례 요한의 돌이킴 사역과 설교는 마태복음의 본론을 채우는 예수님의 사역과 가르침이 돌이킴을 중심으로 전개될 것을 가늠하게 합니다. 세례 요한은 예수님에 앞서 죄 사함을 주는 돌이킴을 전파하고 사람들에게 돌이키게 하는 물 세례를 베풀었습니다. 그리고 예수님은 마태복음 본론에서 세례 요한을 이어 그와 평행하게 돌이킴을 선포하며 죄인을 돌이켜 구원하는 사역을 중점적으로 펼치셨습니다.

세례 요한과 예수님의 이 평행하고 연속되는 돌이킴 사역을 추적하면 마태복음에서 예수님이 돌이킴을 중심으로 공생애 사역을 펼치시는 것을 확인할 수 있습니다. 이를 통해 예수님이 공생애 사역 동안 돌이킴을 전파하고 그에 합당한 열매를 가르치시는 구체적인 모습과 내용의 큰 그림을 그려 볼 수 있습니다. 그리고 예수님이 얼마나 중요하게 돌이킴을 전파하셨고 죄인들을 돌이키는 사역을 펼치셨는지 가늠해 볼 수 있습니다.

먼저 2부를 시작하는 4장에서는 마태복음 3장에서 세례 요한이 예수님 앞에 돌이킴과 그에 합당한 열매를 맺을 것을 전파하는 것을 살펴볼 것입니다. 그리고 예수님이 마태복음 본론에서 세례 요한과 일치하게 그리고 그를 확대하여 돌이킴과 그에 합당한 열매를 전파하고 가르친다는 것을 확인할 것입니다. 결과적으로 세례 요한의 돌이킴의 설교를 통해 예수님이 마태복음에서 돌이킴을 중심으로 펼치는 사역의 큰 그림을 그려 볼 것입니다.

5장에서는 마태복음에서 예수님이 공생애 시작부터 돌이킴을 전파하고 그에 합당한 열매를 가르치며 죄인을 돌이켜 구원하는 일을 중심으로 전체 사역을 펼친다는 것을 다양한 증거들을 통해 확인할 것입니다. 사실 많은 사람이 예수님이 돌이킴을 중심으로 사역을 펼치신다는 것을 알아차리지 못했습니다. 하지만 마태복음을 자세히 살피면 예수님이 돌이킴을 중심으로 사역을 펼치셨음을 확인할 수 있습니다.

마지막으로 6장에서는 마태복음에서 돌이킴을 중심으로 공생애 사역을 펼치는 큰 줄거리를 정리해 볼 것입니다. 이를 통해 예수님의 관심과 이목이 있는 돌이킴에 우리의 관심과 시선을 향하게 할 수 있을 것입니다.

4. 세례 요한과 예수님의 돌이킴 사역

그때에 세례 요한이 이르러 유대 광야에서 전파하여 말하
되 회개하라 천국이 가까이 왔느니라 하였으니 (마 3:1-2)

이때부터 예수께서 비로소 전파하여 이르시되 회개하라
천국이 가까이 왔느니라 하시더라 (마 4:17)

마태복음에서 예수님이 명하시는 돌이킴을 배우기 위해 가장
먼저 세례 요한을 살펴보아야 합니다. 왜냐하면 세례 요한이 예
수님 앞에서 먼저 돌이킴을 전파하며 예수님의 돌이킴 사역을
준비하고 소개하기 때문입니다.

마태복음은 다른 복음서들과 달리 책의 서론이라고 할 수

있는 마태복음 3장 1-12절에 세례 요한의 돌이킴 전파를 비교적 길게 기록합니다. 그리고 4장 17절부터 시작되는 본론에서 예수님이 세례 요한처럼 그를 이어 돌이킴을 전파하는 것을 기록합니다.[1]

일반적으로 책의 서론은 본론의 주요 주제와 내용을 소개하고 가늠하게 합니다. 마태복음의 서론인 3장의 세례 요한의 돌이킴 설교 역시 마태복음 본론과 예수님이 펼치시는 돌이킴 사역을 소개합니다. 그러므로 세례 요한의 돌이킴 설교를 잘 읽어보면 예수님이 전파하시는 돌이킴과 그 사역의 큰 그림을 그릴 수 있습니다. 뿐만 아니라 그것을 기록하는 마태복음 전체를 이해하는데 큰 유익을 얻을 수 있습니다.

예수님은 자신의 사역과 가르침 전반에 걸쳐 세례 요한이 선포한 돌이킴 설교의 구체적인 내용을 반복하고 확장하여 가르치셨습니다. 예수님은 세례 요한이 선포하는 돌이키라는 명

---

1 Allison, "The Continuity between John and Jesus," 6-27. Allison은 세례 요한과 예수님의 연속성을 다음과 같이 정리한다. (1) 아브라함의 자손과 심판(마 3:9; 8:11). (2) 평행한 이미지들, "회개에 합당한 열매"와 그에 따른 심판(마 3:8, 9; 7:16-21; 12:33-35), "이미 도끼가 나무 뿌리에 놓였 나니, 좋은 열매 맺지 아니하는 모든 나무는 베임을 당한다"(마 3:10; 7:19), "불에 던져질 것이다"(마 3:9; 7:17; 13:40), "키", "타작 마당", "곡식은 곳간에", "가라지는 꺼지지 않는 불에"(마 3:12; 13:24-30). (3) 요한의 오실 자 예언과 예수님의 성취(마 3:11). (4) 예수님과 요한의 박해와 죽음.

령, 돌이킴에 합당한 좋은 열매, 하늘나라의 도래에 따른 심판
과 구원의 언어 등을 반복해서 선포하고 더 구체적으로 확장하
여 가르치셨습니다. 그리고 이 일치성과 확장성은 세례 요한이
예수님 앞에서 돌이킴을 전파하며 예수님이 펼치실 돌이킴 전
파 사역을 소개하고 그 내용을 요약해 준다는 것을 보여줍니다.

이번 장에서는 먼저 마태복음 서론에서 책의 주요 주제를
소개하는 세례 요한의 돌이킴 설교(마 3:1-12)의 내용을 살펴볼
것입니다. 그리고 마태복음 본론에서 예수님이 세례 요한을 이
어서 돌이킴 사역을 동일하게 이어가는 내용을 구체적으로 추
적해 볼 것입니다. 이를 통해 예수님이 마태복음에서 펼치는 돌
이킴 사역과 마태복음의 큰 그림을 그려볼 것입니다.

마태복음 서론: 세례 요한의 돌이킴 전파

마태복음 전체 구조에서 마태복음 3장 세례 요한의 돌이킴
설교는 마태복음의 서론에 위치하여 마태복음 본론에 기록된
예수님 사역의 돌이킴의 주제를 앞서 소개합니다. 예수님은 실
제로 마태복음 3장 세례 요한의 돌이킴 전파와 그 내용을 공생
애 사역 동안 동일하게 이어가며 반복해 전파하셨습니다(마 3:2;
4:17). 하나님의 선지자 세례 요한과 하나님의 아들 예수님이 돌
이킴을 전파하며 가르치는 사역을 이어가는 것은 아버지 하나

님과 아들의 모든 관심이 죄인을 돌이켜 구원을 베푸는 것에 있다는 것을 보여줍니다(마 4:17; 9:13).

세례 요한은 구약의 마지막 예언인 말라기 4장 5-6절을 성취하는 선지자입니다(마 11:9, 10, 13, 14). 말라기는 엘리야가 다시 올 것, 그가 하나님의 자녀들의 마음을 돌이키는 사역을 할 것, 최후 심판을 할 것을 예언합니다. 세례 요한은 말라기의 예언대로 돌이키라고 전파하며 세상을 돌이켜 하나님의 심판을 피하게 하는 일을 시작했습니다(마 3:3-4). 세례 요한이 구약의 예언대로 엘리야 형상을 하고 등장한 것은 드디어 온 인류가 소망하고 고대하던 메시아의 오심과 마지막 때의 하나님의 구원 역사의 성취를 기대하게 합니다.

그러나 세례 요한은 온 세상을 돌이켜 구원할 메시아는 아니었습니다. 세례 요한은 예수님의 오심을 준비하고 평탄케 하는 자였습니다(마 3:3). 세례 요한은 약속된 구원자에 앞서 하늘나라의 도래에 따른 돌이킴을 전파했습니다. 그리고 그는 예수님을 가리키며 자신보다 능력이 많은 약속된 메시아임을 밝힙니다. 하나님은 세상을 구원하기 위해 마지막 때에 예수님에 앞서 세례 요한을 먼저 보내어 하늘나라의 도래에 따른 돌이킴을 전파하게 하셨습니다.

그리고 예수님은 마태복음 4장 17절부터 세례 요한의 돌이킴 설교의 구체적인 내용들을 반복해서 선포하고 이어가며 말라기의 예언을 성취하셨습니다. 세례 요한이 돌이킴을 전파하는 것은 메시아 예수님이 오시어 돌이킴을 전파하는 사역을 앞서 준비하는 것이었습니다. 세례 요한보다 능력 많은 예수님은 그가 준비한 사역을 이어가며 돌이키라고 전파하셨습니다. 그리고 성령과 불로 세례를 주어 세상 모든 민족 가운데 하나님께 돌이키는 자는 구원하고 악인은 심판하는 구속 역사를 이루어 가셨습니다(마 3:11-12).

돌이킴 설교의 다섯 가지 요소

마태복음 3장 1-12절에서 세례 요한은 예수님에 앞서 돌이킴을 선포합니다. 이 세례 요한의 돌이킴 선포는 이를 이어가는 예수님의 돌이킴 사역을 이해하는 데 큰 도움을 줍니다. 세례 요한의 사역은 예수님이 공생애 사역 동안 펼치는 사역의 축소판과 같습니다. 왜냐하면 실제로 예수님이 세례 요한이 전파한 돌이킴 설교의 내용을 반복하고 확대하여 선포하셨기 때문입니다. 세례 요한의 설교를 살펴보면 예수님이 전파하는 돌이킴의 큰 그림을 그려 볼 수 있습니다. 마태복음 3장의 내용을 잘 이해하는 것이 그 내용이 확장되어 펼쳐지는 전체 마태복음을 이해하는 열쇠가 됩니다.

세례 요한의 돌이킴 설교는 크게 다섯 가지 내용으로 구성되어 있습니다. 이 다섯 가지는 성경이 돌이킴을 명하는 대부분의 곳에 빠짐없이 나타나는 것들입니다.[2] 첫째, 세례 요한은 "돌이키라"라고 전파합니다(마 3:2). 세례 요한은 이전에 지은 모든 죄를 자복하고 떠나 모든 마음과 그에 따른 삶을 하나님과 그 아들 예수 그리스도께 돌이키라고 선포했습니다(마 3:2, 6, 8, 10). 이 돌이킴의 구체적인 의미는 1장에 잘 설명해 두었습니다.

둘째, 세례 요한은 돌이켜야 하는 이유로 "하늘나라가 가까이 임하였으니"라고 선포했습니다(마 3:2). 돌이키라는 명령의 근거 혹은 이유로 선포하는 "하늘나라가 가까이 임하였느니라"라는 말씀은 어떤 의미일까요? 이는 몇 가지 의미를 담고 있습니다. 이 의미는 세례 요한이 그의 설교에서 자세히 설명해 줍니다.

먼저, 하늘나라가 가까이 임했다는 것은 최후 심판이 가까이 임하였다는 것을 의미합니다. 말라기 4장 5-6절은 세례 요한이 여호와의 크고 두려운 심판이 임하기 전에 엘리야의 모습으로 와서 사람들의 마음을 돌이키게 할 것을 예언했습니다. 그리

---

2 Carter, *Matthew and the Margins*, 91. Carter는 마태복음의 세례 요한의 다음의 요소들이 구약 선지자 전통을 공명한다고 말한다. 그 날들, 설교, 사막, 열매, 불, 물, 타작된 밀, 회개, 거짓 경건에 대한 선지자적 비판, 성령, 그리고 수사학적 기술들. 이 평행하는 선지자 전통은 메타노에오가 히브리어 슈브와 구약 선지자의 "돌이킴(turning)"의 선포에 상응하는 것임을 증거한다.

고 세례 요한은 엘리야의 모습을 하고 오래 기다리던 그리스도가 하늘나라와 함께 임하여 나쁜 열매 맺는 죄인들을 도끼로 찍어 불에 태워 심판할 것이니 돌이키라고 선포했습니다(마 3:7, 10, 12). 즉, 세례 요한은 이 최후 심판의 날이 임박했으니 돌이켜 심판을 피하고 구원을 얻으라고 선포합니다.

그리고, 하늘나라가 가까이 임했다는 것은 하나님이 자기 백성을 구원하는 여호와의 날이 가까이 임했다는 것을 의미합니다. 이사야 40장 1-5절은 광야에서 외치는 한 소리가 있을 것이고 그가 하나님이 자기 백성을 구원하기 위해 오시는 길을 예비하고 평탄케 할 것을 예언했습니다. 세례 요한의 등장은 이 예언을 성취한 것입니다. 세례 요한이 광야에서 외치는 소리로 와서 여호와가 임하는 구원의 날, 즉 약속된 메시아가 가까이 오셨으니 돌이키라고 선포하며 그 길을 준비했습니다. 하나님의 참 백성은 하나님의 선지자와 하나님의 아들의 돌이키라는 선포에 죄악을 돌이켜 그에 합당한 열매를 맺습니다. 세례 요한은 하나님이 그들을 곳간, 즉 하늘나라에 들이실 것이라고 전파했습니다(마 3:8, 12).

더불어, 하늘나라가 가까이 임했다는 것은 하늘나라 그 자체이며 그 나라의 왕인 메시아가 사람들 가까이 혹은 그들 눈앞에 임했다는 것을 의미합니다. 세례 요한은 하늘나라가 가까이 임했으니 돌이키라고 전파했고 예수님을 자신보다 능력이 있는 약속된 메시아이며 불과 성령으로 세례를 주어 세상을 구원하고 심판할 하나님의 아들로 지목했습니다(마 3:11-12). 이사야 40장의 예언대로 세례 요한은 여호와의 오실 길을 예비하였고 그가 평탄케 한 길을 따라 하나님의 아들 예수 그리스도가 세상에 임했습니다. 이에 세례 요한은 하늘나라 그 자체이며 그 나라의 왕인 메시아 예수님이 너희 가까이 임하였으니 그에게 돌이켜 저주를 피하고 구원을 얻으라 선포했습니다.

셋째, 세례 요한은 "돌이킴에 합당한 열매를 맺으라"라고 전파했습니다(마 3:8). 돌이킴에 합당한 열매를 맺으라고 말하는 것은 그것이 돌이킴의 목적이기 때문입니다. 또한 이 합당한 열매는 한 사람이 그 마음과 그에 따르는 삶을 돌이켰는지 그렇지 않은지를 나타내는 증거가 됩니다. 세례 요한은 돌이킴에 합당한 열매를 맺는 사람을 좋은 열매 맺는 좋은 나무로 비유했습니다. 그리고 돌이키지 않고 악을 행하는 자들을 나쁜 열매 맺는 나쁜 나무로 대조했습니다. 또한 돌이킴에 합당한 열매를 맺는 사람을 알곡으로 비유하고 그렇지 않은 사람을 쭉정이로 은유했습니다(마 3:10, 12). 이를 통해 돌이킴이 모든 마음과 그에 따른 삶을 돌이키는 전인격적인 사건이며 좋은 열매가 맺히는 것으로 확인된다는 것을 강조했습니다.

넷째, 세례 요한은 육적 아브라함의 자손이 모두 하나님의 백성이 아니며 오직 돌이켜 그에 합당한 좋은 열매 맺는 사람만

이 하나님의 백성이라고 명백히 선포했습니다(마 3:7-9). 세례 요한은 나쁜 열매를 맺는 바리새인과 사두개인에게 "독사의 자식들아 … 돌이킴에 합당한 열매를 맺고 아브라함이 우리의 조상이라고 생각하지 말라"라고 선포했습니다(마 3:7-9). 이스라엘 사람들인 사두개인과 바리새인에게 "독사의 자식들"이라고 부르는 것은 그들이 참된 하나님의 백성이 아니라 뱀의 형상을 하고 거짓말로 아담과 하와를 유혹하여 범죄하게 한 사탄의 자식임을 시사합니다(창 3장). 이는 아무리 이스라엘 사람이라고 해도 그들이 모두 하나님의 참된 백성은 아니라는 것을 알려줍니다.

반면, 세례 요한은 "하나님이 능히 이 돌들로도 아브라함의 자손이 되게 하시리라"라고 선언했습니다(마 3:7-9). 이는 아브라함의 육체적 자손이 아니더라도 누구라도 하나님의 자손이 될 수 있다는 명백한 선언입니다. 즉, 아브라함의 육체적 자손인 이스라엘이 아니라고 할지라도 누구든지 예수님께 돌이켜 그에 합당한 열매를 맺는 세상 모든 민족(이방인)이 하나님의 백성이 될 수 있다는 것을 선언한 것입니다. 그리고 아무리 아브라함의 육체적 자손이라고 하더라도 예수님께 돌이켜 그에 합당한 열매를 맺지 아니하는 자는 하나님의 백성이 아니라는 선포이기도 합니다.

다섯째, 마지막으로 세례 요한은 자신은 돌이키기 위해 물

세례를 주지만 예수님은 돌이키기 위해 성령과 불로 세례를 줄 것이라고 전파했습니다. 돌이키게 하는 물 세례는 지은 죄로 인해 물에 잠기는 죽음의 심판을 당하는 것을 상징합니다. 그리고 물에 들어갔다가 나오며 죄를 씻고 다시 사는 구원을 상징합니다. 즉, 세례 요한은 자신이 돌이키기 위해 주는 물 세례는 예표일 뿐이며 실제로 예수님이 돌이키기 위해 주는 불과 성령 세례가 죄인을 돌이켜 구원하는 것임을 밝혔습니다. 세례 요한이 예수님에 앞서 죄인을 돌이키기 위해 물 세례를 주어 준비하고 예수님은 성령과 불로 세례를 주어 구원을 성취하십니다.

마태복음 본론:
세례 요한을 이어 예수님이 돌이킴을 전파하심

예수님은 세례 요한과 마찬가지로 죄인을 돌이켜 구원하는 사역을 펼치셨습니다. 특히, 예수님은 앞서 살펴본 세례 요한의 돌이킴 설교의 다섯 가지 요소를 반복해 선포하고 확장하셨습니다. 먼저, 예수님은 세례 요한이 전파한 것과 같이 돌이키라고 선포하셨습니다. 그리고 세례 요한이 미처 자세히 가르치지 않은 돌이킴에 합당한 열매에 대해 자세히 가르치셨습니다. 또한, 돌이키는 사람들에게 주어지는 구원과 그렇지 않은 자들에게 임하는 심판을 다양한 언어와 이미지로 반복하여 선포하며 돌이킴을 촉구하셨습니다. 더불어 예수님은 죄인을 돌이키기 위하여 세례 요한보다 많은 능력으로 여러가지 권능을 베푸셨습니다. 예수님은 돌이키지 않는 악한 이스라엘은 심판하시고 세상 모든 민족을 돌이켜 구원하고 새로운 하나님의 백성으로 삼으셨습니다.

여기에서는 예수님이 세례 요한을 이어 돌이킴을 중심으로 펼치시는 공생애 사역의 구체적인 모습을 차례로 살펴볼 것입니다. 이를 통해 마태복음 서론의 세례 요한의 돌이킴 설교가 실제로 마태복음 본론의 예수님의 돌이킴 사역을 가늠하게 한다는 것을 확인할 것입니다. 그리고 마태복음과 예수님의 사역이 돌이킴을 중심으로 전개된다는 것을 확인할 것입니다. 결국 우리는 예수님의 말씀을 듣고 배울 때 그가 중점적으로 선포하는 돌이킴의 말씀에 집중해야 한다는 것을 알게 될 것입니다.

(1) 세례 요한과 동일하게 "돌이키라(회개하라)"라고 명하시는 예수님

예수님은 세례 요한과 동일하게 "돌이키라(회개하라), 하늘나라가 가까이 왔다"라는 선포로 사역을 시작하셨습니다(마 3:2; 4:17). 예수님은 이를 통해 자신이 세례 요한을 이어 그와 마찬가지로 돌이킴을 중심으로 사역을 펼친다는 것을 알리셨습니다. 다른 복음서와 달리 마태복음만이 독특하게 세례 요한과 예수님이 동일하게 돌이키라고 전파하시며 사역을 시작하는 것을 기록하며 강조합니다.

예수님이 세례 요한이 펼치던 돌이킴 사역을 동일하게 이어가는 것이라고 말할 수도 있겠지만, 정확하게는 세례 요한이 예수님에 앞서 사역을 시작하고 준비한 것입니다(마 3:3). 그리고 세례 요한보다 능력이 많은 메시아 예수님이 본격적이고 효과적으로 돌이킴을 전파하며 세상 모든 민족의 구원을 성취하시는 것입니다.

이외에도 예수님은 마태복음 9장 13절, 11장 20-21절, 12장 41절 등에서 자신이 죄인을 돌이켜 구원하기 위해 왔다는 것을 선포하셨습니다. 예수님은 마태복음 9장 13절에서 "내가 의인을 부르러 온 것이 아니요 죄인을 ("돌이킴"으로) 부르러 왔노라" 라고 말씀하셨습니다.[3] 예수님은 마태복음 11장 20-21절에서 그가 가장 많은 권능을 베푼 이스라엘 고을들이 "돌이키지" 않는 것을 책망하셨습니다. 이는 예수님께서 마태복음 4장 17절부터 돌이키라 전파하기 시작하였고, 여러 이스라엘의 고을을

---

3 신약 성경 중 NA29는 "메타노이아(돌이킴)"을 생략하지만 TXR와 KJV은 "메타노이아(돌이킴)"을 포함합니다. 그리고 예수님은 누가복음 5장 32절에서 동일한 말씀을 선포하며 "돌이킴"을 포함합니다.

돌아다니시며 권능을 베풀며 돌이키도록 사역하셨다는 것을 보여줍니다. 그러나 패역한 이스라엘은 세례 요한을 거부하고 핍박하듯이 예수님을 거부하고 핍박했습니다.

이와 더불어 예수님은 마태복음 12장 41절에서 요나의 돌이키라는 선포에 니느웨는 돌이켰으나 요나보다 더 크신 메시아의 돌이키라는 선포에 패역한 이스라엘 고을들은 거부하는 것을 대조하며 책망하셨습니다. 이 역시 예수님이 니느웨에 돌이킴을 선포한 요나와 같이 이스라엘 여러 고을을 돌아다니며 메시아 사역을 하셨음을 잘 보여줍니다. 이는 예수님이 이방 민족에 돌이킴을 선포하던 요나와 같이 세상에 돌이킴을 선포하는 하나님의 아들이라는 것을 선명히 강조합니다.

또한 예수님은 마태복음 18장 3-4절에서 돌이켜 어린아이 같이 자기를 작게 낮추라고 하셨습니다. 예수님은 당시 작고 낮은 신분의 어린아이를 상징으로 돌이킴에 합당하게 종과 같이 자기를 낮추어 서로를 섬기라고 명하셨습니다. 이 말씀을 하시기 전에 제자들이 먼저 예수님에게 하늘나라에서 누가 큰지를 물었습니다. 제자들의 질문에는 그들의 마음속에 여전히 자신을 높이고 섬김을 받으려는 세상의 가치가 남아 있다는 것이 드러납니다. 이에 예수님은 이 세상의 욕망을 보고 돌이켜 어린아이처럼 자기를 낮추어 섬기라고 하셨습니다.

예수님은 돌이켜 어린아이처럼 자기를 낮추어 섬기지 않으면 결단코 하늘나라에 들어가지 못할 것이라고 단호하게 선언하셨습니다. 이를 통해 세상의 가치를 따라 크고 높은 곳에 올라 섬김을 받으려는 악한 욕망의 결과는 참혹한 심판뿐임을 알려주었습니다. 그리고 하늘나라는 자기를 낮추어 섬기는 열매 맺는 것을 절대적으로 중요한 가치로 소유하고 있다는 것을 설파하셨습니다. 그러므로 돌이켜 예수님을 따르는 모든 제자는 자신이 돌이킴에 합당하게 철저히 자기를 낮추어 섬기는 열매를 맺고 있는지 확인해야 합니다. 그렇지 않다면 아직 온전히 돌이킨 것이 아니고 그 상태로는 하늘나라에 들어갈 수도 없습니다.

마지막으로 예수님은 마태복음 21장 29-32절에 기록된 두 아들 비유에서 메타노에오의 유의어인 "뉘우치다/후회하다"라는 뜻의 메타멜로마이(μεταμέλομαι)를 사용해 돌이킴을 명하셨습니다. 이 비유에서 첫째 아들은 포도원에 가서 일하라는 아버지의 뜻에 "가겠나이다" 하고 가지 않는 불의를 범합니다. 이는 하나님께 먼저 부름받은 이스라엘이 주의 말씀에 순종하지 않는 모습을 묘사합니다. 반면, 둘째 아들은 "싫소이다"라고 대답하였으나 뉘우치고 뜻을 돌이켜 일하러 갑니다. 둘째 아들은 처음에는 불순종했으나 아버지의 뜻으로 마음을 돌이키고 그에 따라 밭에 일하러 가는 순종의 모습을 보여줍니다. 이는 마음과 그에 따른 삶을 돌이켜 합당한 열매 맺는 온전한 돌이킴의 모습을 묘사합니다.

예수님은 이 두 아들 비유를 공생애 사역 후반부에 말씀하셨습니다. 이를 통해 지난 시간 자신이 세례 요한을 이어 돌이킴을 전파하는 사역을 펼쳐 왔고 그에 대한 반응으로 세상이 돌이켜 그에 합당한 순종의 열매를 맺는 자들과 그렇지 않은 자들로 나누어진 상황을 묘사합니다. 예수님은 세례 요한과 자신이 지난 시간 돌이키라고 선포했지만, 패역한 이스라엘의 대제사장과 서기관은 믿지 않았고 세리와 창녀는 죄를 뉘우치고 그들의 모든 마음과 그에 따른 행위를 돌이켰다고 말씀하셨습니다 (마 21:31). 예수님은 이 비유를 통해 돌이키지 않는 자는 꺼지지 않는 심판의 불에 던져지고 돌이키는 자는 하늘나라에 들어가게 될 것임을 단호하게 선포하십니다.

(2) 세례 요한과 동일하게 돌이킴에 합당한 좋은(착한) 열매를 가르치는 예수님

세례 요한은 돌이키라고 선포하며 마태복음 3장 8절에서 "돌이킴에 합당한 열매를 맺으라"라고 말했습니다. 그리고 마태복음 3장 10절에서 그것을 가리켜 좋은 열매 혹은 착한(칼로스, καλός) 열매라 부르며 강조했습니다. 그래서 우리는 세례 요한이 "돌이킴에 합당한 좋은 혹은 착한 열매"를 맺으라고 말하는 것을 알 수 있습니다. 세례 요한이 명하는 돌이킴에 합당한 좋은 열매, 혹은 착한 행실은 무엇일까요? 사실 마태복음에서 세례 요한은 돌이킴에 합당한 좋은 열매를 맺으라고 명하지만 그것이 무엇인지는 구체적으로 말하지는 않습니다.

그것은 예수님이 가르치셨습니다. 예수님은 세례 요한을 이어 돌이키라고 전파하시며 세례 요한이 가르치지 않은 돌이킴에 합당한 좋은 열매 혹은 착한 행실의 구체적이고 다양한 내용을 지속해서 가르치셨습니다. 말로 가르치실 뿐만 아니라 그의 삶으로도 그 모본을 직접 실행해 보여주셨습니다. 특히, 예수님은 세례 요한이 마태복음 3장 1-12절에서 말하는 "돌이킴에 합당한 열매 맺다"와 "좋은 열매 맺다"를 구성하는 단어들인 "좋은=착한(칼로스, καλός)", "맺다=행하다(포이에오, ποιέω)", "열매(카르포스, καρπός)", "합당한(악시오스, ἄξιος)"등의 언어들을 매우 많이 그리고 지속적으로 반복하시며 돌이킴에 합당한 좋은 열매의 구체적이고 다양한 내용을 가르치셨습니다.

첫째, 예수님은 마태복음 4장 17절부터 돌이키라고 전파하기 시작하시며 이어지는 마태복음 5장 16절에서 그에 합당하게 "좋은 행실" 혹은 "착한 행실"을 나타내라고 명하셨습니다. 예수님은 세례 요한이 사용한 "착한 열매"라는 용어를 반복해서 사용하며 자신이 "돌이킴에 합당한 착한 열매"를 가르치고 있음을 알려줍니다. 예수님이 마태복음 5장 16절에서 말하는 이 착한 행실은 바로 앞선 마태복음 5장 3-15절에서 가르친 팔복으로 잘 알려진 말씀입니다. 예수님은 돌이킨 제자들이 받는 아홉 가지 축복과 그들이 나타내는 아홉 가지 착한 삶의 모습 혹은 좋은 열매를 가르치셨습니다.

예수님이 가르치는 이 아홉 가지 돌이킴에 합당한 착한 열매는 심령의 가난함, 애통함, 겸손(온유)함, 의를 추구함, 긍휼히 여김, 마음이 청결함, 화평케 함, 의를 위해 핍박 받음, 그리고 예수님을 인해 박해를 받는 것입니다. 예수님 당시와 지금의 세상은 이 아홉 가지 돌이킴에 합당한 착한 열매와는 정반대의 나쁜 열매를 맺습니다. 세상의 악한 자들은 세상의 것들로 심령이 부유하고, 불의를 행하며 웃고, 자기를 높이며, 의보다는 불의를 구하며, 자비가 없고, 마음은 더럽고, 평화보다는 전쟁을 일으키며, 불의를 보고도 핍박이 두려워 의를 찾지 않습니다. 그렇기 때문에 예수님은 이 세상을 향해 하늘나라가 가까이 왔으니 돌이키라고 명령하시고 그에 합당한 이 아홉 가지 좋은 열매를 가르치셨습니다.

예수님은 마태복음 5장 13-16절에서 이 돌이킴에 합당한 아홉 가지 착한 열매 맺는 제자들을 세상의 빛과 소금이라고 부르셨습니다. 예수님은 맛을 잃은 소금이 아니라 제 맛을 내는 소금과 같이 돌이켜 자신을 따르는 제자들이 그에 합당한 열매를 맺으라고 명하셨습니다. 그리고 예수님은 돌이킴에 합당한 아홉 가지 착한 열매 맺는 제자들을 산 위의 동네와 빛을 비추는 등경 위의 등불 등으로 묘사하셨습니다. 산 위의 동네와 등경 위의 등불은 드러나지 않을 수 없고 숨길 수 없다는 것이 특징입니다. 예수님은 이 두 은유를 통해 돌이켜 자신을 따르는 제자들이 그에 합당한 열매를 맺어 세상에서 하나님이 영광을 받으시도록 하라고 명하셨습니다.

둘째, 예수님은 마태복음 5-7장에 이르는 산상수훈을 돌이킴에 합당한 열매로 가르치셨습니다. 예수님은 마태복음 4장 17절에서 돌이킴을 선포하고 그 돌이킴의 구체적인 내용 즉, 합당한 좋은 열매의 구체적인 본질과 내용을 곧바로 이어지는 산상수훈에서 가르치셨습니다. 특히, 예수님은 산상수훈 마지막 부분에서 앞서 자신이 가르친 모든 말씀을 "좋은(=착한) 열매" "좋은 나무," "나쁜 나무," "나쁜 열매"라고 부르셨습니다(마 7:16-21). 이는 앞서 세례 요한이 말한 돌이킴에 합당한 좋은 열매와 좋은 열매 맺지 않는 나쁜 나무를 반복하는 것입니다. 이 은유는 예수님이 산상수훈에서 돌이킴에 합당한 좋은 열매와 그렇지 않은 나쁜 열매에 대해 가르쳤음을 알려 줍니다.

예수님은 산상수훈에서 돌이킴에 합당한 열매로서 율법과 선지자, 더 나은 의, 그리고 하늘에 계신 아버지의 뜻을 가르치셨습니다(마 5:17-20; 7:12, 16-21). 이는 구약 성경과 신약 성경이 돌이키라 선포하며 그에 합당한 열매로 율법과 선지자(하나님 말씀), 의, 하나님의 뜻을 가르치는 것과 일치합니다. 이 일치는 예수님이 마태복음 4장 17절에서 돌이킴을 전파하고 이어지는 산상수훈에서 돌이킴의 구체적인 내용, 즉 돌이킴에 합당한 좋은 열매의 구체적인 내용을 가르치셨다는 것을 확인해줍니다.

예수님은 산상수훈에서 돌이켜 나와야 할 죄악들도 지적하셨습니다. 예를 들어, 바리새인과 서기관의 외식하는 거짓 의를 버리고 돌이켜 그보다 더 나은 의를 가지라고 명하셨습니다. 마태복음 5장 21-48절에서 살인하지 않는 것을 넘어서 형제를 모욕하는 일조차 하지 말라고 하셨습니다. 예물을 드리기 전에 반드시 시비가 있는 자와 먼저 화목하라고 가르치셨습니다. 예수님은 돌이킴에 합당하게 육체적으로 간음하지 않는 것을 넘어서 마음으로도 간음하지 말라고 명하셨습니다. 당시 만연한 이혼을 금지하며 돌이켜 오직 음행을 연고한 것 외에는 아내를 버리지 말라고 명하셨습니다. 마지막으로 예수님은 돌이킴에 합당하게 악한 자를 대적하지 말고 원수까지 사랑하라고 명하셨습니다.

마태복음 6장 1-34절에서는 사람에게 보이려고 외식으로 의를 행하는 것, 기도하는 것, 그리고 금식하는 것을 하지 말고 돌이켜 오직 하나님만 보실 수 있도록 마음을 다해 은밀히 의를 행하라고 명하셨습니다. 또한 마음으로 재물을 섬기지 말고 돌이켜 하나님을 섬기라고 명하셨습니다. 그리고 무엇을 먹고 마실까 염려하는 삶을 돌이켜 오직 하나님의 나라와 그의 의를 구하는 삶을 살라고 가르치셨습니다. 예수님은 마태복음 7장 1-12절에서는 외식으로 타인 눈 속의 작은 티를 비판하는 악을 돌이켜 먼저 자신의 눈 속의 들보를 빼고 비판하라고 명하셨습니다.

마지막으로 예수님은 돌이켜 자신을 따르는 제자들이 그에 합당하게 맺어야 하는 열매로 율법과 선지자, 즉 모든 구약 성경의 하나님 말씀을 요약하는 "남이 나에게 행하여 주기 원하는 대로 남에게 행하라"라는 황금률을 가르치셨습니다. 그리고 "그들의 열매로 그들을 알리라"라고 말씀하시며 모든 마음과 그에 따른 삶을 돌이키고 산상수훈이 가르치는 돌이킴에 합당한 좋은 열매를 맺을 것을 촉구하셨습니다(마 7:16-20).

셋째, 예수님은 마태복음 12장 33-34절에서 세례 요한과 평행하게 좋은 나무와 좋은 열매, 나쁜 나무와 나쁜 열매, 독사의 자식들이라는 이미지를 사용하며 돌이킴에 합당한 좋은 열매를 계속해서 강조하셨습니다. 마태복음 4장 17절에서 시작된 예수님의 돌이킴의 사역은 이스라엘과 이방의 여러 고을들을 향하며 마태복음 12장 33-34절에 이릅니다. 그리고 마태복음 12장 33-34절은 예수님이 펼치는 돌이킴의 사역에도 불구하고 돌이키지 않는 이스라엘이 있음을 고발합니다. 그리고 그들이 여전히 돌이킴을 거부하고 나쁜 열매 맺는 나쁜 나무로 남아 있음을 책망하며 찍혀 불에 던져질 것이라는 심판을 선포하셨습니다.

넷째, 예수님은 마태복음 13장에서 여러 비유를 가르치시며 세례 요한이 말하는 돌이킴에 합당한 좋은(착한) 열매와 동일한 언어와 이미지들이 반복해 사용하셨습니다. 예수님은 세례 요한이 선포한 돌이킴에 합당한 좋은 열매 맺음, 나쁜 열매 맺음 그리고 그에 따른 구원과 심판의 언어를 사용하시고, 알곡과 가라지 은유를 반복해 말씀하셨습니다. 이는 예수님이 마태복음 13장의 여러 비유에서 돌이킴에 합당한 좋은 열매(행위)를 맺는 것, 돌이킴을 거부하고 나쁜 열매(행위)를 맺는 것, 그리고 그에 따른 구원과 심판의 말씀을 묘사하고 있음을 보여줍니다.

예를 들어, 예수님은 씨 뿌리는 비유를 통해 자신이 지난 시간 하늘나라가 가까이 임하였으니 돌이키라고 전파하시며 그에 합당한 열매의 말씀을 세상에 뿌린 것을 묘사하셨습니다. 그리고 그 말씀의 씨가 좋은 밭에 뿌려져 열매가 맺히는 것으로 제자들이 예수님을 따르며 그가 가르친 말씀에 따라 돌이킴에 합당한 열매 맺는 것이라고 묘사하셨습니다. 반면, 말씀의 씨가 길가, 돌 밭, 가시 덤불에 떨어져 열매가 맺히지 못하는 것으로 악한 무리들이 돌이킴을 거부하고 그에 합당한 열매를 맺지 않는 것을 묘사하셨습니다.

특히 예수님은 알곡과 가라지 비유에서 세례 요한이 말한 열매 맺는 알곡과 그렇지 않은 가라지 은유를 반복해서 말씀하셨습니다. 이는 예수님이 비유를 통해 세례 요한과 동일하게 돌이킴과 그에 합당한 열매를 맺는 것과 그에 따라 심판을 당하고 구원을 얻는 진리를 선포하고 있다는 것을 보여줍니다.

다섯째, 예수님은 마태복음 21장 43절에서 "열매 맺다"라는 말을 사용하여 돌이킴에 합당한 "좋은 열매 맺다"라는 말씀을 반복하셨습니다. 예수님은 돌이키지 않고 하나님의 아들을 죽이려는 예루살렘 지도자들을 향하여 "하나님 나라를 너희는 빼앗기고 그 나라의 열매 맺는 백성이 받으리라"라고 선포하셨습니다. 이는 돌이킴을 거부하고 그에 합당한 열매를 맺지 않는 예루살렘의 악한 이스라엘을 심판하고 세상 모든 민족 중에 돌이켜 그에 합당한 하나님 나라의 열매를 맺는 자들을 새로운 백성 삼겠다는 것을 의미합니다. 이는 세례 요한이 아브라함의 육체적 자손이 아니라 합당한 선한 열매를 맺는 자들이 참된 하늘나라 백성이 될 것이라고 한 말과 일치합니다. 이는 누구든지 구원을 얻으려면 오직 예수 그리스도께 돌이켜 그에 합당한 열매를 맺어야 한다는 것을 일깨웁니다.

마지막으로, 예수님은 "맺다" 혹은 "행하다"로 번역되는 헬라어 포이에오(ποιέω)를 반복 사용하여 돌이킴에 합당한 "좋은 열매를 맺다" 혹은 "선한 행위를 하다"라는 말씀을 선포합니다. 예를 들어, 마태복음 19장 16절에서 "무슨 선한(좋은) 일을 하여야 영생을 얻겠습니까?"라고 묻는 부자 청년이 등장합니다. 예수님은 이 청년에게 모든 하나님의 법을 지키라고 말씀하셨습니다. 청년은 자신은 모든 것을 지켜오고 있다고 답했습니다. 하지만 예수님은 그가 하나님 말씀도 이웃도 아닌 재물을 사랑하는 마음을 가지고 있음을 알고 계셨습니다. 그래서 그에게 모든 소유를 팔아 가난한 자들에게 나누어 주고 (돌이켜) 나를 따르라고 선포하셨습니다. 즉, 예수님은 재물이 아니라 하나님만 사랑하고 진실로 이웃을 사랑하는 것으로 돌이켜 가진 모든 것을 팔아 가난한 자들에게 나누어 주는 선한(좋은) 열매를 맺으라고 말씀하셨습니다. 그러나 이 청년은 그 마음과 삶을 재물에서 주님께로 돌이키지 못하고 떠나갔습니다.

(3) 세례 요한과 동일하게 돌이킴의 여부에 따른 심판과 구원을 선포하는 예수님

세례 요한은 마태복음 3장 2-12절에서 돌이킴과 그에 합당한 선한 열매를 맺으라고 전파하며 그에 따른 심판과 구원의 메시지를 선포했습니다. 앞서 살펴보았듯이 마태복음 3장 2절과 4장 17절의 "하늘나라가 가까이 왔으니"라는 말씀은 여호와의 최후 심판의 날과 구원의 날이 임하였음을 의미합니다. 세례 요한은 그에 일치하게 돌이켜 그에 합당한 열매를 맺지 않는 패역한 자들에게 하나님의 "임박한 진노"와 "꺼지지 않는 불" 심판을 선포했습니다(마 3:3-12). 예수님도 마태복음 4장 17절부터 세상의 모든 죄인을 향해 돌이키라고 전파하시면서 세례 요한이 선포하는 돌이킴의 유무에 따른 구원과 심판의 언어와 이미지를 자신의 사역과 가르침에서 지속적이고 반복적으로 선포하셨습니다.

예수님은 마태복음 4장 17절부터 구원을 얻는 돌이킴을 선포하고 구원에 관한 언어인 "하늘나라에 들어감"(마 5:20; 7:21; 18:3; 19:23, 24; 23:13; 25:10, 21,23), "영생"(마 7:14; 18:8, 9; 19:17), "알곡은 곡간에 모아들이다"라는 이미지와 그것이 의미하는 생명, 영생, 하늘나라에 들어감 등을 반복해서 선포하며 돌이킴과 그에 합당한 열매를 맺는 자들이 얻는 구원을 선포하셨습니다(마 5:20; 7:13, 14, 21; 13:30; 18:3, 8, 9; 19:16, 17, 29; 23:13; 25:10, 21, 23, 46). 예수님은 이 돌이킴에 따른 구원의 선포를 통해 죄인들이 돌이켜 구원을 얻도록 큰 소망을 주십니다.

그리고 심판과 관련한 "지옥", "영원한 불" 혹은 "암흑에 던져짐"(마 3:10, 11, 12; 5:22, 29, 30; 7:19; 8:12, 29; 10:28; 13:40, 42, 50; 17:15; 18:8, 9, 34;, 22:13; 23:15, 33; 24:51; 25:30, 41) 등을 반복적으로 사용해 돌이킴과 그에 따른 구원과 심판을 촉구하셨습니다. 이외에도 진노, 도끼, 불, 지옥, 키, 타작 마당, 꺼지지 않는 불에 던져지는 쭉정이(마 3:7, 10, 11, 12) 등의 이미지를 반복해서 선포하셨습니다(마 5:22, 29, 30, 7:19; 8:12; 13:30, 40, 42, 48, 50; 18:8, 9;

22:13; 24:51; 25:30, 41, 46 등). 예수님은 대부분의 경우에서 전심과 그에 따른 행위를 돌이키고 그에 합당한 좋은 열매를 맺으라는 명령의 순종 여부에 따르는 심판으로 이를 선포하셨습니다.

구체적인 예를 들자면, 예수님은 마태복음 5장 22, 29, 30절에서 돌이킴에 합당한 열매의 구체적인 내용으로 신자들이 갖지 말아야 마음과 하지 말아야 할 행위인 형제들에게 화를 내는 것과 모욕하는 것을 금하고 죄를 짓지 말 것을 명하셨습니다. 그리고 곧바로 돌이키지 않는 자들은 지옥 불에 던져질 것이라는 심판을 선포하여 그 이유와 동기를 더하셨습니다. 또한, 예수님은 마태복음 5장 1절-7장 12절에 걸쳐 돌이킴에 합당한 열매를 가르치시고, 마태복음 7장 16-21절에서 이 모든 것을 돌이킴에 합당한 열매로 맺지 않는 사람은 나쁜 열매 맺는 나쁜 나무라고 부르며 불에 던져지는 심판을 당할 것이라고 경고하셨습니다. 반면 "하늘에 계신 아버지의 뜻"을 행하는 자는 하늘나라에 들어갈 것이라는 구원을 선포하셨습니다.

예수님은 마태복음 22장 1-14절의 혼인 잔치 비유에서 세례 요한이 돌이켜 그에 합당한 열매 맺지 않는 자들에게 선포한 "진멸하고 그 동네를 불사르고"라는 표현과 "바깥 어두움에 내던지라"라는 표현을 반복해 사용하셨습니다. 이는 혼인잔치 비유가 돌이킴과 그에 합당한 열매 맺음, 그리고 그 여부에 따른 심판과 구원을 말하고 있음을 알려 줍니다(마 8:12; 13:42, 50;

22:13; 24:51; 25:30 참고). 즉, 이 비유는 누구든지 하늘나라에 들어가기 위해서는 예수님의 돌이킴의 초청을 영접하고 그에 합당한 착한 열매를 맺어야 한다는 것을 묘사합니다. 그리고 그렇지 않은 자는 진멸됨, 불사름, 어두움에 내쳐지는 심판을 당할 것이라는 점을 묘사하며 강조합니다.

이 비유에서 예수님은 하늘나라의 도래에 따른 돌이킴을 선포하는 지난 공생애 사역을 혼인 잔치를 열고 사람들을 불러 모으는 일로 묘사하셨습니다. 혼인 잔치에 먼저 초청을 받았지만 오기를 거부하는 자들은 예수님의 돌이킴의 메시지를 거부하는 이스라엘, 특히 그들의 지도자들을 묘사합니다. 그리고 그들의 거부로 인해 하늘나라를 향한 돌이킴의 초청이 네 거리에 있는 모든 선하거나 악한 자들에게 주어지는 것은 동서남북 세상 모든 이방 민족에게 이 초청이 향하는 것을 묘사합니다. 그러나 합당한 예복을 입지 않은 자는 바깥 어두운 데 내던져지는 심판을 당하는 것은 돌이킴에 합당한 열매를 맺지 않는 자가 지옥에 던져지는 것을 묘사합니다.

마지막으로, 예수님은 마태복음 25장 34-46절에서 마태복음 3장 2-12절에서 돌이킴의 유무에 따라 선언된 심판과 구원의 언어인 "영원한 불", "영원한 심판", "영원한 생명"도 반복 사용하며 돌이킴과 그에 합당한 열매를 명하셨습니다. 예수님은 돌이켜 자신을 따르는 제자들에게 주린 자, 목마른 자, 병약한 자, 이방인, 갇힌 자, 작은 자들을 돌보는 착한 행위를 명하셨습니다. 그리고 그 유무에 따라 심판과 구원을 선포하셨습니다. 이는 예수님께서 돌이켜 이 약한 자들을 위해 희생하고 섬기는 합당한 열매를 맺어 심판을 피하고 구원을 얻으라 명령하고 있다는 것을 보여줍니다. 이 돌이킴에 합당한 열매의 모본은 예수님입니다. 예수님은 항상 병든 자, 세리와 창녀, 죄인, 작은 어린 이들(종들)과 항상 함께하며 돌보시고 그들로 돌이켜 하늘나라 백성을 삼으셨습니다.

(4) 세례 요한과 동일하게 세상 모든 민족을 돌이켜 구원하는 예수님

세례 요한은 돌이키라고 선포하며 하나님의 임박한 진노 앞에 있는 바리새인과 사두개인들에게 "독사의 자식들아 … 돌이킴에 합당한 열매를 맺고 아브라함이 우리의 조상이라고 생각하지 말라 하나님이 능히 이 돌들로도 아브라함의 자손이 되게 하시리라"라고 선포했습니다(마 3:7-9). 앞서 살펴보았듯이 이 은유적 표현은 하나님이 육체적으로 아브라함의 자손인 것과는 상관없이 세상 어느 민족 누구라도 자신의 백성을 삼을 것이라는 의미입니다. 예수님은 이 세례 요한의 선포를 실제로 성취하셨습니다. 세상을 구원할 메시아 예수님은 유대인과 이방 민족을 구분하지 않고 모두에게 돌이키라고 전파하시며 하늘 나라 왕인 자신을 따르며 그에 합당한 열매 맺는 사람들을 세워 새로운 하나님의 백성이 되게 하셨습니다(마 4:15-16; 8:5-13; 10:5-6; 12:21; 15:21-28; 22:1-14; 24:14; 28:19-20 등).

예를 들어, 예수님은 마태복음 8장 5-13절에서 큰 믿음을 가진 이방인 백부장을 구원하셨습니다. 예수님은 이 이방인 백부장의 큰 믿음을 보시고 "동서로부터 많은 이방인들이 나아와 아브라함과 이삭과 야곱과 함께 천국에 앉을 것이지만 본 나라 된 이스라엘은 바깥 어두운데 쫓거나 울며 이를 갈게 될 것이다"라고 선포하셨습니다. 이는 민족의 구분 없이 오직 예수님을 믿고 그에게 돌이켜 따르는 자들로 새롭게 하나님 나라 백성이 구성되는 역사가 시작되는 것을 보여줍니다.

예수님은 마태복음 10장에서 열두 사도들을 파송하며 이스라엘 집의 잃어버린 양에게 우선 복음을 전하고(마 10:5-6) 동시에 이방 모든 민족에게 자신을 증거하여 구원하게 하셨습니다(마 10:18). 예수님은 마태복음 12장 21절에서 그를 잡아 죽이려는 바리새인들을 떠나시면서 자기를 나타내지 말라고 경계하시며 이방이 그의 이름을 바라게 하셨습니다. 이어지는 마태복음 12장 39-42절에서는 예수님을 믿지 않고 돌이키지 않는 이스라엘과 믿고 돌이키는 이방인들을 대조하며, 민족성과 관계없이 오직 예수 그리스도를 믿고 돌이킴으로 이루어지는 구원을 선포하셨습니다.

예수님은 마태복음 12장 34절, 23장 33절에서 세례 요한이 바리새인과 사두개인을 부를 때 사용한 "독사의 자식들"이라는 표현을 다시 사용하셨습니다. 세례 요한은 이스라엘의 악한 지도자들을 "독사의 자식들"이라 묘사하며 그들이 나쁜 열매를 맺는 나쁜 나무임을 밝혔습니다. 그리고 돌이키고 그에 합당한 열매를 맺으라고 선포했습니다. 예수님은 마태복음 12장 34절에서 다시 한번 그들이 하나님의 백성이 아니며 사탄을 의미하는 "독사의 자식들"이라고 책망하셨습니다. 그리고 돌이키지 않고 악한 말을 하는 나쁜 나무라고 고발하셨습니다. 또한 마태복음 23장에서도 외식하며 악을 일삼는 이스라엘의 지도자들을 "독사의 자식들"이라고 부르셨습니다. 그리고 그들이 돌이켜야 할 일곱 개의 죄악과 화의 목록들을 선포하셨습니다.

예수님은 마태복음 15장 21-28절에서 이방 지역 두로와 시돈에서 큰 믿음 있는 가나안 이방 여인을 만나셨습니다. 이 이방 여인은 예수님에게 자신의 딸을 치료하여 주실 것을 간구했습니다. 그러나 예수님은 자신이 이스라엘 집의 잃어버린 양에게만 보냄을 받았다고 말하며 거절하셨습니다. 하지만, 이방 여인의 믿음을 보시고 민족적 경계를 깨뜨리고 그녀의 딸을 치료하고 구원하셨습니다. 이는 예수님이 오직 자신을 그리스도로 믿는 것과 돌이킴으로 모든 민족을 구원하는 역사를 보여줍니다. 이후 예수님은 마태복음 24장 14절에서도 "천국 복음이 모든 민족에게 전파되어야 세상 끝이 올 것이다"라는 말을 통해 세상 모든 민족이 돌이킴으로 하나님의 자녀가 되는 구원 역사가 이루어질 것을 반복해서 강조하셨습니다.

마지막으로 예수님은 마태복음 28장 19-20절의 지상명령에서 모든 민족에게 아버지와 아들과 성령의 이름으로 세례를 주고 자신이 앞서 돌이킴에 합당한 열매로 분부한 모든 것을 가르쳐 지키는 제자를 삼으라고 명령하셨습니다. 모든 민족에게 나아가 제자 삼으라는 지상명령 역시 예수님이 세상 모든 민족을 돌이키고 그에 합당한 열매를 맺게 하여 새로운 하나님 나라 백성을 구성하는 역사를 이루시는 것을 보여줍니다.

(5) 세례 요한보다 더 큰 권능으로 죄인을 돌이키는 예수님

예수님은 세례 요한의 예언대로 그보다 더 능력이 많은 사역을 펼치셨습니다. 세례 요한은 예수님이 성령과 불로 세례를 주어 죄인을 돌이켜 구원하는 그리스도이심을 선포했습니다. 그는 예수님이 알곡은 모아 곳간에 넣고 쭉정이는 꺼지지 않는 불로 태워 없애는 권능 있는 그리스도라고 선포했습니다. 이는 예수님이 돌이킴에 합당한 열매를 맺는 알곡과 같은 자는 구원하여 하늘나라에 들어가게 하고 그렇지 않은 쭉정이는 지옥 불에 태워 심판하는 권세 있는 메시아라는 의미입니다.

예수님이 권능을 베푸는 이유는 죄인을 돌이켜 구원하기 위함입니다(마 11:25-27 참고). 예수님은 마태복음 8-9장, 11-12장, 14-15장, 17장, 19-22장 등에서 권능을 베푸시면서, 권능을 베푸시는 이유가 죄인을 돌이키기 위한 것이라고 밝히셨습니다. 예수님은 권능을 보이심으로 자신에게 죄를 사하는 권세가 있는 것(마 9:1-12)과, 자신이 생명을 구원하는 그리스도라는 것도 보여주시며 죄인을 돌이켜 구원하십니다(마 9:18-26).

결론

마태복음 서론에 위치한 세례 요한의 돌이킴 설교는 마태복음 본론에서 예수님이 돌이킴과 그에 합당한 열매를 가르치며 펼치는 공생애 사역을 소개하고 요약합니다. 예수님은 세례 요한과 동일하게 공생애 사역 기간에 돌이킴을 선포하시고, 그에 합당한 좋은 열매에 대해 가르치는 일을 중점적으로 행하셨습니다. 예수님은 세상 모든 죄인을 향해 돌이키라고 외치시며 그에 합당한 열매를 가르쳐 지키게 하여 구원하는 그리스도의 일을 행하셨습니다. 정말로 예수님은 세례 요한보다 큰 권능을 가지고 성령과 불로 세례를 주어 죄인을 구원하여 하늘나라에 들이고 악인을 꺼지지 않는 불로 심판하는 구원 역사를 성취하셨습니다.

RE:TURN

5. 돌이킴으로 펼쳐지는 예수님의 공생애 사역

그때부터 예수께서는 "회개하여라 하늘나라가 가까이 왔
다" 하고 선포하기 시작하셨다 (마 4:17, 새번역)

예수님의 공생애 사역의 내용을 한 줄로 요약한다면 무엇이라
고 할 수 있을까요? 예수님이 공생애 사역 기간에 선포하신 말
씀의 중심 주제는 무엇이었을까요? 예수님은 과연 공생애 사역
기간 동안 무슨 일을 하셨을까요? 마태복음을 자세히 살피면 예
수님은 범죄한 세상 모든 사람들에게 돌이킴과 그에 합당한 열
매들을 선포하고 그들을 돌이켜 구원하는 일을 중심으로 사역
을 펼치셨다는 것을 확인할 수 있습니다.

특히, 예수님이 공생애 사역을 시작하며 처음 선포하는 말씀인 마태복음 4장 17절은 구원자 예수님이 돌이키라 전파하며 죄인을 구원하는 사역을 중점적으로 펼치셨음을 강하게 시사합니다. 그러나 예수님이 돌이킴을 중요하게 여기시는 만큼 우리가 돌이킴을 충분히 중요하게 여기지는 못했습니다. 만약 예수님이 공생애 사역을 시작하며 가장 처음 하신 말씀이 무엇인지 묻는다면 아마도 거의 대부분의 사람은 답하지 못할 것입니다. 그러나 우리가 가장 먼저 중점적으로 귀 기울여야 할 예수님의 말씀이 있다면 그것은 바로 돌이키라는 말씀일 것입니다.

이번 5장에서는 예수님이 마태복음에서 하늘나라의 도래에 따른 돌이킴을 전파하고 그에 합당한 열매를 가르치는 일을 중심으로 공생애 사역을 펼치신다는 것을 확인할 것입니다. 대략 아홉 가지 정도의 증거를 제시하며 이를 확인해 볼 것입니다. 이 증거들을 확인하다 보면 예수님이 마태복음에서 돌이킴을 중심으로 펼치는 공생애 사역의 큰 그림을 그려 볼 수 있을 것입니다. 그리고 예수님이 선포하는 돌이킴의 의미와 그에 합당한 열매의 구체적인 내용도 가늠해 볼 수 있을 것입니다. 결국 이를 통해 우리가 마태복음과 그 안에 담긴 예수님의 사역과 가르침을 읽을 때 돌이킴에 집중해야 한다는 것을 확인하게 될 것입니다.

공생애 사역과 가르침의 중심인 돌이킴

돌이킴이 예수님의 공생애 사역과 가르침 그리고 그것을 기록하는 마태복음의 중심 메시지라는 것을 보여주는 다양한 증거들이 있습니다. 이제부터 그 다양한 증거들을 확인할 것입니다. 그 증거들을 살피다 보면 자연스럽게 예수님이 전파하는 돌이킴과 그것을 중심으로 펼치는 사역과 가르침의 큰 그림을 그릴 수 있을 것입니다.[1]

(1) 돌이킴으로 공생애 사역을 여는 예수님

예수님이 마태복음 4장 17절부터 공생애 사역을 열며 "하늘 나라가 가까이 임하였으니 돌이키라"라고 전파하기 시작하는 장면은 예수님이 돌이킴을 중심으로 공생애 사역과 가르침을 전개하실 것을 강하게 시사합니다. 예수님이 펼치는 공생애 구원 사역을 이해하기 위해 이 장면을 주의 깊게 살피고 기억하는 것이 특히 중요합니다. 세상 모든 죄인을 구원하기 위해 오신

---

1 이 다양한 증거들은 필자가 출판한 다음 소논문을 재진술한 것이다. Choongjae Lee, "Metanoia (Repentance) A Major Theme of the Gospel of Matthew," *Journal of Reformed Theology*, 13, 2 (2019): 149-165.

그리스도 예수님이 가장 먼저 전파하는 것이기 때문입니다. 가장 먼저 전파하는 것은 그것이 가장 중요하기 때문일 가능성이 큽니다. 즉, 예수님의 사역과 그것을 기록하는 마태복음의 중심 주제가 돌이킴에 있을 가능성을 아주 크게 보여줍니다.

사실, 마태복음 4장 17절은 예수님의 사역과 가르침 전체를 요약하는 주제문 혹은 표어와 같습니다. 이미 몇몇 학자들은 마태복음 4장 17절이 예수님의 공생애 사역을 시작하는 지점에 위치하여 그 사역과 산상수훈의 중심 주제를 요약해 전달한다고 주장합니다.[2] 마태복음 4장 17절은 예수님의 사역과 가르침의 요약으로서 사역 전반에서 죄인을 돌이켜 구원하는 것과 돌이킴에 합당한 열매를 가르치는 일을 중점적으로 펼칠 것을 강하게 시사합니다.

---

2 France, *Matthew*, 143; Talbert, *Reading the Sermon on the Mount*, 143-44. France와 Talbert는 예수님이 종말론적 심판자로서 돌이키라 전파하며 산상수훈에서 회개를 요구하고 그 목록을 가르친다고 설명한다. Keener, 149, Keener는 마태복음 4장 17절의 돌이키라는 선포가 산상수훈으로 이어지며 "회개의 삶의 모습" 혹은 "회개의 윤리의 본질"을 가르친다고 설명한다. Luz, *Matthew 1-7*, 198. Luz는 돌이키라는 선포가 산상수훈의 더 나은 의로 들어가는 "출입문"이며 산상수훈을 지배한다고 주장한다. Scaer, *The Sermon on the Mount*, 49, 64. Scaer 역시 예수님의 공생애 사역을 시작하는 마태복음 4:17은 산상수훈을 비롯한 예수님의 일반적 메시지를 요약한다고 설명한다. Runesson, *Divine Wrath and Salvation in Matthew*, 119. Runesson은 회개가 마태복음의 해석 열쇠라고 말한다.

마태복음뿐만 아니라 마가복음 1장 15절 역시 예수님이 공생애 사역을 시작하며 "때가 찼고 하나님의 나라가 가까이 왔으니 회개하고 복음을 믿으라 하시더라(새번역)"라고 했습니다. 이는 마태복음과 마가복음이 모두 예수님이 돌이킴을 전파하셨다는 것을 비중있게 다루고 있음을 보여줍니다. 이 두 복음서가 예수님이 공생애 사역을 시작하며 첫 번째 말씀으로 돌이킴을 전파했다고 기록한 것은 매우 의미있는 것입니다. 하나 이상 두 개의 일치하는 증언은 더욱 신뢰할 수 있기 때문입니다.

더불어, 누가복음 5장 32절은 예수님이 공생애 사역을 시작한지 얼마 지나지 않은 시점에서 자신이 세상에 온 것이 "죄인을 불러 회개시키 위함이다"라고 말하는 장면을 기록했습니다. 예수님은 마태복음 9장 13절에서도 동일한 말씀을 선포하며 자신의 공생애 사역의 목적과 그 중심이 죄인을 돌이켜 구원하는 것임을 선명히 밝히셨습니다. 이와 같이 이 세 복음서는 모두 예수님이 돌이킴을 중심으로 공생애 사역을 시작하고 그것을 중심으로 전개한다는 것을 증거합니다.

(2) 돌이킴을 전파하기 시작하는 예수님

새번역 성경은 마태복음 4장 17절을 "(하늘나라가 가까이 임하였으니 돌이키라) 전파하기 시작하셨다"라고 번역합니다. "시작하셨다"라는 것은 공생애 사역 기간에 계속해서 하늘나라의 도래에 따른 돌이킴을 전파하셨다는 것을 시사합니다. 이는 예수님이 하늘나라의 도래에 따른 돌이킴을 그 시작점에서 한 번 선포하고 그친 것이 아님을 보여줍니다. 즉, 예수님이 하늘나라의 도래에 따른 돌이킴을 공생애 사역 동안 반복해서 중심 주제로 선포하셨음을 확실히 보여줍니다. 참고로 새번역 성경이 "시작하셨다"라고 번역한 헬라어 단어는 에르크사토(ἤρξατο)입니다. 이 단어는 "시작하다"를 의미합니다.

마태복음을 연구하는 대표적인 학자인 알리슨을 비롯한 여러 학자들은 마태복음에 돌이킴이라는 단어가 일곱 번밖에 사용되지 않는다는 것을 이유로 돌이킴이 마태복음의 중심 주제가 될 수 없다고 주장합니다.[3] 하지만 알리슨은 돌이킴을 중심 주제로 마태복음을 연구한 필자의 책을 읽고 추천사를 쓰며 자신이 너무나 명백한 사실을 놓쳤다고 시인했습니다. 그리고 돌이킴이 실제로 마태복음의 열쇠이며 많은 내용이 이 주제 아래 의미 있게 수렴한다고 인정했습니다.[4]

사실, 성경에 특정한 단어가 몇 번 사용되었는지를 기준으

---

3 Davies and Allison, Matthew 1-7, 388-89.

4 Dale C. Allison Jr.은 필자의 책 ChoongJae Lee, *Repentance as a major theme of the Gospel of Matthew*의 추천사에서 이와 같이 말합니다.

로 그것이 중요한 주제이다 혹은 아니다라고 결론을 내리는 것은 한계가 있습니다. 특정한 단어의 사용 수가 적더라도 단어의 위치, 유의어, 반의어, 이미지, 사건, 혹은 개념 등은 반복해서 나타날 수 있기 때문입니다. 마태복음의 돌이킴도 마찬가지입니다. 예수님은 마태복음 전반에 걸쳐 하늘나라의 도래에 따른 돌이킴의 동의어, 그것과 일치하는 개념 혹은 패러다임을 펼쳐 놓으셨습니다. 그리고 "돌이키다"라는 의미의 헬라어 메타노에오 뿐만 아니라 동의어와 유의어인 스트레포(στρέφω, 마 18:3), 에피스트레포(ἐπιστρέφω, 마 13:15), 메타멜로마이(μεταμέλομαι, 마 21:29, 32) 등을 사용해 돌이킴을 반복해서 명령하며 강조하셨습니다.[5]

(3) 세례 요한과 동일하게 돌이킴을 전파하는 예수님

앞서 살펴봤듯이 세례 요한과 예수님이 동일하게 돌이킴을 전파하는 것은 예수님의 사역과 마태복음의 중심이 죄인을 돌

---

5 Louw and Nida, *Greek-English Lexicon*, Domain 41, 510. 이 단어들은 같은 의미군으로 분류됩니다. 스트레포는 "삶의 방식의 변화, 하나님을 향함", 에피스트레포는 "특정한 방향으로, 하나님께 되돌아가는 것으로서 삶의 방식의 변화", 메타노에오는 "죄와 의에 대한 생각과 태도에 대한 완전한 변화에 따르는 삶의 방식의 변화"를 의미한다고 정의합니다.

이켜 구원하는 것에 있다는 것을 보여줍니다. 마태복음의 서론이라고 할 수 있는 마태복음 3장은 세례 요한이 "하늘나라가 가까이 왔으니 돌이키라"라고 전파하며 돌이키게 하는 세례를 베푸는 장면을 기록합니다. 대부분의 책들이 서론에서 그 책의 주제를 소개하고 본론의 내용을 가늠하게 합니다. 이와 같이 마태복음 서론이 세례 요한이 돌이킴을 전파하는 것을 기록하는 것은 마태복음 본론도 돌이킴을 중심으로 전개될 것을 가늠하게 합니다. 실제로, 마태복음 서론에 기록된 세례 요한의 돌이킴 전파와 설교의 구체적인 내용은 책의 본론을 채우는 예수님의 공생애 사역과 가르침에 반복해서 나타날 뿐 아니라 확장하고 확대합니다. 이는 마태복음이 기록하는 예수님의 공생애 사역의 중심 메시지가 하늘나라의 도래에 따른 돌이킴과 그에 합당한 열매에 있다는 것을 증거합니다. (이는 지난 4장에서 상세하게 다루었습니다.)

(4) 돌이킴의 여부에 따라 구원과 심판을 선포하는 예수님

예수님은 마태복음 4장 17절 말씀대로 돌이켜 그에 합당한 좋은 열매 맺는 사람은 하늘나라에 들어가고 그렇지 않은 사람은 지옥 불에 던져질 것이라는 말씀을 공생애 사역 기간에 반복해서 선포하셨습니다. 예수님은 돌이키라고 전파하시면서 하늘나라가 가까이 임한 것을 그 이유로 선포했습니다. "하늘나라가 가까이 임하였다"라는 말은 여호와의 날, 즉 여호와의 최후 심판과 구원의 날이 가까이 임하였음을 의미합니다(사 40:1-5; 말 4:5-6). 예수님은 돌이킴의 유무에 따른 구원과 심판의 말씀을 공생애 사역 기간에 다양한 언어와 비유 등을 사용해 반복해 전파하셨습니다. 이는 예수님이 구원을 위한 돌이킴을 중심 주제로 설파한다는 것을 증거합니다.

예수님이 돌이킴을 전파하며 그 이유로 임박한 하나님의 진노를 강조하는 것은 옛 이스라엘의 사사들과 선지자들이 패역한 이스라엘에 임박한 심판을 선포하며 돌이킴을 선포하는 것과 닮아 있습니다(왕하 17:12-18; 사 6:9-10; 렘 18:7-17; 겔 3:17-21 등).[6] 예수님은 마태복음 본문 곳곳에서 돌이킴을 전파하며 구약과 평행하는 구원과 심판의 언어인 "하늘나라에 들어감"(마 5:20; 7:21; 18:3; 19:23, 24; 23:13; 25:10, 21,23), "영생"(마 7:14; 18:8, 9; 19:17), "지옥, 영원한 불 혹은 암흑에 던져짐"(마 3:10, 11, 12; 5:22, 29, 30; 7:19; 8:12, 29; 10:28; 13:40, 42, 50; 17:15; 18:8, 9, 34; 22:13; 23:15, 33; 24:51; 25:30, 41) 등을 반복해 선포하셨습니다. 이는 예수님이 공생애 사역 동안 하늘나라의 도래에 따른 돌이킴을 전

---

6 Boda, *Return to Me*, 49-144.

파하며 죄인을 돌이켜 구원하는 일을 집중적으로 펼치셨다는 것을 잘 보여줍니다.

(5) 죄인을 돌이키기 위하여 권능을 베푸는 예수님

예수님은 마태복음 전반에 걸쳐 죄인들을 돌이키기 위하여 수많은 권능을 베푸는 사역을 펼치셨습니다. 예수님의 공생애 사역은 크게 두 가지 내용으로 나누어 볼 수 있습니다. 첫째는 돌이키라고 전파하시며 하나님 말씀에 따라 그에 합당한 열매를 가르치는 것입니다. 그리고 둘째는 수많은 권능을 베푸는 일입니다. 예수님이 권능을 베푸는 사역은 마태복음 8-9장, 11-12장, 14-15장, 17장, 19-22장 전반에 걸쳐 기록되어 있습니다.[7] 그렇다면 예수님이 수많은 권능을 베푸는 이유는 무엇일까요?

마태복음 11장 20절은 예수님이 권능을 베푸는 이유와 관련해 다음과 같이 말합니다. "예수께서 권능을 가장 많이 행한 고을들이 회개하지 아니함으로 책망하시되" 이 말씀은 예수님이 권능을 베푸는 것이 돌이킴을 위한 것임을 보여줍니다. 특히,

---

7 예수님이 사람들을 돌이키기 위하여 권능을 베푸는 것은 옛 사사들과 엘리야를 비롯한 옛 선지자들이 패역한 이스라엘을 돌이키기 위해 권능을 베푸는 것과 닮아 있기도 합니다(왕상 8; 18:37; 21:20-29 참고, Boda, *Return to Me*, 49-60.

예수님은 마태복음 9장 1-8절에서 자신에게 죄를 사하는 권세가 있음을 알리기 위하여 권능을 베푼다고 말씀하셨습니다. 그리고 죽은 자를 살리심으로 자신이 생명을 구원하는 권세 있는 그리스도라는 것도 보여줍니다(마 9:18-26). 즉, 예수님은 자신이 죄를 사하는 권세와 죽은 자를 일으키는 권능이 있음을 알려주고 누구든지 자신에게 돌이키는 자는 죄 사함을 얻고 영원한 생명을 얻는다는 것을 명확히 보여주셨습니다.

사람들은 예수님이 베푸는 권능을 보고 그가 하나님의 아들 그리스도이며 죄를 사하는 권세가 있다는 것을 확인했습니다. 그러므로 망설임 없이 예수님을 메시아로 믿고 그의 선포하는 말씀대로 돌이켜 죄 사함을 받아 구원을 얻을 수 있게 됩니다. 반면, 예수님이 베푸는 수많은 권능에도 불구하고 일부 패역한 이스라엘은 돌이킴을 거부했습니다. 예수님은 돌이키지 않는 이스라엘 고을을 책망하며 그들이 패역한 이방 땅 소돔과 고모라보다 더 참혹한 심판을 받을 것을 선포하셨습니다.

결론적으로 예수님 공생애 사역의 큰 부분을 차지하는 돌이킴을 위해 권능을 베푸는 사역은 예수님의 공생애 사역과 그 내용을 기록한 마태복음이 돌이킴을 중심으로 전개된다는 것을 보여줍니다.

(6) 돌이킴에 합당한 열매를 가르치는 예수님

예수님은 돌이키라고 전파하시며 필연적으로 그에 합당한 열매에 관해 가르치셨습니다. 1부에서 살펴보았듯이 일반적으로 한글 성경이 "회개하라"라고 번역하는 메타노에오는 "한 사람의 마음과 그에 따른 삶을 돌이키다"라는 의미입니다.[8] 그리고 메타노에오가 의미하는 "회개하다" 혹은 "돌이키다"라는 단어 자체는 필연적으로 어떤 죄에서 돌이켜 나와야 하는지 그리고 어떤 의로 돌이켜 가야 하는지에 대한 가르침을 요구합니다.

만약 예수님이 돌이키라고 전파하기만 하고 돌이켜 나와야 할 죄와 돌이켜 가야 할 열매에 대해 가르치지 않으셨다면 그 전파는 공허하고 의미가 불분명했을 것입니다. 그러므로 예수님의 이 선포는 그가 돌이키라고 전파하시기 시작하며 공생애 사역 동안 어떤 죄악을 돌이키고 어떤 의의 열매를 맺어야 하는지를 구체적으로 가르쳤음을 필연적으로 증명합니다. 예수님이 돌이키라고 전파하시기 시작하고 돌이켜 나와야 할 악의 길과 돌이켜 가야 할 의의 길을 가르치지 않았다는 것은 상식적으로 생각하기 어렵습니다.

---

8 Strecker, *Theology of the New Testament*, 224. BDAG, 640. Louw and Nida, *Greek-English Lexicon*, Domain 41, 510.

실제로 예수님은 마태복음 4장 17절부터 돌이킴을 전파하기 시작하며 공생애 사역 전반에 걸쳐 패역한 사람들이 돌이켜 나와야 할 죄, 악, 불의를 지적하고 돌이켜 가야 할 선, 의, 하나님의 말씀, 돌이킴에 합당한 열매 등을 가르치셨습니다. 그리고 마태복음 전반에 걸쳐 돌이킴의 개념과 밀접히 연결된 이미지, 상황, 전후 문맥, 은유, 유의어와 반의어 등을 통해 돌이킴에 합당한 열매들을 가르치셨습니다. 이 또한 예수님이 돌이킴을 중심으로 공생애 사역을 펼치며 그에 합당한 열매를 중점적으로 가르치셨음을 증명합니다.

(7) 돌이킴에 합당한 열매로 제자도, 더 나은 의, 하나님의 뜻, 선한 행실을 가르치는 예수님

예수님은 마태복음에 많이 등장하는 제자도, 더 나은 의, 하나님의 뜻, 선한 행실 등을 돌이킴에 합당한 열매로 선포하시며 그의 주된 관심이 돌이킴에 있음을 보여주셨습니다. 다시 말해, 예수님은 마음과 삶 전체를 돌이키고 그에 합당한 열매를 맺으라고 말씀하시고 그 열매를 예수님께 돌이켜 그를 따르는 제자도로, 더 나은 의의 열매를 맺는 삶으로, 하나님의 뜻과 선을 행하는 삶 등으로 명합니다(마 4:17-23; 5:10; 10:38; 16:24 등).

예수님은 마태복음 4장 17-23절에서 돌이키라는 선포 직후에 몇몇 제자들을 찾아가 "나를 따르라"라고 부르셨습니다. 예수님은 제자들에게 돌이켜 나를 따르라 부르셨고, 이 부름에 제자들은 지난 어부의 삶과 가진 모든 것을 뒤로하고 돌이켜 예수님을 따라나섰습니다. 제자들이 과거의 모든 것을 버리고 돌이켜 예수님을 따르는 이 모습은 예수님이 명하는 돌이킴과 그에 합당한 삶의 모습을 완벽히 시연합니다.

예수님은 돌이킴에 합당한 마음과 삶으로 행하는 "의"를 가지라고 명하셨습니다.(마 3:5; 5:6, 10, 20; 6:1, 33; 7:21; 10:41; 12:50; 13:43, 49; 20:4; 21:32; 23:28-29; 25:37, 46; 27:19). 예수님은 돌이킴에 합당한 마음과 행실로 하나님의 뜻에 순종하는 사람이 되라고 명하셨습니다(마 6:10; 7:21; 12:50; 18:14; 21:31; 26:42). 그리고 돌이킨 제자들에게 그에 합당한 열매가 맺히는 것은 좋은 나무에 좋은 열매가 맺히는 것이라고 비유하셨습니다(마 3:8, 10; 7:16-20; 12:33; 13:8, 26; 21:19). 그리고 그 반대의 경우 돌이키지 않은 악인들을 나쁜 열매를 맺는 나쁜 나무라고 비유하셨습니다(마 3:8-12; 5:16; 등).

예수님은 마태복음 여러 곳에서 돌이킴에 합당한 좋은 마음을 갖고 그에 따라 좋은 열매를 맺을 것을 명하셨습니다(마 5:3, 8, 28; 6:21; 9:4; 12:34; 13:19; 15:8, 18, 19; 18:35; 22:37; 24:48). 또한 돌이킴에 합당하게 모든 마음과 모든 삶을 다해, 즉 온전하게 하나님을 사랑하라고 명하셨습니다(마 5:48; 19:21). 그리고 돌이

켜 자신을 따르는 제자가 그에 합당하게 자기 십자가를 지고 핍
박과 박해 속에서도 자신을 위해 목숨을 잃고 세상 끝까지 가서
제자를 삼고 자신이 분부한 모든 것을 가르쳐 지키게 하라고 명
하셨습니다(마 10장; 28:18-20).

(8) 돌이킴에 합당한 열매를 다섯 강화에서 가르치는 예수님

예수님은 마태복음 4장 17절부터 돌이키라고 전파하시면서
마태복음의 다섯 개 주요 강화로 알려진 산상수훈(5-7장), 파송
강화(10장), 천국 비유 강화(13장), 교회 공동체 강화(18장), 마지
막 강화(23-25장)에서 돌이켜야 할 죄, 불의, 돌이킴에 합당한 선
과 의의 열매를 확대해 가르치셨습니다.

먼저 예수님은 마태복음 4장 17절에서 돌이키라고 선포하
신 직후 이어지는 5-7장의 산상수훈에서 돌이켜 나와야 할
죄의 목록과 돌이켜 가야 할 더 나은 의를 돌이킴에 합당한 열
매로 가르치셨습니다. 특히, "율법과 선지자", 즉 구약 성경을
바르게 해석하여 돌이킴에 합당한 "더 나은 의"의 열매를 가르
치셨습니다(마 5:17-7:12). 그리고 서기관과 바리새인을 비롯한
패역한 이스라엘이 하나님 말씀을 임의로 해석하고 적용하며
외식적으로 의를 행하는 악 등 돌이켜 나와야 할 죄악을 책망하
셨습니다. 그리고 모든 마음과 그에 따른 삶으로 하나님의 뜻에

진실로 순종하는 돌이킴에 합당한 열매들을 가르치셨습니다.

예수님은 마태복음 10장 파송 강화에서 돌이켜 자신을 따르는 제자들이 그에 합당하게 자신을 이어 하늘나라의 도래에 따른 돌이킴을 전파하도록 파송하셨습니다. 예수님은 그들이 돌이킴을 전파하며 고난과 박해를 당할 것을 예언하셨습니다. 강화의 마지막에서 예수님은 이 세상 그 누구보다 자신을 사랑하고 자기 십자가를 지고 자신을 따르며 자신을 위해 목숨을 잃고 목숨을 얻는 것이 그들이 맺어야 하는 합당한 열매라고 명하셨습니다(마 10:37-39). 예수님은 자신이 먼저 십자가에서 대속제물로 목숨을 제자들에게 내어주셨고, 제자들에게도 자신을 위해 목숨을 내어주기를 명하셨습니다. 이는 예수님이 제자들과 서로를 위해 목숨을 주고받는 숭고하고 아름다운 깊은 사랑의 관계를 원하신다는 것을 보여줍니다.

예수님은 마태복음 13장의 하늘나라 비유 강화에서 자신이 마태복음 4장 17절부터 12장까지 펼쳐온 하늘나라의 도래에 따른 돌이킴 전파 사역과 그에 대한 여러 사람들의 상반된 반응을 아홉 가지 하늘나라 비유를 통해 묘사합니다. 예수님은 돌이켜 그에 합당한 열매 맺는 이들은 삼십 배, 육십 배, 백 배 열매 맺는 좋은 밭에 떨어진 씨앗, 알곡, 좋은 물고기 등으로 묘사합니다. 반면 그렇지 않은 이들은 열매 맺지 않는 길가, 돌 밭, 가시 덤불에 떨어진 씨앗, 가라지, 나쁜 물고기 등으로 묘사합니다.

그리고 예수님은 돌이켜 그에 합당한 열매 맺는 자들에게 약속한 구원과 그렇지 않은 자들에게 선포된 심판을 곳간에 들어가는 알곡, 그릇에 담겨지는 물고기, 불에 태워지는 가라지, 버려지는 나쁜 물고기 등으로 묘사합니다. 예수님은 이 비유들을 통해 참혹한 지옥의 불 심판을 피하고 구원의 영광을 얻도록 돌이킴과 그에 합당한 열매 맺을 것을 촉구하셨습니다.

예수님은 마태복음 18장 공동체 강화에서 자신을 따르는 제자들로 구성된 교회에 다시 한번 돌이켜 어린아이처럼 자기를 낮추어 섬기라고 명하셨습니다. 예수님은 돌이키는 사역을 통해 제자들을 부르셨고 마태복음 16장에 이르러서 그들을 중심으로 교회를 세우셨습니다(마 16:13-20). 그리고 곧 이어지는 마태복음 18장에서 교회 공동체를 향해 다시 한번 돌이킴과 그에 합당한 열매를 명하셨습니다. 예수님은 어린아이처럼 자기를 낮추어 섬기지 않으면 하늘나라에 들어갈 수 없다고 선포하셨습니다.

마지막으로 예수님은 마태복음 23-25장 감람산 강화에서 예루살렘 종교 지도자들의 죄를 지적하고 돌이킴에 따른 구원과 심판에 대해 길게 가르치셨습니다. 먼저 예수님은 마태복음 23장에서 패역한 이스라엘 종교 지도자들의 돌이켜야 할 일곱 가지 죄의 목록을 지적하고 그에 대한 일곱 가지 화를 선포하셨습니다. 마태복음 24장에서는 마지막 최후 심판의 날에 인자가 재림하여 돌이키는 사람과 그렇지 않은 사람에게 베푸는 구원과 심판을 자세히 가르치셨습니다. 마지막으로 예수님은 마태복음 25장에서 열 처녀 비유와 달란트 비유를 말씀하셨습니다. 이 비유를 통해 자신이 지금까지 선포하고 가르쳐 온 돌이킴과 그에 합당한 열매를 항상 신실하게 맺는 지혜와 충성으로 자신의 재림과 그날에 있을 최후 심판을 준비하도록 명하셨습니다.

(9) 하늘나라의 도래에 따른 돌이킴을 전파하는 예수님

예수님의 말씀의 초점은 하늘(하나님)나라보다 돌이킴에 있습니다. 많은 사람들이 마태복음을 읽으며 하나님 나라 혹은 하늘나라에 큰 관심을 둡니다. 그들은 하늘나라가 마태복음의 중심 주제가 된다고 말해 왔습니다. 하지만 마태복음 본문을 자세히 살피면 예수님의 공생애 사역과 가르침의 초점은 하늘나라가 아닌 하늘나라의 도래에 따른 돌이킴에 있다는 것을 알 수 있습니다.

특히, 예수님이 공생애 사역을 시작하며 그 중심 주제를 요약하며 선포하는 마태복음 4장 17절 "하늘나라가 가까이 임하였으니 돌이키라"라는 말씀은 이를 잘 보여줍니다. 이 말씀은 문법적으로 크게 주절과 종속절로 구성됩니다. "하늘나라가 가까이 임하였으니"는 종속절이고, "돌이키라"는 주절입니다. 예수님 사역과 가르침을 요약하는 마태복음 4장 17절의 초점은 주절인 "돌이키라"에 있습니다. "하늘나라가 가까이 임하였으니"는 종속 부사절로서 "돌이키라"라는 주절의 근거 혹은 이유를 설명합니다.

이는 예수님이 공생애 사역 기간에 중점적으로 선포하신 말씀이 하늘나라보다는 하늘나라의 도래에 따른 돌이킴에 있다는 것을 선명히 보여줍니다. 예수님의 사역과 가르침에서 하늘나라와 그 임함이 중요하다는 것은 부인할 수 없습니다. 그렇지만, 엄밀히 말해 이 말씀은 예수님의 공생애 사역과 가르침의 중심이 돌이킴에 있다는 것을 확실히 보여줍니다. 실제로 마태복음이 기록하는 예수님의 공생애 사역과 가르침은 하늘나라가 가까이 혹은 이미 임한 것에 그 초점이 멈추지 않습니다. 오히려 예수님이 이 땅에 하늘나라와 그 나라 자체이며 왕으로 임하였으니 그를 향해 돌이키고, 그가 가르치는 말씀에 기반한 돌이킴에 합당한 좋은 열매를 맺어 심판을 피하고 구원을 얻으라는 말씀에 방점을 둡니다.

결론

마태복음 4장 17절은 하나님의 아들 구원자 예수님이 죄로 가득한 이 세상에 임하여 하늘나라와 그 나라 자체이며 왕인 자신에게 돌이켜 하나님의 진노의 심판을 피하고 구원을 얻으라고 전파하는 사역을 시작한다는 것을 보여줍니다. 그리고 이 예수님의 공생애 사역을 기록하는 마태복음이 하늘나라의 도래에 따른 돌이킴을 중심으로 전개되는 것을 알려줍니다. 즉, 마태복음 4장 17절은 마태복음의 독자들이 하늘나라의 도래에 따른 돌이킴이라는 메시지에 집중하여 마태복음 전체를 읽고 생각하도록 요구합니다.

앞서 확인해 보았듯이 예수님이 전파하기 시작하는 돌이킴은 하나님께 지은 죄를 마음으로 뉘우치고 입으로 고백하며 더이상 그 죄를 짓지 않는 것에 머무르지 않습니다. 오히려 돌이킴의 궁극적 초점은 모든 마음과 몸과 뜻과 영혼과 삶 전체를 죄에서 의로, 악에서 선으로, 사람의 뜻에서 하나님의 뜻과 말씀으로, 이전에 섬기던 모든 것에서 하나님과 그의 아들 예수 그리스도를 섬기는 제자로, 무엇보다 이 세상에서 예수님이 다스리는 하늘나라로 돌이키는 것입니다.

예수님은 이 돌이킴의 의미대로 죄인을 돌이켜 자신을 따르게 하고 하나님의 말씀과 의를 가르쳐 돌이킴에 합당한 열매 맺는 하늘나라 백성 삼는 사역을 중점적으로 펼치셨습니다. 예수님은 돌이키는 자에게는 구원의 약속을 주고 그렇지 않은 자에게는 심판의 경고를 반복해 선포하며 많은 이들이 돌이켜 구원을 얻도록 일하십니다. 또한 권능을 베풀어 하늘나라가 임하였음을 알리고 죄를 사하는 권능 있는 메시아의 존재를 각인시킵니다. 그래서 많은 사람이 자신에게 돌이켜 죄 사함을 받고 구원을 얻도록 하십니다.

마태복음은 이 놀라운 예수님의 사역을 잘 기록하고 있습니다. 예수님은 한 영혼을 천하보다 귀하게 여기시기에 이 구원의 말씀을 모든 도시와 지방을 돌아다니시며 계속 선포하셨습니다. 그리고 자신을 따르는 제자들을 세우시고 그에 합당한 열매를 맺게 하셨습니다. 우리는 예수님이 모든 마음과 시간을 다하여 전파하신 돌이킴과 그에 합당한 열매에 대한 말씀에 가장 먼저 귀 기울여야 합니다. 그리고 실제로 예수님에게 돌이키고, 그가 명령하신 모든 것을 합당한 열매로 맺는 자들이 되어야 합니다.

6. 돌이킴으로 정리하는
예수님의 공생애 사역

마태복음은 28장에 이르는 짧지 않은 책입니다. 그리고 그 안에는 예수님의 다양한 사역과 가르침, 다양한 등장인물, 그들이 만들어 낸 다양한 이야기로 가득 차 있습니다. 마태복음을 읽는 독자의 입장에서 우리는 이 긴 마태복음을 어떤 큰 흐름 혹은 줄거리로 읽을 수 있을까요? 혹은 하나님의 영감을 받은 마태는 이 책을 기록하며 어떤 줄거리와 주제를 생각했을까요? 지금까지 이 책을 읽어 온 독자라면 예수님의 공생애 사역과 그것을 기록하는 마태복음이 돌이킴을 중심으로 전개되고 있다는 것을 어느 정도 파악했을 것입니다.

성령에 영감된 저자 마태는 하늘나라의 도래에 따른 돌이킴이라는 큰 줄거리를 가지고 예수님이 보여주고 들려주신 다양한 이야기와 가르침을 기록했습니다. 예수님의 공생애 사역을 기록한 마태복음은 그 시작점부터 마지막까지 돌이킴을 중심으로 구성되어 있습니다. 4장과 5장에서는 예수님이 하늘나라의 도래에 따른 돌이킴을 선포하며 그에 합당한 열매를 가르치는 사역을 펼치신다는 것을 여러 증거를 통해 확인했고, 그 대략적인 사역의 큰 그림을 그려보았습니다. 이번 장에서는 예수님이 태어나 돌이킴을 전파하기 시작하는 시점부터 십자가에 죽고 부활하여 하늘에 오르는 순간까지의 사역의 큰 줄거리를 돌이킴을 중심으로 확인할 것입니다.

이 큰 줄거리는 예수님의 사역을 한눈에 보여줍니다. 그리고 예수님이 공생애 사역 전체에 걸쳐 얼마나 강하고 간절히 돌이킴을 선포하시고 임박한 심판 앞에서 죄인들을 구원하길 원하셨는지를 느끼게 해줍니다. 먼저 우리는 돌이킴을 중심으로 전개되는 마태복음과 공생애 사역의 전체 구조를 간략히 살펴볼 것입니다. 그리고 그 구조를 기반으로 마태복음의 모든 장을 가로지르며 돌이킴을 중심으로 공생애 사역과 마태복음의 큰 줄거리를 확인할 것입니다.

돌이킴을 중심으로 구조화된
예수님의 공생애 사역과 마태복음

여기에서는 먼저 간략하게 예수님의 사역과 마태복음 각 장의 내용을 간략하게 정리할 것입니다. 그리고 그것을 기준으로 마태복음을 한눈에 볼 수 있도록 구조를 정리할 것입니다.

예수님의 공생애 사역과 마태복음의 구조

먼저, 예수님이 돌이키라고 선포하시면서 공생애를 여는 마태복음 4장 17절과 십자가 수난, 죽음, 부활을 선포하셨던 마태복음 16장 21절을 중심으로 마태복음을 전반기와 후반기로 나누어 전체 구조를 파악할 수 있습니다.[1] 그리고 마태복음에 특별히 구분되는 다섯 개의 강화들(마 5-7장, 10장, 13장, 18장, 23-25장)과 그 사이사이를 채우는 이야기들(마 8-9장, 11-12장, 14-17

---

1   Jack Dean Kingsbury, *Matthew: Structure, Christology, Kingdom* (Minneapolis: Augsburg Fortress Publisher, 1989), 89. 킹스베리는 마태복음 전체 구조를 "비로소 ~하기 시작하다."라는 구문이 반복되는 마태복음 4:17과 16:21을 중심으로 세 부분으로 나눈다. (1) 사람 메시아 예수(1:1-4:16); (2) 메시아 예수님의 공적 선포(4:17-16:20); (3) 메시아 예수의 수난, 죽음, 부활(16:21-28:20).

장, 19-22장)을 중심으로 전체 구조를 나누어 볼 수 있습니다.[2]

마태복음의 서론이라고 할 수 있는 마태복음 1장 1절부터 4
장 17절까지는 예수님의 탄생, 세례 요한의 돌이킴 전파와 돌이
키게 하는 물세례, 예수님의 시험 받음 등을 기록하며 책의 전
체 주제를 제시합니다. 이후 예수님은 마태복음 4장 17절부터
하늘나라가 가까이 임하였으니 돌이키라고 전파하시며 공생애
를 시작하셨습니다. 그리고 이어지는 마태복음 5-7장 산상수훈
에서 돌이킴과 그에 합당한 열매의 구체적인 내용들을 가르치
고 그에 따른 구원과 심판을 선포하셨습니다. 마태복음 8-9장
은 예수님이 죄인들을 돌이키기 위해 여러 권능을 베푸는 다양
한 장면을 기록합니다. 예수님은 마태복음 10장 파송 강화에서
열두 사도를 모든 민족에게 보내 자신을 이어 하늘나라의 도래
에 따른 돌이킴을 전파하게 하셨습니다. 그리고 목숨을 다해 선
교하는 삶의 열매를 가르치셨습니다.

마태복음 11-12장은 예수님과 사도들의 돌이킴 전파에 돌
이키는 사람과 그렇지 않은 사람들이 나타나는 세상의 상반된
반응을 기록합니다. 그리고 예수님이 그들 각각에게 돌이킴의

---

2 마태복음을 다섯 개의 주요 강화 단락(마 5-7장, 10장, 13장, 18장,
23-25장)과 내러티브 단락으로 구별하는 구조 분석도 있다. 다음을
보라, Turner, *Matthew*, 134.

여부에 따라 구원과 심판을 선포하는 것도 기록합니다. 예수님은 마태복음 13장 하늘나라 비유 강화에서 마태복음 4-12장의 일들을 비유로 묘사하셨습니다. 예수님은 앞서 자신과 사도들이 돌이킴과 그에 합당한 열매에 관한 말씀을 전파하는 사역, 그 결과 돌이켜 그에 합당한 열매 맺는 사람들과 그렇지 않은 사람들로 나뉘는 세상의 복합적인 반응, 그들 각각에게 선포한 구원과 심판의 말씀을 비유로 묘사하셨습니다. 그리고 마태복음 14-17장은 돌이킴을 거부하는 무리들이 예수님을 본격적으로 핍박하기 시작하는 이야기들을 기록합니다. 그리고 반대로 예수님이 돌이켜 자신을 따르는 제자들에게 집중하여 믿음을 더하며 양육하는 이야기들을 기록합니다. 그리고 예수님은 마태복음 16장 15-20절에서 지난 시간 이어온 돌이킴 사역의 열매로서 자신을 그리스도이며 하나님의 아들로 알고 돌이켜 따르는 제자들을 중심으로 교회를 세우셨습니다.

예수님은 마태복음 16장 21절부터 자신이 십자가를 질 것을 교회에 예언하시며 십자가를 향하는 후반기 공생애 사역을 시작하셨습니다. 예수님은 마태복음 17장에서 교회 공동체에게 작은 믿음이라도 가지라고 말씀하셨습니다. 그리고 마태복음 18장에서는 교회 공동체 강화를 통해 어린아이처럼 자기를 낮추고 서로를 섬기며 용서하라고 명하셨습니다. 예수님은 마태복음 19-20장에서 계속해서 돌이켜 자기를 낮추어 섬기지 않고 자기를 높여 섬김을 받으려는 제자들을 가르치셨고, 마태복음 21-22 장에서 드디어 자기 낮춤과 섬김의 십자가를 지기 위해 예루살 렘에 입성하셨습니다. 패역한 예루살렘의 종교 지도자들은 여러 번 예수님을 시험하여 죽이려 합니다. 이에 예수님은 여러 비유를 통해 하나님의 선지자와 아들의 선포에도 불구하고 돌이키지 않는 종교 지도자들의 멸망을 묘사하셨습니다.

예수님은 마태복음 23-25장 마지막 강화에서 종교 지도자들이 돌이켜야 할 일곱 가지 악한 마음과 삶을 고발하며 화를 선포하셨습니다. 그리고 돌이킴을 거부하는 자들에게 자신의 재림과 함께 임하는 최후 심판을 선포하셨습니다. 반면, 자신을 따르는 제자들에게는 돌이킴에 합당한 열매 맺는 삶을 항상 사는 지혜와 충성으로 자신의 재림을 준비하도록 명하셨습니다. 마지막으로 예수님은 마태복음 26-28장에서 자신을 따르는 제자들의 죄를 대속하기 위해 십자가에서 죽으시고 부활하시고 승천하셨습니다. 예수님은 제자들에게 자신의 사역을 이어가며 세상 모든 민족을 제자 삼아 돌이킴에 합당한 열매로 분부한 모든 것을 가르쳐 지키게 하라고 명하셨습니다. 예수님은 하늘에서도 제자들과 함께 돌이킴의 사역을 이어갑니다.

이 내용들을 기반으로 다음과 같이 마태복음 구조를 정리해 볼 수 있습니다.

마태복음 구조

서론 (1:1-4:17) : 예수님의 탄생

본론 (4:17-28:17) : 예수님의 돌이킴 사역

전반기 돌이킴 사역 (4:17-16:20)

강화 1 (4:17-7장) : 산상수훈 - 돌이킴에 합당한 더 나은 의
서사 1 (8-9장) : 돌이킴을 위해 베푸는 권능

강화 2 (10장) : 파송 강화 - 돌이킴에 합당한 선교하는 삶
서사 2 (11-12장) : 세상의 상반된 반응

강화 3 (13장) : 하늘나라 비유 강화
- 돌이킴의 사역 묘사
서사 3 (14-17장) : 핍박과 양육

후반기 돌이킴 사역 (16:21-28:17)

강화 4 (18장) : 교회 공동체 강화
- 돌이킴에 합당한 자기 낮춤
서사 4 (19-22장) : 자기 낮춤의 십자가 여정

강화 5 (23-25장) : 감람산 강화
- 최후 심판과 돌이킴에 합당한 충성과 지혜
서사 5 (26-28장) : 십자가 죽음과 부활

결론 (28:18-20) : 제자들의 돌이킴 사역

돌이킴으로 요약하는 마태복음의 줄거리

구슬이 서말이라도 꿰어야 보배라는 속담처럼 예수님이 펼치는 전체 사역을 한눈에 보기 위해 '돌이킴'이라는 하나의 큰 줄거리로 꿰어 보는 일이 필요합니다. 그렇게 하면 예수님의 사역과 가르침이 얼마나 아름답고 가치 있는지를 알게 될 것입니다. 그리고 이를 통해서 마태복음 각 장의 내용이 돌이킴을 중심으로 꿰어지는 모습도 확인할 수 있을 것입니다.

서론: 메시아의 탄생과 세례 요한의 돌이킴 사역 (1:1-4:16)

마태복음 1장 1절부터 4장 16절까지는 마태복음이 기록하는 예수님 공생애 사역의 서론입니다. 예수님의 공생애 사역이 시작되기 이전의 사건들을 기록합니다. 마태복음 1장은 예수님이 아브라함과 다윗의 자손임을 소개하는 족보와 임마누엘 예수님이 성령으로 잉태하여 탄생하는 이야기를 담고 있습니다. 예수님의 족보(마 1:1-17)는 예수님이 아브라함과 다윗의 자손으로 세상에 오신 그리스도, 곧 하나님이 아브라함과 다윗에게 주신 약속대로 천하 만민을 돌이켜 구원하고 영원한 왕위를 세우는 메시아임을 보여줍니다(창 12:1-3; 삼하 7:12-13; 사 9:7; 렘 23:5 등). 예수님이 성령으로 잉태된 것은 그분이 하나님의 아들임을 증명합니다. 특히, 예수님의 이름이 구원자를 의미하는 임마누엘, 즉 "하나님이 우리와 함께하신다"라는 것은 예수님이 아담과 하와의 범죄 이후 하나님에게서 돌아선 온 세상을 다시 하나님께 돌이켜 구원하는 메시아임을 확인하는 것입니다(마 1:18-25).

마태복음 2장은 온 세상의 구원자로 태어나신 예수님을 경배하기 위해 찾아온 이방인 동방 박사를 기록합니다(마 2:1-12). 예수님이 이방인의 경배를 받는 것은 그가 이스라엘뿐만 아니라 세상 모든 민족을 돌이켜 구원하는 메시아임을 보여줍니다. 그러나 온 세상을 돌이켜 구원할 메시아이자 유대인의 왕으로 오신 예수님은 이스라엘 왕 헤롯에 의해 박해를 당합니다. 그로 인해 애굽에 피하였다가 다시 나사렛에 돌아와 삽니다(마 2:13-23). 예수님이 애굽에 피하였다가 다시 이스라엘로 돌아오는 것은 옛 이스라엘의 출애굽을 반복하는 것입니다. 이는 예수님이 옛 출애굽이 그려주고 약속하는 구원을 성취하는 메시아임을 보여줍니다. 이후 예수님은 보잘것없는 마을인 나사렛에 가서 살며 나사렛 사람으로 불렸습니다. 이는 그가 자기를 크게 하고 높이는 세상 왕과 반대로 자기를 작게 하고 낮추어 섬기는 하늘나라 왕임을 보여줍니다.

마태복음 3장은 세례 요한이 예수님 앞에 돌이키라 전파하며 돌이킴을 목적으로 하는 세례를 주는 장면을 기록합니다(마

3:1-12). 세례 요한이 베푸는 돌이킴을 목적으로 하는 물세례는 죄로 인한 죽음의 심판 당함과 죄를 씻고 새로운 생명을 얻는 것을 상징합니다. 세례 요한의 전파에 많은 죄인이 돌이키며 죄를 자복하고 물로 죄를 씻고 다시 생명을 얻었습니다. 마태복음 서론에 위치한 세례 요한의 돌이킴 전파와 세례는 마태복음 본론과 예수님의 사역이 돌이킴을 중심으로 전개될 것을 예상하게 합니다. 실제로 예수님은 마태복음 본론에서 세례 요한과 동일하게 돌이킴을 전파하는 공생애를 시작하셨습니다. 그리고 세례 요한은 예수님이 죄인을 돌이키기 위하여 불과 성령으로 세례를 주는 메시아로 선포했습니다.

이후 예수님은 세례 요한에게 돌이키게 하는 세례를 받으셨습니다(마 3:13-17). 죄 없는 예수님이 돌이킴의 세례를 받을 필요는 없습니다. 하지만, 세상을 구원할 메시아로 오신 예수님은 자신을 위한 것이 아니라 죄인들의 대표자로 그들의 돌이킴을 상징하는 물세례를 받았습니다. 예수님의 이 물세례는 그가 돌이켜 자신을 따르는 제자의 죄 사함을 위해 십자가에 대신 죽고, 그의 피로 죄를 씻으며, 영원한 생명을 주는 구원역사를 상징합니다. 예수님이 죄인을 대신한 돌이킴의 세례를 받고 물에서 나오자마자 죄로 인해 닫혔던 하늘이 열리고 그 위에 성령이 내려옵니다. 이는 누구든지 죄에서 하나님의 아들 예수님께 돌이켜 그를 따르는 자는 죄 사함을 얻고 성령이 주는 새로운 생명을 받을 것을 보여주는 것입니다.

이어지는 마태복음 4장 1-16절은 성령이 예수님을 광야로 이끌어 40일간 금식하고 사탄의 시험을 받는 장면을 기록합니다. 성경에서 금식은 돌이킴을 위한 것입니다(삼상 7:6; 느 9:1-3 등). 세례를 받은 예수님은 이번에는 금식을 하셨습니다. 그리고 예수님은 사탄에게 광야에서 시험을 받으셨습니다. 예수님이 사탄에게 시험받으신 것은 옛 아담과 하와가 사탄에게 시험받고 범죄한 것을 떠올립니다. 그리고 광야에서 시험받으신 것은 광야의 이스라엘이 범죄한 것을 떠올립니다.

아담과 하와와 광야의 이스라엘은 실패하여 범죄했지만 예수님은 승리하셨습니다. 예수님의 승리는 아담과 하와와 옛 이스라엘이 실패하여 지은 죄와 불의를 하나님의 선과 의로 돌이키는 것을 상징합니다. 예수님은 물세례를 받고, 금식을 하며, 시험에서 승리하여 인류의 죄를 의로 돌이키십니다. 이를 통해 누구든지 아담과 하와 이후 모든 죄지은 사람이 자신에게 돌이키면 그 지은 죄와 불의를 사함 받고 선과 의와 생명을 얻게 될 것을 보여줍니다. 이 모든 것은 이사야가 예언한 흑암에 앉은 세상 모든 민족에게 빛을 비추어 구원하는 메시아가 예수님임을 증거합니다(마 4:12-16).

본론

전반기 돌이킴 사역 (4:17-16:20)
- 하늘나라의 도래에 따른 돌이킴 전파 시작 (4:17-25)

예수님은 마태복음 4장 17절부터 세례 요한을 이어 "하늘나라가 가까이 임하였으니 돌이키라"라고 전파하기 시작하셨습니다. 마태복음 4장 17절은 예수님의 공생애 사역이 시작되는 곳이며 마태복음 본론의 시작점입니다. 예수님은 여호와의 진노와 구원의 날이 임박했으니 돌이켜 구원을 얻으라고 전파하셨습니다. 이 첫 선포는 예수님의 공생애 사역과 그것을 기록하는 마태복음 본론이 돌이킴을 중심으로 전개될 것을 명확히 보여줍니다. "돌이키라"라고 선포하시기 시작한 예수님은 "나를 따르라"라고 하시며 네 명의 제자와 많은 사람을 부르셨습니다 (마 4:18-25). 돌이키라는 명령이 돌이켜 나를 따르라는 제자도의 열매로 이어집니다. 그리고 수많은 사람이 예수님께 나와 그를 따릅니다.

강화1: 산상수훈, 돌이킴에 합당한 열매 (5-7장)

예수님이 나를 따르라고 선포하기 시작하니 제자들이 나왔습니다. 예수님은 마태복음 5-7장에서 이들에게 산상수훈을 베풀어 돌이킴에 합당한 열매를 가르치셨습니다. 세례 요한은 돌이키라 전파하며 그에 합당한 열매를 맺으라고 선포했지만 그 열매가 무엇인지 가르치지 않았습니다(마 3:8). 그러나 예수님은 그에 합당한 열매를 가르치셨습니다.

예수님은 첫 번째 강화인 마태복음 5-7장 산상수훈에서 율법과 선지자로 표현되는 구약 성경을 온전하고 바르게 해석해 주며 돌이킴에 합당한 열매를 가르치셨습니다(마 5:17; 7:12). 먼저 예수님은 마태복음 5장에서 자신을 따르는 제자들에게 맺히는 아홉 가지 열매인 심령의 가난함, 애통함, 겸손(온유)함, 의를 추구함, 긍휼히 여김, 마음이 청결함, 화평케 함, 의를 위해 핍박받음, 예수님을 인해 박해를 받는 것을 가르치셨습니다. 그리고 그들이 받는 아홉 가지 축복인 하늘나라, 위로, 땅, 의로 배부름, 긍휼히 여김 받음, 하나님을 봄, 하나님의 아들이라 일컬음 받음, 하늘의 상을 받는 것을 가르치셨습니다(마 5:3-16).

예수님은 패역한 이스라엘을 비롯한 죄인들이 돌이켜야 할 죄악과 돌아가야 할 하나님의 법, 더 나은 의, 하나님의 뜻 등을 돌이킴에 합당한 열매로 가르치셨습니다. 특히, 예수님은 서기관과 바리새인의 바르지 않게 율법을 해석하고 적용하는 패역함을 지적하고 율법 안에 담긴 바른 하나님의 뜻을 가르치셨습니다(마 5:17-48). 예수님은 살인하지 않는 것을 넘어 형제를 욕하지 않고 화목하며 사랑하는 것, 간음하지 않는 것을 넘어 마음으로 음욕을 품고 여인을 바라보지 않는 것, 간음한 연고 외에는 이혼하지 않고 아끼고 사랑하는 것, 하늘로도 땅으로도 맹세(서원)하지 않고 예 혹은 아니오 하는 것, 눈은 눈으로 이는 이로 갚는 것을 넘어 악한 자를 대적하지 않고 오른뺨 맞는 자에게 왼뺨도 돌려대는 것, 속옷 주는 것을 넘어 겉옷도 주는 것, 오리를 가주는 것을 넘어 십리를 동행해 주는 것, 이웃 사랑을 넘어 원수도 사랑하는 것 등을 가르치셨습니다.

예수님은 마태복음 6-7장에서 사람에게 보이기 위하여 외식으로 율법을 행하는 네 가지 죄악을 책망하고 돌이켜 마음과 그에 따른 삶으로 율법을 행하게 하셨습니다. 첫째, 예수님은 사람에게 영광을 얻으려고 외식으로 회당과 거리에서 나팔을 불며 구제하는 것에서 돌이켜 왼손이 하는 것을 오른손이 모르게 은밀히 의를 행하라고 가르치셨습니다. 둘째, 예수님은 사람에게 보이려고 회당과 큰 길 어귀에서 기도하는 것을 돌이켜 골방에 들어가 문을 닫고 은밀히 기도하라고 가르치셨습니다.

예수님은 이방인과 같이 중언부언 기도하는 것을 돌이켜 주기도문을 가르쳐 기도하게 하셨습니다. 예수님은 주기도문을 통해 나의 뜻을 구하는 것에서 돌이켜 아버지의 뜻이 이루어지고 이 땅에 하늘나라가 임하도록 구하게 하셨습니다. 그리고 평생 먹도 남을 양식 혹은 재물을 구하는 것을 돌이켜 하루 먹을 양식을 구하라고 가르치셨습니다. 그리고 우리가 죄 지은 자를 사하여 주는 것과 같이 우리의 죄를 사하여 달라고 기도하게 하셨습니다.

셋째, 예수님은 사람에게 보이려고 슬픈 기색을 하고 얼굴을 흉하게 하며 금식하는 것에서 돌이켜 머리에 기름을 바르고 얼굴을 씻으며 은밀하게 하라고 하셨습니다. 예수님은 사람이 주는 영광을 구하고 재물을 이 땅에 쌓아 두지 말고 돌이켜 보물을 하늘에 쌓고 하늘을 소망하며 살라고 하셨습니다. 그리고 믿음이 없어 무엇을 먹을까 무엇을 마실까 말하지 말고 돌이켜 공중의 새를 먹이고 들의 백합화와 풀도 입히는 하나님을 바라보라고 하셨습니다. 하나님이 너희가 쓸 모든 것을 아시니 돌이켜 오직 아버지의 나라와 그의 의를 구하라고 하셨습니다.

넷째, 예수님은 사람에게 보이려고 외식으로 형제의 작은 죄를 비판하는 것에서 돌이켜 오히려 자기 눈 안의 들보와 같은 큰 죄악을 버리라고 하셨습니다. 마지막으로 예수님은 황금률로 잘 알려진 "남에게 대접을 받고자 하는 대로 너희도 남을 대접하라"라는 말씀으로 전체 구약 성경을 요약하여 돌이킴에 합당한 열매의 절정을 가르치셨습니다(마 7:12). 그리고 건축자의 비유를 베풀어 자신이 산상수훈에서 가르친 돌이킴에 합당한 열매를 행하여 멸망을 피하고 하늘나라에 들어가는 것이 지혜롭다고 하셨습니다(마 7:13-27).

서사1: 돌이킴을 위해 베푸는 권능 (8-9장)

　마태복음 8-9장은 예수님이 산에서 내려와 말씀으로 여러 권능을 베푸는 사역에 대해 기록합니다. 예수님은 산상수훈에서 권위있는 말씀으로 돌이킴과 그에 합당한 열매에 대해 가르치셨습니다. 그리고 산에서 내려와 동일한 말씀으로 권능을 베풀어 죄인을 돌이키는 사역을 펼치셨습니다. 예수님은 말씀으로 권능을 베풀어 자신이 앞서 선포한 돌이킴과 그에 합당한 열매의 말씀이 구원과 심판의 권세를 가지고 있음을 증명하셨습니다. 또한, 말씀으로 권능을 베풀어 자신이 하나님의 아들이며 죄를 사하고 죽은 자를 살리는 권세를 가진 메시아임을 보여주셨습니다. 이를 통해 죄인들이 자신에게 돌이켜 죄 사함을 얻고 그에 합당한 열매를 맺으며 새로운 생명을 얻도록 하셨습니다. 예수님이 권능을 베푸시자 많은 죄인이 예수님에게 돌이켜 그분을 따랐습니다.

　마태복음 8장에서 예수님은 제일 먼저 말씀으로 부정한 나병 환자를 치유합니다. 이를 통해 율법이 정한 부정한 것과 죄를 깨끗하게 하는 권세를 보여주셨습니다. 그리고 역시 부정하게 여겨지는 이방인 백부장의 종이 겪는 중풍병을 고쳐주셨습니다. 예수님은 이방인의 큰 믿음을 보시고 믿음 없는 본 나라 백성인 이스라엘은 하늘나라에서 쫓겨나고 동에서 서까지 온 세상 족속들이 돌이켜 나아와 그 나라를 차지하게 될 것이라고 선포하셨습니다(마 8:10-12). 이는 패역한 이스라엘이 돌이킴을 거부하고 예수님을 배척하는 것과 그와 대조적으로 세상 모든 죄인이 돌이켜 구원을 얻게 되는 것을 예견합니다.

이후 예수님은 세상이 업신여기는 여인인 베드로 장모의 열병을 고치며 세상이 가지고 있지 않은 자비를 보여주셨습니다. 그리고 바람과 바다를 잔잔하게 하며 그가 세상 모든 만물을 다스리며 심판하는 권세가 있음을 보여주셨습니다. 더불어 귀신을 내어 쫓아 돼지 떼에 들어가게 하여 심판의 바다에 빠져 죽게 하셨습니다. 이를 통해 자신에게 사탄과 죄를 죽음으로 심판하고 다스리는 권세가 있음을 보여주셨습니다. 예수님을 마주한 귀신은 때가 이르기 전에, 즉 최후 심판의 때가 이르기 전에 자신들을 멸하러 왔는지를 묻습니다. 이는 예수님이 세상에 온 것이 죄로 가득한 세상을 최후 심판하러 온 것이 아니라, 오히려 구원하러 온 것임을 알려줍니다.

마태복음 9장에서 예수님은 중풍병자를 고치며 자신이 죄를 사하는 권세를 가지고 있음을 밝히 드러내시고, 자신은 세리와 죄인과 항상 함께하며 그들을 돌이켜 구원하러 오셨음을 명백히 밝히셨습니다(마 9:9-13). 이후 예수님은 한 관리의 죽은 딸을 살리고 혈루병 걸린 여인을 고쳐 구원하는 권능을 베푸시고, 이를 통해 돌이켜 자신을 따르는 자들이 죄 사함을 받고 죽음을 이기고 생명을 얻게 될 것을 보이셨습니다.

　이후 예수님은 두 맹인을 고치고 귀신들려 말 못하는 자를 고치셨습니다. 이를 통해 자신이 죄와 죽음의 어둠으로 가득한 세상을 비추고 진리의 말씀이 들리지 않는 세상에 하나님의 말씀을 전파하는 메시아임을 보여주셨습니다. 예수님은 죄인들을 돌이키기 위하여 모든 도시와 마을에 두루 다니며 회당에서 가르치고 하늘나라 복음을 전파하며 모든 병과 약한 것을 치료해주셨습니다. 그리고 자신에게 나아 온 수많은 무리를 보시고 목자 없는 양과 같이 불쌍히 여기며 추수할 일꾼을 보내 달라고 기도하시고, 곧이어 열두 사도를 추수할 일꾼으로 세워 많은 죄인을 돌이키게 하셨습니다.

강화2: 파송 강화, 열두 사도 파송, 선교하는 삶의 열매(10장)

　예수님은 두 번째 강화인 마태복음 10장 파송 강화에서 열두 사도를 세워 자신을 이어 하늘나라가 가까이 임하였음을 전파하며 죄인들을 돌이키도록 세상 곳곳에 보내셨습니다. 예수님은 사도들에게 권능을 주어 자신과 같이 이적을 베풀어 사람들을 돌이키게 합니다. 예수님은 제자들이 자신과 같이 온 세상에 돌이킴을 전파하게 하셨습니다. 예수님이 펼쳐 오던 하늘나라의 도래에 따른 돌이킴 전파 사역이 사도들을 통해 확장되기 시작하며 이스라엘 먼저 그리고 이방인에게 동시에 전파됩니다(마 10:1-15, 18-20).

반면, 예수님은 제자들이 선교적 상황에서 목숨을 잃을 만한 박해와 핍박을 당할 것을 예견하시고, 뱀처럼 지혜롭고 비둘기처럼 순결하라고 명하셨습니다(마 10:16-42). 뱀처럼 지혜롭게 박해 상황에서 끝까지 예수님을 시인하여 몸은 죽을지라도 영원한 생명을 얻는 더 유익한 선택을 하고, 비둘기처럼 순결하게 끝까지 예수님을 부인하지 말고 사랑하고 가르치셨습니다(마 10:16-42). 예수님은 몸을 죽이는 사람을 두려워하지 말고 몸과 영혼 모두를 능히 멸하는 하나님을 두려워하라고 명하셨습니다. 끝까지 자신을 시인하고 하나님께 영원한 생명을 얻으라고 명하셨습니다. 또한 박해 상황에서도 끝까지 선교하며 자기 십자가를 지고 자신을 따르며 자신을 위해 목숨을 잃고 영생을 얻는 것이 돌이킨 제자가 맺는 합당한 열매라고 가르치셨습니다.

서사2: 돌이킴 전파에 따른 사람들의 상반된 반응 (11-12장)

마태복음 11-12장은 예수님과 사도들의 돌이킴 전파와 권능을 베푸는 사역에 대한 세상의 혼합된 반응을 기록합니다. 이 시점부터 마태복음의 줄거리는 예수님과 사도들의 돌이킴 전파 사역에 대한 세상 사람들의 여러 반응을 기록하는 것으로 옮

겨갑니다. 예수님께 돌이키는 반응을 보이는 사람들이 있는 반면, 그렇지 않은 반응이 나타납니다.

마태복음 11장에서 예수님은 패역한 이스라엘이 자신을 오해하고 죄악을 돌이키지 않는 것을 보며 한탄하셨습니다(마 11:1-19). 먼저, 세례 요한은 옥에서 제자들을 보내어 예수님이 오실 그 메시아인지 아니면 우리가 다른 이를 기다려야 하는지 물었습니다. 이는 예수님이 기다리던 메시아인지 아닌지 혼란스러워 묻는 것입니다. 세례 요한을 비롯한 이스라엘은 강력한 힘으로 악한 세상을 심판하고 하나님의 나라를 회복할 강력한 종말론적 메시아를 기다리고 있었습니다(마 3:11-12). 하지만, 예수님은 그들의 기대와는 다르게 이방인과 죄인과 세리들과 어울리며 그들을 돌이켜 하늘나라에 들어가게 하는 사역을 펼치셨습니다.

이에 예수님은 자신이 구약에 예언된 대로 보지 못하는 사람이 보고, 걷지 못하는 사람이 걷고, 한센병자가 깨끗함을 받고, 듣지 못하는 사람이 듣고, 죽은 사람이 살아나고, 가난한 사람에게 복음이 전파되어 돌이키는 희년을 성취하는 메시아임을 알리셨습니다(마 11:5). 그리고 하늘나라는 누구든지 공격하면(침노하면) 빼앗을 수 있는 작고 약한 모습으로 임하였다고 설명하셨습니다. 이는 예수님이 하나님의 아들 메시아임에도 불구하고 십자가에서 죽게 되는 작고 약한 모습으로 왔다는 것을 나타내는 말입니다. 그리고 무엇보다 지금은 메시아가 죄인을 불로 심판하는 때가 아니라 죄인을 돌이켜 구원하는 때임을 밝히는 말이기도 합니다.

반면, 예수님은 돌이키지 않는 패역한 이스라엘과 돌이키는 이방인을 대조하셨습니다. 예수님은 패역한 이스라엘이 수많은 죄인이 돌이키고 죽은 자가 살아나고 병든 자가 고침을 받으며 하나님께 돌아오는 것을 보면서도 기뻐하지 않는다고 책망하셨습니다. 오히려 돌이킴을 선포하며 죄인을 구원하는 세례 요한과 자신을 핍박하고 모욕하는 모습을 지적하며 책망하셨습니다(마 11:13-19). 그리고 수많은 권능을 행하여도 돌이키지 않는 저들을 보며 진노하셨습니다. 이에 예수님은 돌이키지 않는 패역한 이스라엘은 옛 소돔과 고모라의 이방인이 받은 심판보다 더 고통스러운 심판을 당할 것이라고 선포하셨습니다.

예수님은 패역한 이스라엘이 돌이키지 않는 것이 오직 아버지 하나님과 아들의 뜻에 의한 선택적 계시에 의한 것이라고 설명하셨습니다. 즉, 돌이키지 않는 패역한 자들에게는 계시를 허락하지 않아 그 패역함에서 돌이켜 구원을 받지 못하는 심판을 받았다고 말씀하신 것입니다. 반면, 예수님을 따르는 자들은 하나님의 택함을 받고 계시를 얻어 자신을 그리스도로 알고 돌이켜 구원을 얻는 것이라고 하셨습니다. 이는 오직 하나님과 예수님의 은혜로운 선택과 그에 따른 계시로만 우리가 구원을 얻을 수 있다는 것을 보여줍니다(마 11:20-30).

마태복음 12장에서 돌이킴을 거부하는 패역한 이스라엘은 안식일을 지키지 않는 예수님을 고발합니다. 이에 예수님은 율법이 정한 안식일의 바른 의미를 가르치며 그들을 돌이키려 하셨습니다(마 12:1-14). 예수님은 돌이키지 않는 이스라엘과 돌이키는 이방인을 대조하며 자신이 세상 모든 민족(이방)의 빛임을 밝히셨습니다. 패역한 이스라엘은 예수님을 사탄의 왕 바알세불의 힘으로 귀신을 내어쫓는다고 거짓으로 모욕하며 배척했습니다. 이에 예수님은 성령의 힘으로 귀신을 내쫓는 자신을 바알세불의 아들이라고 모욕하는 자들은 내쫓김 당하는 사탄의 아들일 수밖에 없기 때문에 용서받지 못할 것이라고 선포하셨습니다. 그리고 열매로 사람을 알 수 있다고 말하며 그들의 말의 악함이 그 말이 나오는 마음의 악함을 증명한다고 고발하며 심판을 선포하셨습니다(마 12:15-37).

예수님은 요나의 전파에 돌이킨 이방 니느웨와 요나보다 더 큰 하나님 아들의 전파에도 돌이키지 않는 패역한 이스라엘을 비교하며 강력한 심판을 선포하셨습니다. 또한, 솔로몬의 지혜를 들으러 온 남방 여왕과 솔로몬보다 지혜로운 자신의 가르침을 듣지 않는 패역한 이스라엘을 비교하며 책망하셨습니다(마 12:38-42). 그리고 일곱 귀신 들린 자의 비유를 통해 자신이 베푸는 권능을 경험하고도 돌이켜 자신을 주인으로 영접하지 않는 패역한 이스라엘을 묘사하시면서 그들에게 일곱 귀신이 들어와 이전보다 더욱 참혹하게 되는 심판을 당할 것을 경고하셨습니다(마 12:43-45).

결론적으로 예수님은 육체적 이스라엘이 하나님 백성이 아니며 오직 돌이킴에 합당한 열매로 산상수훈에서 가르친 하늘에 계신 아버지의 뜻을 행하는 자가 진정한 하나님의 백성이자 자신의 어머니, 형제, 자매라고 선포하셨습니다(마 12:46-50).

강화3: 천국 비유 강화, 돌이킴 전파 사역과 세상의 상반된 반응 묘사 (13장)

예수님은 세 번째 강화인 마태복음 13장 하늘나라 비유 강화에서 지금까지 펼쳐온 하늘나라의 도래에 따른 돌이킴 전파, 돌이킴에 합당한 열매에 대한 말씀 전파, 그에 대한 사람들의 상반된 반응, 그리고 그들에게 선포된 최후 구원과 심판의 말씀을 여덟 개의 비유로 묘사하셨습니다.

예수님은 갑자기 가르침의 방식을 비유로 바꾸셨습니다. 비유는 비유를 베푸는 사람이 그 의미를 해설해 주지 않으면 그것이 담고 있는 의미를 알 수 없는 암호와 같습니다. 예수님은 자신이 비유로 말하는 이유는 돌이킴을 거부하는 패역한 자들에게 비유로 말해 돌이킴의 말씀을 감추어 듣지 못하게 하기 위함이라고 말하셨습니다. 그래서 그들이 더이상 돌이켜 구원을 받지 못하도록 심판하는 것이라고 설명하셨습니다(마 13:13-15). 반면, 예수님은 돌이켜 자신을 따르는 제자들은 따로 불러 비유를 설명해 주어 그 안에 감추어진 하늘나라의 진리를 더욱 풍성히 얻게 하셨습니다(마 13:10-17, 36-43).

먼저, 예수님은 하늘나라가 가까이 왔으니 돌이키라는 말씀 전파 사역을 씨 뿌리는 농부의 모습으로 묘사하셨습니다. 돌이킴에 합당한 열매 맺는 제자들은 열매 맺는 좋은 밭, 알곡, 좋은 물고기 등으로 비유하셨습니다. 그들은 하늘나라에 들어가 영생을 얻는 의인으로 묘사됩니다. 그러나 돌이키지 않고 그에 합당한 열매 맺지 않은 사람들은 결실 없는 길가, 돌밭, 가시덤불, 가라지, 나쁜 물고기 등으로 비유하셨습니다. 그들은 영원한 지옥불에 던져지는 악인으로 묘사됩니다. 또한, 예수님은 하늘나라와 그 가치를 밭에 감추어진 보물과 값비싼 진주로 비유하셨습니다. 그리고 이 보물과 진주를 발견하고 이전에 가진 모든 것을 팔아 그것을 사는 사람의 모습으로 이전에 가진 모든 것을 버리고 그 마음과 삶을 돌이켜 하늘나라와 그 나라 왕인 예수님을 따르는 제자들의 모습을 비유하셨습니다.

또한, 예수님은 가라지 비유와 그물 비유를 통해 최후 심판이 지금이 아니라 세상 마지막 날에 완전히 이루어질 것이라고 하셨습니다. 다시 말해, 최후 심판이 예수님이 초림한 지금이 아니라 재림하는 날에 이루어진다는 것을 가르치셨습니다. 가라지 비유에서 주인이 밤새 원수가 뿌리고 간 가라지를 지금 뽑아 버리지 말고 추수 때까지 두었다가 불에 던져 태우라고 명한 것은 돌이키지 않는 악인에 대한 심판이 지금, 즉 예수님이 초림했을 때가 아니라 예수님이 재림하시는 세상 마지막 날에 이루어진다는 것을 의미합니다. 또한 그물 비유에서 어부가 그물을 쳐 두었다가 지금이 아니라 나중에 거두어 좋은 물고기는 그릇에 담고 나쁜 물고기는 버리는 것으로 지금이 아니라 자신이 재림하는 마지막 날에 돌이킴에 합당한 좋은 열매를 맺는 착한 (좋은) 제자는 구원하고 그렇지 않은 악인은 심판할 것을 묘사하셨습니다.

반면, 예수님은 겨자씨와 누룩 비유를 통해 하늘나라와 그 나라의 왕인 자신이 지금 세상을 최후 심판하는 크고 강력한 모습으로 임한 것이 아님을 묘사하셨습니다. 오히려 작은 겨자씨와 누룩과 같이 사람 손에 잡혀 십자가에서 죽는 작고 약한 모습으로 이 세상에 왔다고 하셨습니다. 하지만 작은 겨자 씨앗이 자라 나무가 되고 그 나무에 온갖 종류의 새들이 깃들어 살듯, 자신이 세상 모든 민족이 구원과 생명을 얻는 큰 힘을 가지고 있다고 묘사하셨습니다. 또한 적은 누룩이 밀가루 반죽을 크게 부풀려 많은 사람이 먹는 양식이 되듯이 하늘나라와 그 나라의 왕인 메시아가 이 땅에 작고 약하게 임했음에도 불구하고 죄에서 돌이키는 많은 이에게 생명의 양식을 주는 큰 힘이 있다고 하셨습니다.

서사3: 돌이키지 않는 자들의 예수님 핍박, 돌이킨 제자들로 교회를 세우고 양육함 (14-17장)

마태복음 14장부터는 예수님을 따르는 제자들과 그렇지 않은 패역한 사람들로 구분된 두 무리와 예수님 사이에서 벌어지는 일들이 기록되기 시작합니다. 먼저, 마태복음 14-16장에서 예수님께 돌이키지 않는 패역한 이스라엘은 핍박 공동체를 이루어 본격적으로 예수님을 시험하고 박해하며 죽이려고 합니다. 마태복음 14장부터 본격적으로 시작되는 예수님을 향한 이 시험과 핍박은 예수님이 십자가에 달리는 마태복음 27장까지 계속 이어집니다.

본격적으로 시작되는 예수님을 향한 핍박과 살해 시도의 첫 장면은 헤롯 왕이 돌이킴을 선포한 세례 요한을 목 베어 죽인 것입니다(마 14:1-13). 돌이킴을 선포한 세례 요한의 죽음은 동일하게 돌이킴을 선포하는 예수님의 십자가 죽음을 암시하며 그를 향한 본격적인 박해의 시작을 알립니다. 돌이킴을 거부하고 예수님을 주로 핍박하는 사람들은 예루살렘에서 온 바리새인과 서기관입니다. 그들은 마태복음 15장 1-20절에서 예수님의 제자들이 장로의 전통을 지키지 않고 씻지 않은 손으로 떡을 먹는 문제를 고발합니다. 그러나 예수님은 오히려 깨끗이 해야 할 것은 사람의 외적인 부분이 아니라 내적인 마음임을 선포하셨습니다. 이를 통해 그들의 외식하는 악한 마음과 그에 따른 행위를 돌이켜야 한다는 것을 드러내었습니다.

돌이키지 않는 바리새인과 서기관은 마태복음 16장 1-4절에서 예수님을 시험하며 표적을 구합니다. 하지만 예수님은 이미 그들을 돌이키기 위해 많은 표적을 베풀었습니다. 예수님은 돌이킴을 거부하는 패역한 이스라엘에게는 더 이상 표적 보이기를 거부하며 그들이 돌이켜 구원을 얻지 못하도록 심판하셨습니다.

반면, 예수님은 마태복음 14-16장에서 돌이켜 자신을 따르는 사람들을 중심으로 제자 공동체를 이루었습니다. 그리고 제자 공동체에 집중하여 그들의 작은 믿음을 양육하시고 돌이킴에 합당한 다른 여러 열매를 가르치셨습니다. 예수님은 마태복음 14장 13-36절에서 제자 공동체에게만 표적을 보이시고 말씀하셨습니다. 이를 통해 제자 공동체에게만 자신이 하나님의 아들이며 그리스도인 것을 더욱 계시하여 그들의 작은 믿음을 지속적으로 양육하셨습니다.

예수님은 마태복음 14장 13-21절에서 오병이어 이적으로 돌이켜 자신을 따르는 유대인 오천 명을 먹이셨습니다. 그리고 마태복음 15장 29-39절에서 칠병이어 이적을 베풀어 자신을 따르는 두로와 시돈 지역에서 나온 이방인 사천 명을 먹이셨습니다. 더불어 마태복음 15장 21-39절에서 가나안 이방 여인의 딸을 치유하며 이스라엘인과 이방인 구별 없이 제자 공동체를 확장하며 양육하셨습니다. 동시에 마태복음 16장 5-12절에서는 제자 공동체 안에 사두개인과 바리새인의 교훈이 없도록 경계하며 그들을 보호하며 양육하셨습니다.

예수님은 마태복음 16장 13-20절에서 지난 돌이킴의 사역의 결과인 제자 공동체를 중심으로 자신의 교회를 세우셨습니다. 예수님이 마태복음 4장 17절부터 펼쳐오신 돌이킴의 공생애 사역은 제자 공동체의 신앙 고백과 교회를 세우는 것으로 열매을 맺습니다. 예수님의 전반기 사역은 이렇게 마무리됩니다.

후반기 돌이킴 사역 (16:21-28:20)

마태복음 16장 21절부터는 예수님의 후반기 공생애 사역이 시작됩니다. 전반기 사역의 열매로 교회를 세운 예수님은 마태복음 16장 21절부터 그들에게만 자신이 예루살렘에 올라가 많은 사람을 위한 대속 제물로 죽고 부활할 것을 알리심으로 후반기 사역을 시작하셨습니다(마 16:21; 17:22-23; 20:17-20). 이렇게 시작되는 예수님의 후반기 사역과 가르침은 십자가를 향해 나아갑니다. 그러나 예수님이 돌이킴을 전파하는 일을 마치는 것은 아닙니다. 예수님은 돌이킴을 지속해서 선포하시며 그에 합당한 열매로서 십자가를 모본으로 하는 자기 낮춤과 섬김의 열매를 집중적으로 반복해서 가르치셨습니다(마16:24; 17:22-23; 18:1-6; 19:13-15, 27-30; 20:16-19, 25-28; 21:5; 23:11-12; 25:34-46).

예수님은 마태복음 16장 21-28절에서 누구든지 자기를 따라오려거든 자기를 부인하고 자기 십자가를 지는 것이 합당하다고 하셨습니다. 그리고 자신을 위해 목숨을 잃고 얻는 것이 합당하다고 하시며 자신을 향한 제자들의 영혼과 삶의 완전한 돌이킴을 명하셨습니다(마 10:38-39 참고).

예수님은 마태복음 17장에서도 제자 공동체 양육에 집중하셨습니다. 예수님은 마태복음 17장 1-13절에서 자신이 앞서 선포한 메시아의 자기 낮춤과 섬김의 십자가 죽음을 받아들이기 어려워하고 심지어 반대하는 제자들을 위해 변화산에 올라 이적을 보여주셨습니다. 예수님은 옷과 얼굴이 빛과 같이 희게 변하는 이적을 통해 자신이 십자가에 죽는다고 할지라도 여전히 하나님의 아들이며 그 죽음조차 하나님의 뜻임을 알고 믿게 하셨습니다. 또한 구약 율법의 저자인 모세와 선지자의 대표라고 할 수 있는 엘리야와 함께 이야기 나누는 것을 제자들에게 보여주심으로 그동안 선포한 돌이킴이 구약 율법과 선지자의 가르침을 포기하지 않고 오히려 그것을 더 온전하게 선포한 것임을 믿게 하셨습니다.

하나님은 제자들에게 다시 한번 예수님이 자신의 사랑하고 기뻐하는 아들이라고 말씀하며 제자들에게 믿음을 더하셨습니다(마 3:17 참고). 그리고 "너희는 그의 말을 들으라"라고 하시며 예수님이 앞서 선포하며 가르친 모든 돌이킴과 그에 합당한 열매에 대한 말씀과 십자가에 죽는 메시아에 대한 말씀이 하나님이 주는 것과 같은 권위 있는 것임을 확인해 주셨습니다.

변화산에서 내려온 예수님은 마태복음 17장 14-27절에서 제자들에게 여전히 남아 있는 약한 믿음을 보고 양육하셨습니다. 제자들은 예수님을 향한 믿음이 작아 귀신을 내어 쫓지 못합니다. 하지만, 예수님은 계속해서 이적을 통해 자신이 하나님의 아들임을 계시하고 믿음을 더하여 주셨습니다. 그리고 예수님은 자신을 겨자씨와 같은 메시아로 믿는 믿음을 가지라고 말씀하셨습니다(마 13:31-32 참고). 즉, 자신이 불로 세상을 심판하는 강한 종말론적 메시아의 모습이 아니라 겨자씨와 같이 작고 약한 모습으로 세상에 임하여 사람의 손에 잡혀 십자가에 죽지만 실로 많은 이들에게 생명을 주는 능력 있는 메시아임을 믿으라고 하셨습니다. 그리고 자신을 메시아로 믿는 믿음을 가지고 기도하면 이 산을 저기로 옮길 수 있고 하지 못할 일이 없을 것이라고 선포하셨습니다. 예수님은 성전세를 내기 위해 물고기 입에서 한 세겔을 얻는 이적을 통해 다시 한번 믿음을 더하셨습니다.

강화4: 교회 공동체 강화, 돌이킴에 합당한 자기 낮춤과 섬김의 열매 (18장)

예수님은 네 번째 강화인 마태복음 18장 교회 공동체 강화에서 다시 한번 교회에 돌이킴을 명하셨습니다. 예수님은 예루살렘 종교 지도자들의 거칠어지는 시험과 박해에 맞서면서도 교회 공동체에 돌이킴에 합당한 자기 낮춤과 섬김의 십자가를 명하며 양육에 집중하셨습니다. 먼저 예수님은 마태복음 18장 1-4절에 "하늘나라에서 누가 큰 자입니까?"라고 묻는 제자들에게 "너희가 돌이켜 어린아이처럼 되지 아니하면 하늘나라에 들어갈 수 없다"라고 선포하셨습니다. 그리고 "하늘나라에서는 어린아이처럼 자기를 낮추는 자가 큰 자이다"라고 가르치셨습니다. 이미 제자 공동체이지만 여전히 돌이켜야 할 것이 남아 있습니다.

제자들의 질문과 주님의 대답이 시사하듯 제자들은 하늘나라의 큰 가치인 자기를 낮추어 섬기는 것이 아니라 세상의 큰 가치인 자기를 높여 섬김받으려는 것을 마음에 가지고 있었습니다. 제자들의 몸은 자기 낮춤과 섬김의 십자가를 지기 위해 예루살렘에 올라가는 예수님을 따르고 있지만, 그들의 마음은 자기를 높이고 크게 하여 섬김받으려는 세상의 가치를 따르고 있었습니다. 예수님은 교회의 본질은 어린아이처럼 자기를 낮추어 다른 사람을 섬기는 것임을 일깨워 주셨습니다.

예수님은 마태복음 18장 5-10절에서 돌이킴에 합당하게 자기를 낮추어 섬기는 작은 사람 중 한 영혼도 잃어버리는 것을 원하지 않는다는 것을 강조하셨습니다. 예수님은 작은 사람을 자신과 같이 여기라고 말할 정도로 소중히 여기십니다. 예수님은 만일 이 작은 사람을 넘어지게 하거나 그들 중 죄를 짓는 사람이 있다면 큰 심판을 당할 것이라고 하며 보호하십니다. 그리고 잃어버린 한 마리 양의 비유를 통해 교회를 구성하는 이 작은 자들, 즉 자기를 낮추어 섬기는 작은 자 중 하나라도 잃어버리면 모든 것을 포기하고 그를 다시 찾아 나설 만큼 자기 낮춤과 섬김의 열매를 중요하게 여긴다는 것을 보여줍니다(마 18:12-14).

이후 예수님은 마태복음 18장 15-35절에서 교회에 죄를 범한 자매나 형제가 있다면 교회가 그를 돌이키고 용서하도록 구체적인 방법을 가르치셨습니다. 돌이킴에 합당한 자기 낮춤과 섬김의 열매를 명하고 그 구체적인 예로 죄지은 형제자매에게 높은 마음을 품지 말고 자기를 낮추어 섬기는 마음으로 그들의 지은 죄를 무한히 용서하여 돌이키라고 명하셨습니다. 그리고 예수님은 교회가 두세 사람이 모여 죄인을 묶고 풀 수 있도록 하나님께 구하면 그 일을 이룰 수 있다고 하셨습니다.

또한, 예수님은 하늘 아버지의 무한한 용서를 받은 교회가 죄를 범하고 돌이키는 자매나 형제가 있다면 그들을 긍휼히 여

겨 마음으로부터 용서하는 것이 합당하다고 가르치셨습니다
(마 18:18-22). 마지막으로 예수님은 일만 달란트 탕감 받은 종의
비유를 통해 하나님께 큰 죄를 용서를 받는 교인이 돌이키는 형
제 자매의 작은 죄를 용서하는 것이 합당하다고 하셨습니다(마
18:22-35).

서사4: 자기 낮춤과 섬김의 열매 반복 선포, 십자가를 지기
위한 예루살렘 입성 (19-22장)

마태복음 19-22장에서 예수님은 본격적으로 십자가를 지기
위해 예루살렘을 향해 올라가셨습니다. 그리고 교회 공동체에
어린아이처럼 자기를 낮추어 섬기는 열매를 맺을 것을 반복해
서 선포하셨습니다. 한편, 패역한 이스라엘의 박해와 핍박도 여
전했습니다.

마태복음 19장 1-12절에서 예수님은 자신을 시험하고자 나
온 바리새인에게 간음 외의 이유로 아내를 버리는 것이 옳지 않
음을 지적하며 돌이켜야 할 악한 관습을 책망하셨습니다. 이
후 자신에게 나오는 어린아이들을 금하지 않게 하고 다시 한
번 어린아이들이 하늘나라에 들어갈 것을 말씀하셨습니다(마
19:13-15). 이는 앞서 선포한 어린아이처럼 자기를 낮추어 섬기
는 자들이 하늘나라에 들어갈 것이라는 말씀을 떠올리게 합니

다. 즉, 크고 강한 남자들이 작고 약한 여인들을 업신여기며 옳지 않은 이유로 버리는 것에서 돌이켜, 어린아이처럼 자기를 낮추어 약한 이들을 섬기는 것이 합당하다는 메시지를 줍니다.

예수님은 마태복음 19장 16-30절에서 무엇을 행해야 영생을 얻을 수 있는지 묻는 부자 청년을 만났습니다. 예수님은 "율법을 지키고 그에 더하여 가진 것을 팔아 가난한 자들에게 나누어 주고 (돌이켜) 나를 따르라"라고 하셨습니다. 그러나 그는 자신을 크고 높게 해주는 많은 재물에서 예수님께 돌이키기를 거부하고 떠나갑니다. 이 부자 청년의 모습은 돌이켜 나를 따르라는 동일한 부름에 가진 모든 것을 뒤로하고 예수님을 따라나선 제자들의 모습과 상반됩니다(마 4:17-23 참고).

이 부자 청년 이야기는 예수님이 어린아이를 안수하고 하늘나라가 이와 같은 자들의 것이라고 하신 말씀 뒤에 위치합니다. 이는 많은 재물로 크고 높은 자리에 있는 이 부자 청년이 재물을 팔고 어린아이처럼 자기를 낮추어 섬기는 것이 옳다는 것을 의미합니다. 또한 예수님은 부자 청년 이야기 단락을 마무리하며 "먼저 된 자로서 나중 되고 나중 된 자로서 먼저 될 자가 많으니라"라고 말씀하시며 지금 크고 높은 자가 자기를 낮추어 섬기지 않으면 나중 되고 지금 자기를 낮추어 섬기는 자는 먼저가 될 것이라고 하셨습니다. 이를 통해 돌이킴에 합당한 자기 낮춤과 섬김의 열매를 강조합니다.

예수님은 마태복음 20장 1-16절에서 포도원 품꾼 비유를 베풉니다. 마태복음 20장 16절에서 "먼저 된 자로서 나중 되고 나중 된 자로서 먼저 될 자가 많으니라"라는 말씀으로 비유를 마칩니다. 이는 이 비유가 자기 낮춤과 섬김으로의 돌이킴을 재차 강조하는 것임을 보여줍니다. 먼저 온 품꾼들은 나중에 온 품꾼들보다 더 많이 받고자 합니다. 그러나 예수님은 먼저 되고자 하는 자가 자기를 낮추어 섬기는 마음으로 나중에 온 품꾼들을 긍휼히 여겨 동일한 임금을 받는 것을 좋게 여기는 것이 옳다고 하셨습니다.

예수님은 마태복음 20장 17-19절에서 세 번째로 자기 낮춤과 섬김의 십자가 죽음과 부활을 예언하셨습니다. 이어지는 마태복음 20장 20-28절은 큰 자, 먼저 된 자, 으뜸인 자, 예수님 좌우편 높은 자리에 앉는 자가 되겠다고 서로 싸우는 교회 공동체 이야기를 기록합니다. 예수님은 마태복음 16장 21절부터 자신이 자기 낮춤과 섬김의 십자가를 지고 죽을 것을 반복해서 말씀하셨고 제자들이 자신의 십자가를 지고 돌이킴에 합당한 자기 낮춤과 섬김의 열매를 맺을 것을 가르치셨습니다. 하지만 제자들은 여전히 세상의 가치를 따라 자기를 높이고 크게 하며 섬김을 받고자 하는 악한 모습을 보여줍니다.

예수님은 그들에게 "너희 중에 누구든지 크고자 하는 자는 너희를 섬기는 자가 되고, 너희 중에 누구든지 으뜸이 되고자 하는 자는 너희의 종이 되어야 하리라(마 20:26-27)"라고 하시며 다시 한번 돌이킴에 합당한 자기 낮춤과 섬김의 열매를 명하셨습니다. 그리고 "자신이 세상에 온 것은 섬김 받으려 함이 아니라 섬기려 함"이라는 것을 밝히며 예수님을 따르는 제자들에게 있어야 할 자기 낮춤과 섬김으로의 돌이킴을 지속해서 강조하셨습니다(마 20:28).

드디어 예수님은 마태복음 21-22장에서 자기 낮춤과 섬김의 십자가를 지기 위해 예루살렘에 입성하셨습니다. 예수님은 예루살렘 왕궁에 입성하며 자기를 낮추어 섬기는 겸손한 왕에 걸맞게 나귀를 타셨습니다(마 21:1-10). 예루살렘에 입성한 예수님은 세상 모든 민족이 죄를 고백하며 돌이키기 위해 기도하는 집으로 만든 성전이 강도의 소굴이 된 것을 보고 한탄하셨습니다(왕상 8:33-36). 예수님은 성전 안의 모든 장사치와 돈 바꾸는 자들을 내어 쫓으며 그것을 온전하게 돌이키려고 하셨습니다.

그러나 예수님은 예루살렘 성전을 열매 없는 무화과 나무로 비유하고 열매 없는 무화과 나무를 뿌리까지 마르게 하는 이적을 통해 열매 없는 예루살렘 성전이 멸망할 것을 예언하셨습니다. 그리고 예루살렘 성전이 멸망함과 동시에 그곳에서 하나님을 만나며 기도하는 시대가 마쳤음을 선언하셨습니다. 그러나 이제는 자신을 그리스도로 믿고 돌이켜 자신을 통해 하나님을 만나고 기도하는 시대가 임했음을 선포하셨습니다(마

21:11-22). 여전히 예수님을 영접하지 않고 돌이킴을 거부하는 패역한 예루살렘 종교 지도자들은 예수님의 권위를 시험하며 그를 핍박했습니다. 그러나 예수님은 세례 요한이 자신을 메시아로 선포한 것을 상기하며 자신이 하나님 아들임을 변호하셨습니다(마 21:23-27).

예수님은 마태복음 21장 28절부터 22장 14절에서 연속되는 세 비유인 두 아들, 포도원 농부, 혼인 잔치 비유로 패역한 이스라엘이 돌이킴을 거부하여 하늘나라에 들어가지 못하는 상황, 세상 모든 민족이 돌이켜 하늘나라 잔치에 들어가는 구원역사, 하늘나라에 들어가기 위해 없어서는 안 되는 돌이킴과 그에 합당한 열매의 필요성을 강조하셨습니다.

① 두 아들 비유 (21:28-32)

첫째 아들은 아버지의 명령에 순종을 약속하지만 순종하지 않습니다. 예수님은 이 첫째 아들을 통해 하나님이 첫째 아들로 부른 이스라엘을 묘사하셨습니다. 반면 둘째 아들은 처음에는 아버지의 말씀에 불순종하지만 나중에는 그 마음과 삶을 돌이켜 순종합니다. 예수님은 이 둘째 아들을 통해 처음에는 하나님을 떠나 범죄했으나 자신의 선포에 돌이키는 죄인과 이방 민족을 묘사하셨습니다.

② 포도원 농부 비유 (21:33-46)

포도원 주인은 열매를 받기 위해 종들과 아들을 보내지만, 농부는 그들을 모두 죽이고 심지어 그 나라를 차지하려 합니다. 이에 주인은 자신이 오는 날 그들이 진멸당할 것을 선포합니다. 그리고 열매를 바칠 만한 다른 농부에게 포도원을 맡깁니다. 예수님은 이 악한 농부들을 통해 하나님의 영광을 가로채고 선지자와 하나님의 아들을 죽이며 돌이키지 않는 패역한 이스라엘을 고발하셨습니다. 그리고 자신이 재림하는 날에 그들을 진멸할 것을 예고하셨습니다. 반면 하나님의 말씀에 순종하는 열매를 맺는 자들이 하늘나라에 들어가 그곳을 다스리게 될 것을 비유로 말씀하셨습니다(마 21:31, 43).

③ 혼인 잔치 비유 (22:1-14)

임금의 혼인 잔치에 먼저 초대받은 무리가 있습니다. 그러나 그들은 각기 자기 일로 인해 혼인 잔치에 들어가기를 거부하고 종들을 잡아 모욕하고 죽입니다. 이에 임금은 그들을 진멸하고 그 동네를 불사릅니다. 예수님은 이를 통해 먼저 하늘나라에 초대 받은 이스라엘이 하늘나라가 임하였으니 돌이키라고 선포하시는 예수님의 부름에 죄악을 돌이키지 않고 하늘나라 생명 잔치에 들어가기를 거부하는 것과 그들이 당할 참혹한 멸망을 묘사하셨습니다.

반면, 임금은 종들을 다시 보내 동서남북 사거리에서 악인이나 선인이나 만나는 누구든지 혼인 잔치에 데려오게 합니다. 예수님은 이를 통해 자신과 사도들이 지난 시간 동서남북의 세상 모든 죄인과 선인에게 하늘나라가 임하였으니 돌이키라고 선포하며 하늘나라 생명 잔치에 초대하는 사역을 묘사하셨습니다. 한편, 임금은 사람들로 가득 찬 잔치에 합당한 예복을 입지 않은 사람을 발견하고 그를 바깥 어두운데 던지게 합니다. 전후 문맥을 볼 때 예수님은 이 사람을 통해 자신이 선포한 대로 하늘나라 생명 잔치에 들어가기 위해 돌이킴과 그에 합당한 순종의 열매가 있어야 한다는 것을 묘사합니다.

이어지는 마태복음 22장 15-46절은 바리새인과 사두개인과 율법사들이 차례로 나와 예수님을 잡아 죽이기 위해 시험하는 장면을 기록합니다. 바리새인은 "가이사에게 세금 바치는 것이 옳습니까?"라고 물으며 예수님을 시험했습니다. 옳다고 하면 예수님을 이스라엘과 하나님을 섬기지 않는 배교자로, 옳지 않다고 하면 로마에 대항하는 반역자로 고발하려고 시험한 것입니다. 예수님은 가이사의 것은 가이사에게 하나님의 것은 하나님께 드리라고 말씀하시며 시험을 이기셨습니다.

사두개인들은 율법의 형수 취수혼의 문제를 들어 부활이 없다고 주장하며 예수님을 시험했습니다. 그러나 예수님은 하늘나라에는 시집가고 장가가는 것이 없다고 말씀하시며 그들이 율법과 하나님의 능력을 알지 못하는 것을 책망하셨습니다. 마지막으로 한 율법사가 예수님에게 가장 큰 계명이 무엇인지를 물으며 시험했습니다. 그러나 예수님은 하나님을 사랑하고 동시에 이웃을 사랑하는 것이 모든 율법과 선지자라고 말씀하시며 시험을 이기셨습니다.

강화5: 마지막 강화 - 돌이켜야 할 예루살렘 지도자들의 일곱 가지 죄와 화, 최후 심판에 대한 가르침, 돌이킴에 합당한 열매를 항상 신실하게 맺는 지혜로 준비하는 재림 (23-25장)

마태복음 23-25장은 마태복음의 다섯 번째 강화인 감람산 강화입니다. 예수님은 앞에서 중점적으로 선포해 온 대로 마지막 강화에서도 자기 낮춤과 섬김으로의 돌이킴을 지속적으로 선포하셨습니다. 예수님은 마태복음 23장 11-12절에서 "너희 중에 큰 자는 너희를 섬기는 자가 되어야 하리라, 누구든지 자기를 높이는 자는 낮아지고 누구든지 자기를 낮추는 자는 높아지리라"라는 선포로 감람산 강화를 시작하셨습니다. 그리고 마태복음 25장 31-46절에서 세상이 작게 여기는 자들을 섬기는 것을 명하며 강화를 마무리하셨습니다. 감람산 강화의 시작과 마지막에 위치한 이 선포는 이 강화의 중심 주제가 세상의 가치를 따라 자기를 높이고 크게 하여 섬김을 받으려는 마음과 삶을 돌이켜 하늘나라와 그 나라의 왕의 가치를 따라 자기를 낮추어 섬기는 열매를 맺는 것임을 보여줍니다.

예수님은 마태복음 23장에서 패역한 이스라엘 종교 지도자들이 돌이켜야 할 일곱 가지 죄와 그에 대한 화(심판)를 선포하셨습니다. 예수님은 마태복음 23장 1-12절에서 그들이 가진 죄악의 본질이 겉으로만 율법을 지키고 자기를 높이며 스스로 모세의 자리에 앉아 다스리며 섬김을 받으려 하는 것이라고 책망하셨습니다. 그리고 돌이켜 자기를 낮추어 섬길 것을 명하셨습니다. 그리고 마태복음 23장 13-39절에서 일곱 가지 구체적인 죄의 목록과 화를 선포하셨습니다. 예수님은 외식함으로 하늘나라 문을 닫는 죄, 교인을 지옥 자식이 되게 하는 죄, 성전의 금과 예물로 맹세한 것만 지키는 죄, 율법의 더 중한 바 정의와 긍휼과 믿음을 버린 죄, 겉은 깨끗이 하나 안은 탐욕, 방탕, 외식, 불법으로 가득한 죄, 선지자들과 의인을 죽인 죄 등을 책망하셨고 그들이 결국 지옥에 들어가는 판결을 받을 것이라고 선포하셨습니다.

예수님은 이어지는 마태복음 24장에서 최후 심판에 대해 가르치셨습니다. 마태복음 24장은 돌이킴을 거부하는 자들에게 임하는 심판에 대한 최종적인 가르침입니다. 특히, 예수님은 이 최후 심판에 시작과 끝이 있을 것을 가르치셨습니다. 먼저 예수님은 마태복음 24장 1-44절에서 세상의 최후 심판이 예루살렘 성전의 무너짐과 함께 시작될 것이라고 선포하셨습니다. 그리고 그 심판이 예수님의 재림과 함께 끝난다는 것과 그날에 있을 환난의 참혹함을 설명하셨습니다. 예수님은 최후 심판과 그 마지막 날 사이에 난리와 난리 소문, 자연재해, 전쟁, 기근, 박해, 거짓 선지자들과 거짓 그리스도의 미혹이 있을 것을 경고하셨습니다. 그러나 그 마지막 날은 아무도 모르고 아버지만 안다고 선포하며 항상 깨어 그날을 준비하라고 명하셨습니다.

예수님은 마태복음 24장 45절부터 25장 46절까지 세 비유(신실하고 지혜 있는 종, 열 처녀, 달란트 비유)를 통해 재림과 그날에 임할 최후 심판을 깨어 준비하도록 가르치셨습니다. 예수님은 신실하고 지혜 있는 종이 있어 주인이 떠나고 돌아오기까지 집안 사람들에게 때에 따라 항상 양식을 나눠 주는 비유를 말씀하셨습니다. 예수님은 이 종의 모습을 통해 제자들에게 자신이 떠나고 돌아오기까지 돌이킴과 그에 합당한 열매에 대한 말씀에 항상 순종하고 있을 것을 명하셨습니다.

예수님은 슬기로운 다섯 여인이 기름을 가져가 꺼지지 않는 빛을 준비하여 언제 올지 모르는 신랑을 맞이하는 지혜를 비유로 말씀하셨습니다. 그리고 그 지혜로운 여인과 같이 재림의 날이 언제인지 모르니 돌이킴에 합당한 열매에 대한 말씀을 항상 행하여 주님이 오시는 날 신실한 종으로 발견되는 지혜를 가르치셨습니다.

예수님은 타국으로 떠나는 주인이 주고 가는 달란트로 같은 양의 달란트를 남기는 신실한 종의 모습을 비유로 말씀하셨습니다. 그 모습을 통해 주님이 하늘로 떠나며 주고 가는 십자가의 자기 낮춤과 섬김의 사랑과 같은 돌이킴에 합당한 자기 낮춤과 섬김의 열매를 남기는 신실함을 명하셨습니다.

예수님은 마태복음 25장 31-46절에서 마지막 강화를 마무리하며 양과 염소의 비유를 말씀하셨습니다. 예수님은 자기를 낮추어 이 땅의 작고 약하고 도움이 필요한 자들인 주린 자, 목마른 자, 나그네 된 자, 헐벗은 자, 병든 자, 옥에 갇힌 자들을 섬기는 의인을 양으로, 그렇지 않은 악인을 염소로 비유하셨습니다. 이를 통해 돌이킴에 합당한 열매를 신실하게(충성스럽게) 맺는 지혜로 최후 심판과 재림을 준비하라고 명하셨습니다.

서사5: 돌이킨 제자들을 대속하기 위한 십자가 죽음과 부활 (26-28장)

마태복음 26-27장은 예수님이 돌이켜 자신을 따르는 많은 사람을 위한 대속제물로 십자가에 죽는 일을 기록합니다. 그 일은 마태복음 26장 1-13절에서 한 여인이 십자가에 대속제물로 달리게 될 예수님의 몸에 값비싼 향유 한 옥합을 붓는 일로 시작합니다. 예수님의 몸은 흉악한 죄인이 달리는 세상에서 가장 낮고 천한 십자가에 가장 보잘것없고 가치 없는 것으로 달리게 됩니다. 그러나 여인이 예수님의 몸에 붓는 값비싼 향유는 십자가에 달리게 될 그 몸이 세상을 구원하는 자기 낮춤과 섬김의 고결한 가치가 있음을 알려줍니다.

이후 예수님은 마태복음 26장 14-29절에서 제자들과 함께 유월절 식사를 하셨습니다. 예수님은 제자들에게 빵과 포도주를 나누시면서, 자신의 몸과 피가 죄를 사하고 영생을 주는 생명의 양식이라고 하셨습니다. 그리고 예수님은 가룟 유다가 자신을 팔 것과 베드로가 자신을 세번 부인하고 제자들이 자신을 버릴 것도 예언하셨습니다(마 26:30-35). 이후 예수님은 십자가 죽음을 앞에 두고 겟세마네 동산에서 오직 아버지의 뜻이 이루어지기를 기도하셨습니다(마 26:36-46).

예수님은 가야바에게 심문받고 조롱과 수난을 당하셨습니다. 이때 베드로를 비롯한 다른 제자들도 모두 예수님을 버리고 도망쳤습니다(마 26:47-75). 예수님은 제자들에게 자신을 시인하고 자신을 위해 목숨을 잃는 것이 옳다고 가르쳤지만 제자들은 주님을 부인하고 자기 목숨을 더 중하게 여기며 합당한 열매를 맺지 못했습니다(마 10:38-39; 16:24-26 참고).

예수님은 마태복음 27장에서 빌라도에게 심문받은 후에 로마 병사들에게 넘겨졌습니다. 예수님은 로마 병사들에게 희롱 당하고 채찍에 맞은 후 십자가를 지고 골고다에 오르셨습니다. 그리고 돌이킴에 합당한 열매 맺는 많은 사람을 위한 대속 제물로 십자가에 달려 죽으셨습니다. 예수님의 죽음에 성소 휘장이 찢어지고 땅이 진동하고 바위가 터지고 무덤들이 열려 자던 성도들이 일어나는 표적이 나타났습니다. 예수님을 못 박아 죽이고 그 곁을 지키던 로마 백부장과 군사들이 이 모든 표적을 보고 두려워하며 예수님을 하나님의 아들로 고백했습니다. 이후 아리마대 요셉은 죽임당한 예수님의 몸을 무덤에 장사했습니다.

그러나 예수님은 마태복음 28장에서 죽음을 이기고 부활하셨습니다. 하나님은 예수님을 다시 살리셨습니다. 예수님은 하나님의 모든 뜻에 순종한 의인이고 하나님의 아들이기 때문에 죄인의 자리인 죽음과 무덤에 더이상 머무를 수 없었습니다. 예수님은 아버지의 뜻대로 자기 목숨을 대속 제물로 내어 주어 자기 낮춤과 섬김의 의를 행하여 해와 같이 빛나는 영광을 얻으셨습니다. 부활한 예수님은 하늘과 땅의 모든 권세를 받아 통치자(왕)로 하늘 보좌에 앉아 다스리고 계십니다. 하나님의 뜻과 하늘나라의 큰 가치를 좇아 모든 마음과 삶으로 자기를 낮추어 섬기는 십자가의 열매를 지신 주님이 부활한 것은 그를 본받아 자기 낮춤과 섬김의 열매 맺는 모든 돌이킨 자들이 약속대로 부활하여 하늘에 오를 것을 미리 보여줍니다.

결론: 지상명령 - 하늘에서 제자들과 항상 함께하며 모든 민족을 돌이켜 제자 삼는 예수님 (28:18-20)

예수님은 마태복음 28장 18-20절에서 하늘에 오르며 제자들에게 마지막 지상명령을 주십니다. 예수님은 세상 모든 민족에게 가서 아버지와 아들과 성령의 이름으로 세례를 주고 분부한 모든 것을 가르쳐 지키게 하여 제자를 삼으라고 명하셨습니다. 이 명령은 예수님이 지난 시간 세상 모든 민족을 돌이키고 자신을 따르는 제자 삼아 그에 합당한 열매를 가르쳐 지키게 하신 사역과 그 본질이 같습니다. 즉, 예수님은 지상명령으로 자신이 펼쳐온 돌이킴 사역을 제자들이 이어가게 하신 것입니다. 이어 예수님은 세상 끝 날까지 그들과 함께 있겠다고 약속하셨습니다. 이 약속은 단순히 예수님이 제자들과 함께 있겠다는 것이 아닙니다. 예수님이 세상 모든 민족에게 나아가는 제자들과 함께하여 그들을 통해 모든 민족을 돌이켜 제자를 삼고 자신이 분부한 돌이킴에 합당한 열매를 가르쳐 지키게 하는 사역을 이어가겠다고 하신 것입니다. 예수님은 이 땅에서와 마찬가지로 하늘에서도 돌이킴을 선포하고 그에 합당한 열매를 가르치며 모든 민족을 제자 삼는 사역을 멈추지 않으십니다.

3부
돌이킴에 합당한 열매

1부에서는 돌이킴의 의미를 확인하고 그에 합당한 열매의 대략적인 내용을 확인해 보았습니다. 예수님이 명하는 돌이킴과 그에 합당한 열매는 한 사람의 모든 마음과 그에 따른 삶을 이전에 즐기던 죄에서 하나님의 말씀이 가르치는 의로, 사탄을 섬기던 것에서 하나님을 섬기는 것으로, 세상에 속해 살던 것을 하늘나라에 속해 사는 것으로 돌이키는 것이라고 확인했습니다.

2부에서는 예수님이 하늘나라의 도래에 따른 돌이킴을 전파하고 그에 합당한 열매를 가르치며 죄인을 돌이켜 구원하는 사역을 중점으로 펼치셨다는 것을 확인했습니다. 이를 통해 예수님이 명하는 돌이킴의 의미와 그에 합당한 열매의 대략적인 내용을 확인하고 이를 중심으로 펼치는 공생애 사역의 큰 그림을 그려 보았습니다. 더불어, 돌이킴을 중심으로 전개되는 마태복음의 큰 줄거리도 확인해 보았습니다.

이제 3부에서는 돌이킴에 합당한 열매에 대해 자세히 살펴볼 것입니다. 세례 요한이 먼저 돌이키라 전파하며 그에 합당한 열매를 맺으라고 명했습니다(마 3:8). 그러나 그는 돌이킴에 합당한 열매에 대해 자세히 가르치지 않았습니다. 예수님은 세례 요한을 이어 마태복음 4장 17절부터 돌이키라고 전파하셨습니다. 그리고 공생애 사역에서 돌이킴에 합당한 열매에 대해 자세히 가르칩니다. 예수님은 "돌이키라"라는 외침이 공허한 것이 되지 않도록 돌이켜 나와야 하는 죄악과 돌이켜 들어가야 할 합당한 열매를 구체적으로 가르치셨습니다.

3부에서는 본문의 순서에 따라 예수님이 가르치시는 돌이킴에 합당한 제자도의 열매, 더 나은 의의 열매(5-7장, 산상수훈), 생명을 드리는 선교의 열매(10장, 파송 강화), 자기 낮춤과 섬김의 열매(18장, 공동체 강화), 지혜와 충성의 열매(23-25장, 감람산 강화)를 살펴보겠습니다.

7. 제자도의 열매

이때부터 예수께서 비로소 전파하여 이르시되 회개하라 천국이 가까이 왔느니라 하시더라 갈릴리 해변에 다니시다가 두 형제 곧 베드로라 하는 시몬과 그의 형제 안드레가 바다에 그물 던지는 것을 보시니 그들은 어부라 말씀하시되 나를 따라오라 내가 너희를 사람을 낚는 어부가 되게 하리라 하시니 그들이 곧 그물을 버려두고 예수를 따르니라 (마 4:17-20)

예수님이 돌이킴에 합당한 열매로 가장 먼저 가르치는 것은 제자도입니다. 마태복음 4장 17-22절이 잘 보여주듯이 예수님은 돌이키라고 전파하기 시작하자마자 베드로, 안드레, 야고보, 요한을 직접 찾아가 "나를 따르라"라고 하셨습니다. 즉, 예수님은 돌이킨 자들이 자신을 따르는 제자가 되는 것이 그 열매라고 하셨습니다.

예수님이 돌이킴에 합당한 첫 번째 열매로 제자도를 명하는 것은 성경이 말하는 돌이킴의 정의와 일치합니다. 1장에서 살펴보았듯이, 성경이 말하는 돌이킴은 과거에 따르던 모든 것에서 돌이켜 예수님의 제자가 되는 것입니다.[1] 돌이킴은 "한 사람에게 대한 전념/헌신과 관련한 것"입니다.[2] 예수님이 "돌이키라"라고 외치신 것은 자신을 따르는 제자가 되라고 부르신 것입니다.

예수님은 마태복음 4장 17-22절을 시작으로 마태복음 전반에 걸쳐 돌이킴에 합당한 열매로서 제자도를 가르치셨습니다. 이번 장에서는 먼저 제자도의 정확한 의미인 밀착의 제자도를 간략히 설명할 것입니다. 그리고 마태복음 4장 17-22절을 시작으로 본문의 순서에 따라 제자도의 가르침과 모습을 살펴볼 것입니다. 이번 장을 통해 예수님을 따르는 제자가 되는 일에 한 걸음 더 나아갈 수 있을 것입니다.

---

1 Strecker, *Theology of the New Testament*, 407.

2 Silva, *New International Dictionary*, 3:29091. Schnelle, *Theology of the New Testament*, 423.

돌이킴에 합당한 열매: 예수님께 밀착하는 제자도

제자도의 정확한 의미는 무엇일까요? 1세기 당시 문화에서 스승과 그를 따르는 제자의 관계는 지식을 전달하는 선생-학생 혹은 대가(master)-학습자의 관계를 넘어섭니다. 오히려 대가와 그를 따르는 제자 사이의 뗄 수 없는 밀착(adherence)을 의미합니다.[3] 이 "밀착"은 제자가 스승이 가진 마음, 인격, 삶, 기술 등의 모든 것에 밀착하는 것을 의미합니다. 다시 말해, 제자가 스승의 모든 것에 완전히 밀착하여 동일한 마음, 인격, 삶, 기술 등을 소유하는 것입니다. 이는 제자가 스승을 닮거나 본받는다는 개념보다 훨씬 강합니다.

그러므로 예수님이 사셨던 1세기 당시의 관습과 정의에 따르면 예수님이 "돌이켜 나를 따르라"라고 명하는 것은 "이전에 밀착했던 모든 것에서 돌이켜 나(예수님)의 모든 것에 밀착하라"라고 명하는 것입니다. 즉, 예수님과 뗄 수 없는 밀착된 관계 속에서 그의 마음, 인격, 삶, 지식, 행위, 성품 등을 포함하는 그의 존재 전체에 완전히 밀착하여 동일한 것을 소유하는 것입니다.

예를 들어, 예수님은 마태복음 12장 49-50절에서 자신과 자

---

3 Wilkins, *Discipleship in the Ancient World and Matthew's Gospel.*

신을 따르는 제자들의 이 밀착한 관계는 가족과 같은 관계라고
묘사하셨습니다.

> 손을 내밀어 제자들을 가리켜 이르시되 나의 어머니와 나
> 의 동생들을 보라 누구든지 하늘에 계신 내 아버지의 뜻
> 대로 하는 자가 내 형제요 자매요 어머니이니라 하시더라
> (마 12:49-50)

예수님은 제자들이 내 형제요 자매요 어머니라고 하셨습니
다. 예수님과 제자들의 관계가 이 세상 그 누구보다 밀착한 관
계를 갖는 가족으로 묘사됩니다. 한 가족의 구성원들은 평생
을 함께 살며 뗄 수 없는 밀착된 관계를 형성합니다. 가족은 많
은 시간을 같은 공간과 같은 시간에 머물며 육체적이고 인격적
으로 서로에게 깊은 영향을 주며 알게 모르게 상당히 깊은 밀착
관계를 형성하며 살아갑니다. 그러므로 밀착한 가족은 서로가
서로에게 지우기 힘든 영향을 주고 서로 닮아 가며 마음, 인격,
삶, 행위, 기술 등에서 밀착합니다. 예수님은 자신과 제자들의
관계도 이와 같은 밀착된 관계라고 하셨습니다.

특히, 예수님은 가족과 같은 밀착한 관계를 갖는 제자들을
"하늘에 계신 내 아버지의 뜻대로 하는 자"라고 하셨습니다. 예
수님이 먼저 하늘에 계신 아버지의 뜻대로 하는 아들이 되십니
다. 그리고 자신을 따르는 제자들도 동일하게 하늘 아버지의 뜻

대로 하는 아들이 됩니다. 하나님의 아들 예수님은 아버지 하나
님의 뜻대로 이 땅에 내려와 자기 목숨을 많은 사람을 위한 대
속 제물로 십자가에 내어줍니다. 그리고 돌이켜 자기를 따르는
제자들도 자신과 같이 하나님 아버지의 뜻대로 자기 십자가를
지라고 하셨습니다(마 16:24-25).

무엇보다 예수님은 제자들과 세상 끝날까지 항상 함께하신
다고 약속하셨습니다. 예수님은 공생애 사역 기간에 자신을 따
르는 제자들과 항상 함께하셨습니다. 예수님은 그들과 가족과
같은 밀착 관계를 유지하셨습니다. 그들에게 하늘나라의 신비
를 보이시고 하나님의 말씀을 가르치며 몸소 실천하여 보여주
셨습니다. 예수님은 하늘에 오르시면서도 세상 끝 날까지 제자
들과 함께 할 것이라고 약속하셨습니다. 예수님이 땅에서도 하
늘에서도 자신을 따르는 제자들과 밀착 관계를 갖는다는 의미
입니다.

제자도에 대한 여러 가르침

돌이킴에 합당한 밀착하는 제자도의 시작: 마태복음4:17-22

예수님은 마태복음 4장 17절부터 돌이키라고 선포하셨습니
다. 그리고 마태복음 4장 18-22절에서 물고기를 잡고 있는 베

드로, 안드레, 야고보, 요한에게 "나를 따르라"라고 하셨습니다. 예수님은 "돌이키라"라는 명령과 "나를 따르라"라는 명령을 긴밀히 연결하여 "돌이켜 나를 따르라"라는 아주 특별한 부르심을 완성하셨습니다. 전에 밀착하여 따르던 모든 것에서 돌이켜 자신에게 밀착하여 따르는 제자가 되라고 명하신 것입니다. 즉, 이전에 제자되어 따르거나 밀착되어 있던 거짓 선생, 사탄, 그들이 가르치는 죄, 불의, 세상, 재물, 우상 등에서 돌이켜, 참 선생이며 하나님의 아들인 자신과 자신이 가르치는 의, 하늘나라, 하나님과 그의 말씀에 밀착하여 따르라고 선포하는 것입니다.

"돌이켜 나를 따르라"라는 부름에 네 사람은 인생의 모든 것이라고 할 수 있는 아버지와 배와 그물을 버리고 돌이켜 예수님을 따라 나섭니다. 예수님의 부름에 이들이 즉시 돌이켜 모든 것을 뒤로 하고 그를 따라 나서는 모습은 한 사람의 모든 마음과 삶을 완전히 돌이키는 것을 극적으로 보여줍니다. 예수님은 그들을 사람을 낚는 어부가 되게 하겠다고 말씀하셨습니다. 이는 물고기를 낚으며 살던 제자들의 인생이 이제는 예수님께 완전히 돌이켜지고 밀착하여 그와 같이 사람을 구원하는 열매 맺는 삶을 살게 되는 것을 보여줍니다(마 10장; 28:18-20 참고). 무엇보다 이 장면은 돌이킴이 과거의 죄에 수치심을 느끼거나 뉘우치는 부정적인 것이 아님을 보여줍니다. 오히려 한 사람의 모든 마음과 삶을 예수님께 돌이켜 따르는 긍정적인 의미임을 보여쭙니다.

예수님은 공생애 사역을 시작하는 첫 장면부터 돌이킴과 밀착의 제자도를 말씀하셨습니다. 이를 통해 자신이 이 세상에 온 이유를 보여주고 앞으로 중점적으로 펼칠 사역의 주제를 선포하십니다. 예수님은 이 선포를 시작으로 마태복음 전체에서 사람들을 돌이키며 자신에게 밀착하는 제자 삼는 일을 이루어 갑니다.

제자도의 아홉 가지 열매 (마 5:3-12)

> 예수께서 무리를 보시고 산에 올라가 앉으시니 제자들이
> 나아온지라 입을 열어 가르쳐 이르시되 (마 5:1-2)

예수님이 돌이켜 제자 삼는 사역에서 가장 중요하게 생각하는 부분은 입을 열어 제자들을 가르치는 일이었습니다(마 7:29; 9:35; 11:1; 13:54; 21:23; 28:20). 예수님은 먼저 마태복음 5장 3-16절에서 아홉 가지 돌이킴에 합당한 제자도의 열매와 그들이 받는 복을 가르칩니다. 이 말씀은 팔복이라는 이름으로 잘 알려진 말씀입니다. 이 아홉 가지 제자도의 열매는 모두 선생이신 예수님의 성품이고 그에 따른 삶의 모습입니다. 그리고 그들이 받는 아홉 가지 복은 하늘 나라에 들어가는 구원을 의미합니다.

① 심령이 가난한 자는 복이 있나니
　천국이 그들의 것임이요 (마 5:3)

　　예수님에게 돌이킨 제자들은 그 심령이 가난함을 열매로 맺습니다. 이는 그 심령과 그에 따른 삶에 세상 나라와 세상의 자랑과 재물 등이 없어 가난하다는 것을 의미합니다. 왜냐하면 그들은 세상나라와 그 모든 것에서 돌이켰기 때문입니다. 그들의 심령과 삶에는 더 이상 세상이 없고 그와 반대되는 하늘나라로 충만합니다. 그들은 이 돌이킴으로 세상 나라 대신에 영원한 생명과 안식이 있는 하늘나라를 받게 됩니다. 그러므로 돌이킨 제자는 세상에 대해서는 가난하고, 하늘나라에 대해서는 부요한 복을 받은 자입니다.

② 애통하는 자는 복이 있나니
　그들이 위로를 받을 것임이요 (마 5:4)

　　예수님에게 돌이킨 제자들은 애통하는 열매를 맺습니다. 성경에서 "애통하다"라는 것은 대부분 죄를 뉘우치고 하나님께 돌이키는 사람들이 나타내는 외적 · 내적 표현입니다(사 22:12; 61:1-2; 욜 1:2; 2:12, 13; 약 4:8-10 등). 마태복음 11장 21절에서 예수님은 사람들이 죄로 애통해하며 베옷을 입고 재에 앉아 돌이키는 것을 기대한다고 하셨습니다. 또한, "애통하다"에 해당하는 헬라어 펜쎄오(πενθέω)는 "애통함으로 부르짖어 기도하다", "애통함으로 간구하다"라는 의미입니다. 즉, 이 말씀은 예수님께 돌이켜 그를 따르기 시작하는 제자는 그에 합당하게 과거의 잘못과 죄악을 애통해하며 뉘우치고 용서를 간구하는 것을 의미합니다.

예수님은 돌이켜 그에 합당하게 애통해하며 죄 용서를 간구하는 제자들이 죄 사함을 받아 위로를 복으로 얻을 것이라고 선포하셨습니다. "위로를 얻다"라고 번역된 헬라어 단어 파라칼레오(παρακαλέω)는 "기도하다", "간구하다"라는 의미입니다. 여기에서는 수동태로 쓰여 "기도의 응답을 얻다", "기도의 응답을 얻어 안위를 얻다"라는 의미입니다. 즉, 예수님은 과거에 지은 죄를 애통해하며 용서를 간구하는 자는 죄 사함과 구원과 영생을 그 간구의 응답으로 얻을 것이라고 말씀하십니다. 이 죄 사함의 기도 응답을 받은 상태를 안위를 얻은 것이라고 말할 수 있을 것입니다. 예수님에게 돌이킨 제자는 지은 죄를 애통해하며 용서를 구하고 죄 사함을 얻어 안위를 누리며 죄를 멀리하고 의를 가까이 하는 열매를 맺습니다.

③ 온유한 자(자기를 낮추는 자)는 복이 있나니

　그들이 땅을 기업으로 받을 것임이요 (마 5:5)

　　예수님에게 돌이킨 제자들은 자기를 낮추는 열매를 맺습니다. "온유한 자"라고 번역된 헬라어 프라위스(πραΰς)는 가난한, 낮춤, 겸손을 의미하는 단어입니다.[4] 마태복음 21장 5절에서 이 단어는 "겸손한"이라고 번역되어 쓰입니다. 이는 하늘나라 왕이면서 자기를 낮추어 겸손하고 가난하게 나귀를 타고 예루살렘에 입성하는 예수님을 묘사합니다. 예수님은 제자들이 자기를 낮추고 겸손히 섬기며 재물을 나누어 가난하게 되는 착한 열매를 맺는다고 가르치십니다. 그들은 이 땅에서는 자기를 낮추어 가난하지만, 하늘나라에서는 땅을 기업으로 얻은, 진실로 복이 있는 사람입니다(마 19:27-29 참고).

4　Davies & Allison, *Matthew* 1-7. 449. 가난함과 겸손함/낮음은 같은 의미라고 말한다. 심령이 가난함과 마음이 낮고 겸허한 것은 다르지 않다.

④ 의에 주리고 목마른 자는 복이 있나니

그들이 배부를 것임이요 (마 5:6)

예수님은, 돌이켜 자신을 따르는 제자는 의를 추구하는 열매를 맺는다고 가르쳐주셨습니다. "의"는 "옳은 것"을 의미합니다. 그리고 "옳은 것"은 항상 옳고 바른 하나님의 모든 말씀을 가리킵니다. 의를 구하는 제자는 항상 옳은 하나님의 말씀을 마음에 새기고 행하는 자들입니다. 예수님은 그들이 의로 배부르게 될 것이기 때문에 복이 있다고 선포하셨습니다. 이는 그들이 많은 의를 열매로 맺고 장차 의로 가득한 하늘에서 그것을 충만히 누리며 살게 된다는 것을 의미합니다.

⑤ 긍휼히 여기는 자는 복이 있나니

그들이 긍휼히 여김을 받을 것임이요 (마 5:7)

예수님에게 돌이킨 제자들은 긍휼히 여기는 열매를 맺습니다. 성경에서 "긍휼히 여기는 것"은 대부분 죄지은 자가 의로 돌이킬 때 그를 긍휼히 여겨 용서하는 것을 의미합니다(욜 1장). 예수님은 여러 죄인과 세리를 긍휼히 여겨 용서하시고 그들을 제자 삼아 함께 다니셨습니다(마 9:13; 9:27; 15:22; 17:15; 18:33-35; 20:30, 31; 롬 11:30-33; 딤전 1:13, 16; 벧전 2:10). 제자들은 긍휼히 여김을 받아 죄 사함을 얻고 하늘나라에 들어갑니다. 그러므로 다른 이를 긍휼히 여겨 죄를 용서해주는 열매를 맺는 것이 합당합니다.

참고로 "긍휼히 여기다"라는 헬라어 동사 엘레에오(ἐλεέω)의 명사형인 엘레에모수네(ἐλεημοσύνη)는 "구제"를 의미합니다. 이는 "긍휼히 여기는 자"가 형제자매의 죄를 용서해 줄 뿐만 아니라 더 넓은 의미에서 가난한 자들을 구제할 수 있다는 것도 보여줍니다. 제자는 예수님의 모든 것에 밀착합니다. 그들은 긍휼히 여겨 주시는 예수님께 돌이켜 죄 사함을 받고 먹을 것 마실 것 입을 것을 얻습니다. 그리고 예수님과 같이 형제와 자매의 죄를 사해주고 구제하는 긍휼히 여기는 열매를 맺습니다. 긍휼히 여김받는 복을 받고 긍휼히 여기는 열매 맺는 삶을 사는 돌이킨 제자는 진실로 행복한 존재입니다.

⑥ 마음이 청결한 자는 복이 있나니
    그들이 하나님을 볼 것이요 (마 5:8)

예수님에게 돌이킨 제자들은 마음의 청결함을 합당한 열매로 맺습니다. "청결함"은 구약 율법이 정하는 깨끗한 것(정한 것)과 더러운 것(부정한 것)을 배경으로 하는 단어입니다. 예수님이 "마음의 청결함"을 말하는 것은 겉만 깨끗하게 하는 외식하는 악한 이스라엘 사람이 많았기 때문입니다. 예수님은 그 마음은 하나님에게서 멀고 외식으로 율법을 행하여 겉만 깨끗하게 하는 자들의 악한 행태를 겨냥하셨습니다(마 23:23-28). 진정한 하나님의 백성은 예수님께 모든 마음과 삶을 돌이켜 속과 겉의 깨끗함을 열매로 맺는 제자입니다. 그들은 하늘나라에 들어가 그 깨끗한 마음으로 하나님을 보는 큰 복을 받습니다.

⑦ 화평하게 하는 자는 복이 있나니
　 그들이 하나님의 아들이라 일컬음을 받을 것임이요 (마 5:9)

　 예수님은 또한, 돌이켜 자신을 따르는 제자는 평화를 만드는 열매를 맺는다고 가르쳐 주셨습니다. 돌이킨 제자는 죄 사함을 얻고 죄로 인해 깨어졌던 아버지 하나님과 화평케 되어 다시 그의 아들이라 일컬음을 받는 복을 받습니다. 이 큰 화평을 얻은 제자는 너무나 당연하게 화평하게 하는 열매를 맺습니다. 그들은 형제자매와 화목하기를 애쓰며 원수를 사랑하고 오른뺨뿐만 아니라 왼뺨도 돌려대며 평화의 열매를 맺습니다(마 5:21-26, 38-44 등).

⑧ 의를 위해 박해를 받는 자는 복이 있나니
　천국이 그들의 것임이라 (마 5:10)

　　예수님의 제자는 의를 위해 박해를 받는 열매를 맺고, 하늘
나라를 소유하는 구원의 복을 얻습니다. 또한 예수님으로 인해
욕을 듣고 박해를 받고 거짓으로 악한 말을 들을 때 하늘에서
큰 상을 받습니다. 의를 추구하는 삶은 세상이 추구하는 기준에
반하며 반대하는 것이기 때문에 핍박을 당할 수 있습니다. 죄를
돌이키기 원하지 않는 악한 세상은 돌이키라고 전파하시는 예
수님과 제자들을 미워하여 핍박할 수 있습니다. 그럼에도 불구
하고 예수님을 위해 자기 목숨을 잃는 자는 하늘나라에 들어가
영생을 누리며 큰 상을 받을 것입니다(마 10:39; 19:27-29).

⑨ 나로 말미암아 너희를 욕하고 박해하고 거짓으로 모든 악한
　말을 할 때에는 너희에게 복이 있나니 (마 5:11-12)

　　예수님은 제자들이 자신으로 인해 욕, 박해, 거짓으로 악한
말을 듣는 일을 당한다고 가르치셨습니다. 그리고 그로 인해 하
늘에서 큰 상을 축복으로 받을 것이니 기뻐하고 즐거워하라고
선포합니다. 예수님께 돌이켜 그를 따르는 제자의 삶은 세상이
스승 삼아 따르는 모든 악한 가치에 반대하는 길입니다. 그렇

기 때문에 핍박을 당할 수 있습니다. 무엇보다 세상이 싫어하여 배반한 하나님과 그 아들을 따르는 길이기 때문에 욕을 먹고 박해를 당하며 거짓말로 모욕을 당할 수 있습니다. 죄를 돌이키기 원하지 않는 악한 세상이 예수님을 미워하기 때문에 그를 따르는 제자들을 박해하고 핍박하며 비방하는 것은 어찌보면 당연한 것입니다. 그럼에도 불구하고 끝까지 예수님을 따르는 제자는 우리가 상상할 수 없는 큰 상을 받을 것이기 때문에 기쁘고 즐거운 행복한 사람입니다(마 10:39; 19:27-29).

예수님의 멍에를 메는 제자도의 열매 (마 11:28-30)

> 수고하고 무거운 짐 진 자들아 다 내게로 오라 내가 너희를 쉬게 하리라 나는 마음이 온유하고 겸손하니 나의 멍에를 메고 내게 배우라 그리하면 너희 마음이 쉼을 얻으리니 이는 내 멍에는 쉽고 내 짐은 가벼움이라 하시니라
> (마 11:28-30)

예수님은 돌이켜 자신을 따르지 않는 이스라엘 고을들을 보시고는 "수고하고 무거운 짐진 자들아 다 내게로 오라", "나의 멍에를 메고 내게 배우라"라고 선포하셨습니다(마 11:20-30). 이 말씀은 세상에 밀착하여 세상이 지우는 무거운 짐을 지고 수고하며 살던 인생을 돌이켜 이제는 "나의 멍에와 짐", 즉 "하늘나

라의 멍에와 짐을 지고 내게 밀착하여 배우라"라고 하시는 것입니다. 세상이 지우는 멍에와 짐을 지는 것은 세상을 다스리는 사탄과 죄와 죽음이 구하는 불의, 재물, 명예, 권세 등의 헛된 것들을 얻기 위해 힘쓰고 고통스럽게 살아가는 것을 의미합니다. 많은 죄인은 사탄이 지우는 욕망의 멍에를 메고 고통당하며 죽음을 향해 가는 삶을 살아갑니다.

그러나 예수님의 멍에를 메는 것은 세상에서 지던 멍에와 완전히 반대되는 것입니다. 예수님의 멍에는 정확히 무엇일까요? 그것은 예수님이 앞서 선포하며 가르치신 돌이킴에 합당한 열매에 대한 모든 말씀입니다. 즉, 하늘나라의 의를 위해 수고하고, 재물을 나누어 필요한 자들에게 주고, 자기를 낮추며, 군림하는 것이 아니라 섬기는 멍에와 짐을 지는 것입니다.

예수님은 돌이켜 자신의 멍에를 지고 따르는 자들에게 "내가 너희를 쉬게 하리라", "너희 마음이 쉼을 얻으리라"라고 약속하셨습니다. 여기서 "마음"이라 번역된 헬라어 프쉬케(ψυχή)는 "영혼", "생기"를 의미하는 단어입니다. 특히, 이 단어는 하나님이 아담을 창조하고 그의 코에 불어 넣은 "생기"를 가리킵니다. 그리고 "쉬게 하리라"라고 말씀하는 헬라어 아나파우오(ἀναπαύω)는 단순한 쉼이 아니라 영혼의 안식을 의미합니다. 즉, "마음이 쉼을 얻으리라"는 말씀은 "생명의 안식", 즉 영생이 있는 하늘나라에서 안식을 누리는 것을 의미합니다. 예수님은 제자에게 영원한 생명을 주어 안식하게 할 것을 약속하신 것입니다. 이 약속은 하나님이 사람을 지으시고 영원한 안식을 얻게 하신 첫 창조 세계를 기억나게 합니다. 즉, 예수님은 돌이킴을 통해 타락한 첫 창조의 회복, 즉 새창조를 이루시겠다고 선포하신 것입니다.

예수님은 두 가지 이유를 더 들어 돌이켜 자신의 멍에를 메는 제자가 되라고 하셨습니다. 먼저, 예수님은 "나는 마음이 온유하고 겸손하다"라고 하셨습니다. "온유하다"라고 번역된 헬라어 프라위스는 "가난한", "자기를 낮추는", "가진 것을 나누는"이라는 의미이고, "겸손하다"라고 번역된 헬라어 타페이노스(ταπεινός)는 "마음을 낮추다", "높은 곳에 마음을 두지 않다"라는 의미입니다. 예수님은 이 말씀을 통해 자신은 '자기를 낮추고 마음을 높은 곳에 두지 않으며 가진 것을 나누어 주고 섬기는' 스승이라고 하셨습니다. 예수님은 수고하고 무거운 짐을 버리고 자신과 같이 자기를 낮추고 마음을 낮은 곳에 두는 것을 배우며 영원한 안식 즉 영생을 얻으라고 하신 것입니다.

두 번째로, 예수님은 "나의 멍에는 쉽고 내 짐은 가볍다"라고 하셨습니다. 예수님의 멍에와 짐은 세상의 멍에와 짐과는 전혀 다른 것입니다. 세상이 지우는 멍에와 짐은 자신을 높이고 더 소유하려 하고 경쟁하여 이기려는 것입니다. 이는 만족이 없고 한없이 고통스럽습니다. 그러나 예수님의 멍에와 짐은 하늘나라의 가치를 따라 자신을 낮추어 가진 것을 나누며 섬기는 것입니다. 이는 다른 사람을 위해 자기를 낮추며 자기 것을 나누어 주기에 점점 더 가볍게 느껴지고 기쁨을 샘솟게 합니다.

사실, "나의 멍에가 쉽다"는 말씀은 "그 멍에가 다른 사람에게 유익하다"라는 것을 의미합니다. "쉽고"라고 번역된 헬라어 크레스토스(χρηστός)는 "유용한", "타인에게 이익이 되는", "좋은", "인자하심" 등을 의미합니다. 로마서 2장 4절과 베드로전서 2장 3절에서는 예수님의 인자하심, 좋으심, 베푸심을 이야기할 때 이 단어를 사용합니다. 즉, 예수님의 멍에가 쉽다는 말은 예수님의 멍에가 다른 사람에게 인자를 베풀어 유익하게 한다는 의미입니다. 이 멍에의 절정은 십자가입니다. 예수님은 십자가의 멍에를 지고 대속제물로 죽어 많은 사람에게 생명 주는 유익을 베풉니다. 그리고 예수님께 돌이켜 그에게 밀착하여 배우는 제자가 그의 멍에를 메는 것은 예수님처럼 자기 십자가를 지고 다른 사람을 유익하게 하는 은혜를 베풀어 생명을 얻게 하는 삶을 살아가는 것을 의미합니다.

또한 예수님은 "내 짐은 가볍다"라고 말씀하셨습니다. 기본적으로 멍에를 메고 짐을 지는 것은 무겁고 고통스러운 일입니다. 아무리 힘이 센 사람이라고 하더라도 결코 쉬운 일이 아닙니다. 더군다나 예수님의 멍에와 짐은 자기 낮춤과 섬김으로 타인을 유익하게 하는 십자가의 멍에이며, 많은 사람의 죄로 인해

당하는 십자가의 고통의 짐입니다. 하지만, 예수님은 이 십자가의 멍에와 죄와 고통의 짐이 가볍다고 하셨습니다. 그 이유는 십자가를 지고 가는 무거움과 고통에 비해 그 끝에 있는 영원한 영광이 더 크고 기쁘기 때문입니다.

이는 예수님을 따라 자기 십자가의 멍에를 메고 가는 제자에게도 마찬가지입니다. 예수님을 따라 자기 십자가의 멍에를 메고 세상에서 잠시 고난을 당하는 것은 그 일이 마친 후에 하늘나라의 영원한 생명과 영광 가운데 들어가는 것에 비하면 비교할 수 없을 만큼 가볍고 쉬운 것입니다. 이는 사도 바울이 말하고 있는 것입니다.

> 우리가 잠시 받는 환난의 경한 것이(가벼운 것이) 지극히 크고 영원한 영광의 중한 것을(무거운 것을) 우리에게 이루려 함이니 (고후 4:17)

목숨을 드리는 제자도의 열매 (마 10:38-39; 16:24-25)

> 또 자기 십자가를 지고 나를 따르지 않는 자도 내게 합당하지 아니하니라 자기 목숨을 얻는 자는 잃을 것이요 나를 위하여 자기 목숨을 잃는 자는 얻으리라 (마 10:38-39)

> 이에 예수께서 제자들에게 이르시되 누구든지 나를 따라오려거든 자기를 부인하고 자기 십자가를 지고 나를 따를

것이니라 누구든지 제 목숨을 구원하고자 하면 잃을 것
이요 누구든지 나를 위하여 제 목숨을 잃으면 찾으리라
(마 16:24-25)

예수님은 이 두 구절에서 제자들은 자기 십자가를 지고 나를 따르며 나를 위해 자기 목숨을 잃고 찾는다고 하셨습니다. 예수님이 자기를 부인하고 자기 십자가를 지고 나를 따라오라고 하는 것은 예수님이 먼저 자기를 부인하고 자기 목숨을 십자가에서 많은 사람을 위한 대속제물로 희생하여 섬기신 길을 따라오라는 것입니다. 십자가를 지신 예수님과 같이 자기를 낮추어 타인을 섬기는 하늘나라의 위대한 가치를 따라 살라는 것입니다. 그리고 예수님에게 내가 욕망하는 무언가를 얻기 위해 따르는 것이 아니라 오히려 자신의 생명까지도 그에게 드리는 완전한 자기 부인과 헌신의 길을 가라는 것입니다.

예수님이 먼저 제자들을 위해 자기를 부인하고 생명을 내어주셨습니다. 즉, 예수님은 자신이 제자들을 사랑하여 십자가에서 생명을 내어주듯이 제자들도 자신을 사랑하여 생명을 내어주어 서로 목숨으로 밀착한 완전히 하나된 관계를 맺자고 하는 것입니다. 예수님과 제자들은 단순히 친밀함을 나누는 관계가 아닙니다. 예수님과 제자는 서로를 위해 생명을 내어주는 사랑으로 묶여 그 무엇도 뗄 수 없는 밀착한 관계입니다.

예수님은 이 말씀을 하시기 직전에 자신보다 아버지, 어머니, 아들, 딸을 더 사랑하는 제자는 합당하지 않다고 하셨습니다(마 10:37). 이 말씀을 오해해서는 안 됩니다. 예수님이 무조건 가족을 버리고 돌이켜 자신을 따르라고 명하는 것이 결코 아닙니다. 이 말씀은 당시 제자들이 예수님을 시인하면 박해를 당하고 목숨을 잃게 되는 상황 가운데에서 하신 말씀입니다. 예수님은 이와 같은 박해 상황에서 가장 가까운 사이인 가족이 제자들을 반대한다고 할지라도 자신을 더 사랑하여 돌이켜 밀착하라고 가르치셨습니다.

제자도의 열매에 달린 영원한 생명 (마 19:16, 21)

> 어떤 사람이 주께 와서 이르되 선생님이여 내가 무슨 선한 일을 하여야 영생을 얻으리이까 … 예수께서 이르시되 네가 온전하고자 할진대 가서 네 소유를 팔아 가난한 자들에게 주라 그리하면 하늘에서 보화가 네게 있으리라 그리고 와서 나를 따르라 하시니 (마 19:16, 21)

한 부자 청년이 예수님께 나아와 "무슨 선한 일을 하여야 영생을 얻으리이까?"라고 질문했습니다. 이에 예수님은 계명을 지키라고 하셨습니다. 청년이 어려서부터 그것들을 다 지켰다고 말하자, 예수님은 "재물을 팔아 가난한 자들에게 나누어 주고 나를 따르라"라고 말씀하셨습니다. 예수님은 부자 청년에게 영생을 얻으려면 재물을 팔아 가난한 사람들에게 나누어주고 자신을 따르는 밀착한 제자가 되라고 하셨습니다. 이는 예수님을 따르는 일에 영원한 생명을 얻는 것이 달려 있음을 잘 보여줍니다. 그러나 안타깝게도 부자 청년은 예수님에게 돌이키지 않았습니다. 그는 재물을 사랑하여 그것을 버리지 못하고 죽음의 길로 돌아갔습니다.

베드로는 이어지는 마태복음 19장 27-30절에서 이 부자 청년과 자신을 대조하며 모든 것을 버리고 주님을 따른 자신이 어떤 상을 받을 것인지 질문합니다. 이에 예수님은 자신의 이름을 위하여 형제, 자매, 부모, 전토를 버린 자들은 여러 배를 받고 영생을 얻을 것이라고 약속하셨습니다. 제자가 되는 것은 재물에게 빼앗겼던 모든 마음과 삶을 예수님과 그가 가르치는 의로 돌이키는 것입니다. 그리고 그 돌이킴에 영원한 생명이 달려 있습니다.

결론

돌이킴에 합당한 열매는 제자의 길로 드러납니다. 그리고 그 길 끝은 하늘나라에 닿아 있습니다. 모든 마음과 인격 그리고 그에 따른 삶의 모든 순간을 예수님에게 돌이켜 밀착하는 것, 예수님을 따르는 것, 예수님에게 나가는 것, 예수님의 제자가 되어 가족보다 더욱 가까이 예수님에게 밀착하는 것에 영원한 생명이 달려 있습니다. 누구든지 예수님에게 돌이켜 그에 합당한 열매 맺는 제자의 길을 가는 사람은 하늘나라에 들어갑니다.

8. 더 나은 의의 열매 (산상수훈)

예수님은 산상수훈을 통해 돌이켜 나와야 할 죄악과 돌이킴에 합당한 좋은 열매를 가르치셨습니다(마 5:17-7:28).[1] 돌이킴에 합당한 열매를 가르치는 산상수훈은 크게 세 부분으로 나누어 볼 수 있습니다.

첫째, 마태복음 5장 17-48절은 여섯 가지 대표적인 구약을

---

1 여러 학자들도 예수님이 돌이키라는 명령으로 공생애 사역을 열고 곧 이어지는 산상수훈에서 돌이킴과 그에 합당한 열매의 목록을 가르친다고 설명합니다. Talbert, *Reading the Sermon on the Mount*, 2006, 143-44. Keener, *Matthew*, 149. Luz, *Matthew 1-7*, 198. France, *The Gospel of Matthew*, 143; Allison, "The Structure of the Sermon on the Mount," 42345.

옳지 않게 해석하고 행하고 있는 바리새인과 서기관의 "부족한 의"를 지적합니다. 그리고 그 말씀 안에 담긴 참되고 깊은 하나님의 뜻을 풀어주며 돌이킴에 합당한 "더 나은 의"를 행하도록 가르칩니다.

둘째, 마태복음 6장 1절-7장 12절은 패역한 이스라엘이 사람에게 보이기 위해 외식으로 율법이 명하는 구제, 기도, 금식, 비판하는 죄를 지적합니다. 그리고 진실한 마음과 행위로 하나님의 말씀에 순종할 것을 돌이킴에 합당한 열매로 가르칩니다.

셋째, 마태복음 7장 13-29절은 돌이킴과 그에 합당한 열매에 대한 모든 말씀을 행하는 자는 구원을 받고 그렇지 않는 자는 참혹한 심판을 당한다는 것을 세 가지 은유와 비유로 묘사하며 강조합니다.

마음과 그에 따른 행위로 맺는 더 나은 의의 열매 (마 5:20-48)

> 내가 너희에게 이르노니 너희 의가 서기관과 바리새인
> 보다 더 낫지 못하면 결코 천국에 들어가지 못하리라 (마
> 5:20)

예수님은 서기관과 바리새인이 마음 없이 외식으로 율법을 행하는 의보다 진실한 마음과 그에 따른 행위로 순종하는 "더

나은 의"를 가르치셨습니다. 그리고 이 열매를 맺는 제자는 하늘나라에 들어가고 그렇지 않고 여전히 죄와 외식에 머무는 자는 지옥 불에 떨어질 것이라고 선포하셨습니다.

"더 나은 의"는 정확히 무엇일까요? "의"란 옳은 것을 가리킵니다. 그렇다면 옳은 것은 무엇일까요? 죄가 있어 불완전한 사람은 가끔 옳을 수는 있지만 언제나 옳을 수 없습니다. 하지만 세상 모든 만물을 만드시고 죄가 없으시며 지혜로 가득한 완전하신 하나님과 그의 말씀은 언제나 옳습니다. 즉, "의"는 궁극적으로 언제나 옳은 하나님과 그분의 말씀, 즉 성경을 가리킵니다. 그리고, "더 나은 의"는 사람에게 보여 자신의 영광을 얻기 위해 외식으로 율법을 행하는 악하고 부족한 의를 넘어서는 온전한 의를 의미합니다. 즉, 사람에게 보이기 위해 하나님의 말씀을 겉으로만 행하는 것이 아니라 오직 하나님이 보시도록 마음과 행위로 말씀에 순종하는 것이 "더 나은 의"입니다. 이것은 한 사람의 존재(being) 혹은 행위가 나오는 근본적인 내면의 성품과 그에 따른 행위(doing) 모두가 완전히 하나님과 그의 의로운 말씀을 따르며 행하는 것입니다(마 5:20; 7:21, 24; 12:50; 참고 6:10; 7:12; 18:14; 26:39, 42).

이제 돌이킴에 합당한 더 나은 의의 열매가 무엇인지 구체적으로 살펴보겠습니다. 예수님은 마태복음 5장 21-48절에서 여섯 가지 말씀을 풀어주시면서 바리새인과 서기관의 외식하는 의를 지적하고 돌이킴에 합당한 마음과 그에 따른 행실을 포괄하는 더 나은 의의 열매를 가르칩니다. 예수님은 먼저 당시 이스라엘 지도자들인 사두개인, 바리새인, 서기관 등이 하나님의 말씀을 자기 뜻대로 해석하고 외식으로 행하여 자기 영광을 취하는 악을 지적합니다. 그리고 그 말씀을 바르게 해석해 주어 그 안에 담긴 온전한 하나님의 뜻을 가르쳐 돌이키게 합니다.

첫째, 예수님은 살인하지 말라는 율법을 해설하시며 더 나은 의를 가르치셨습니다. 이 말씀의 참뜻은 살인하지 않는 것뿐만 아니라 더 철저하게 형제에게 노하지도 말고 라가(바보)라고 말하지도 말고 미련한 놈이라고 부르지도 않는 것입니다. 그리고 형제에게 원망들을 만한 일을 하지 않는 것입니다. 형제에게 잘못한 일이 생각나면 그 형제와 화목하는 것이 예물을 제단에 드리는 것보다 더욱 중요하고 잘못한 일로 인하여 고발당했다면 즉시 그 고발하는 자와 일을 해결하는 것입니다. 즉, 예수님은 살인하지 말라는 말씀에 담긴 참된 뜻은 형제를 사랑하고 화목하는 것이라고 해설해 주며 돌이킴에 합당한 열매를 가르치셨습니다. 외식하는 바리새인과 서기관은 살인하지 않지만 형제에게 노하고 라가라고 하고 미련한 놈이라고 부르며 자신을 의롭다고 여겼습니다. 형제에게 원망을 들을 일을 하고 고발을 당하여도 상관하지 않고 예물을 드리는 일에만 열심을 내는 외식을 자행했습니다. 예수님은 이를 돌이켜 사랑하라고 명하셨습니다.

둘째, 예수님은 간음하지 말라는 율법을 해설하시며 돌이킴에 합당한 열매를 가르치셨습니다. 외적으로 간음하지 않는 것만이 이 율법을 지키는 것이 아니라 더 철저하게 음욕을 마음에 품지 않는 것이 이 율법을 지키는 것입니다. 그리고 간음하지 말라는 말씀 안에 담긴 하나님의 참뜻은 여자를 음욕으로 바라보며 성적 대상으로 낮게 보지 않고 오히려 동등한 인격으로 존중하며 사랑하는 것입니다. 예수님은 만약 눈과 손이 마음과 그에 따른 행실로 간음을 하게 한다면 그것을 빼어 버리고 지옥에 들어가지 않는 것이 낫다고 가르칩니다. 이를 통해 마음으로 간음하는 문제의 심각성을 일깨우고 금지하며 여인을 존중하고 사랑하는 것으로 돌이키게 합니다.

셋째, 예수님은 이혼에 관한 율법을 해설하시며 더 나은 의를 가르치셨습니다(신 24:1). 당시 사회적, 육체적으로 힘이 강한 남자들은 비교적 약한 부녀들을 여러 합당하지 않은 이유로 버리고 취하는 악한 짓을 일삼았습니다. 이런 상황에서 아내를 버릴 때 이혼증서를 주는 것은 버림받은 여자가 이전 남편과 완전히 관계가 끊어졌음을 확인해주어 다른 이와 결혼하여 살아갈 수 있도록 보호하기 위한 최소한의 장치입니다. 그래서 예수님은 모세의 율법에 이혼증서를 주어 이혼을 하게 하는 것이 이와 같은 사람의 완악함 때문이라고 가르치신 것입니다(마

19:7-9 참고).

여기서 예수님은 결혼한 부부는 간음한 연고 외에는 이혼할 수 없다는 원칙을 선포하셨습니다. 왜냐하면 하나님이 남자와 여자를 창조하시고 결혼 제도를 제정하셨기 때문입니다. 예수님은 이 말씀을 통해 결혼 질서의 원리를 다시 세우셨습니다. 그리고 이를 통해 부부가 서로의 부족함을 알게 될지라도 이해하고 감싸주며 오히려 서로를 뜨겁게 사랑하여 아름다운 결혼 관계를 세워가는 것이 합당함을 일깨워주셨습니다.

넷째, 예수님은 당시 만연한 맹세(서원)하는 일과 관련해 하나님의 참뜻을 해설하시며 돌이킴에 합당한 더 나은 의의 열매를 가르치셨습니다. 예수님은 하늘, 땅, 예루살렘, 머리 등을 거론하며 맹세하는 것은 악한 것임을 지적하셨습니다. 하늘은 하나님의 보좌이고 땅은 하나님의 발등상이며 예루살렘은 큰 왕의 성이며 사람은 머리카락 하나도 희고 검게 할 수 없기 때문입니다. 만약 사람이 함부로 그것으로 맹세(서원)를 한다면 그것은 하나님을 경히 여기는 심각한 범죄입니다. 예수님은 이런 악한 습관을 버리고 '옳다' 혹은 '아니다'라고 하는 것이 합당하다고 하셨습니다.

다섯째, 예수님은 눈은 눈으로, 이는 이로 갚으라는 율법과 관련해 하나님의 참뜻을 해설하시며 돌이킴에 합당한 더 나은 의의 열매를 가르치셨습니다. 눈은 눈으로 이는 이로 갚으라는 법은 악을 악으로 갚는 법입니다. 사실 이 법은 악을 행한 자가 동일한 악으로 심판 받게 될 것을 알게 하여 애초에 악행을 근절하기 위한 법입니다. 즉, 타인에게 선을 베풀라는 것이 이 법의 온전한 의미입니다. 예수님은 악을 악으로 갚으며 의롭다고 말하는 자들에게 돌이켜 선을 베풀라고 선포하셨습니다. 예를 들어, 악한 자를 대적하지 말고 오른뺨을 치거든 왼뺨도 돌려대는 선을 베풀라고 합니다. 너희를 고발하여 속옷을 가지고자 하는 자에게 겉옷까지 내어주고 억지로 오 리를 가게 하는 자와 십 리를 동행하여 주는 선을 베풀라고 합니다. 그리고 적극적으로 선을 행하기 위하여 구하는 자에게 주고 꾸고자 하는 자를 거절하지 말라고 가르치며 돌이키게 합니다.

여섯째, 예수님은 네 이웃을 사랑하고 네 원수를 미워하라는 말씀과 관련해 하나님의 참뜻을 해설하시며(마 5:43-48) 돌이킴에 합당한 더 나은 의의 열매를 가르치셨습니다. 이 말씀은 이웃 간에 사랑을 하고 원수를 맺는 일을 원천적으로 금지하기 위한 것입니다. 이웃을 사랑하면 원수를 맺는 일이 없을 것이기 때문입니다. 예수님은 사랑이 가득한 세상을 만들기 위해 혐오로 가득한 삶에서 돌이켜 원수도 사랑하고 박해하는 자를 위해 기도하라고 하셨습니다.

마지막으로 예수님은 "하늘에 계신 너희 아버지의 온전하심과 같이 너희도 온전하라(마 5:48)"라고 하셨습니다. "온전하심"

이라 번역된 헬라어 텔레이오스($\tau\acute{\epsilon}\lambda\epsilon\iota o\varsigma$)는 "전체적인"이라는 의미입니다.[2] 예수님은 이 하나님의 온전하심이 해를 악인과 선인에게 비추시고 비를 의로운 자와 불의한 자 모두에게 내려 주시는 것에서 보인다고 하셨습니다(마 5:45). 다시 말해, 하나님은 선한 자와 의로운 자만 구별하여 해와 비를 주시는 것이 아니라 악한 자와 불의한 자 모두에게 전체적으로 선을 베푸시는 분이라는 것입니다. 예수님은 하나님과 같이 제자들도 사랑하는 자만 사랑하지 말고, 이웃과 원수 모두에게 사랑을 베풀고 문안하는 전체적인 존재가 되는 것이 돌이킴에 합당하다고 가르치셨습니다.

외식을 버리는 더 나은 의의 열매 (마 6:1-7:12)

예수님은 마태복음 6장 1절부터 7장 12절에서 사람에게 보이려고 의를 행하는 네 가지 외식의 죄를 책망하셨습니다. 첫 번째, 예수님은 사람에게 영광을 얻으려고 회당과 거리에서 나팔을 불며 외식으로 구제하는 죄인들을 책망하셨습니다(마 6:1-4). 그리고 제자들에게는 구제할 때에 왼손이 하는 것을 오른손

---

2 Pennington, *The Sermon on the Mount and Human Flourishing*, 60–65.

이 모르게 하여 은밀하게 행하라고 하셨습니다. 즉, 오직 하나님을 마음에 두고 그를 사랑하고 섬기는 마음으로 하나님의 말씀을 행하는 것이 옳다는 것입니다. 그렇게 하면 하늘에서 은밀한 중에 보시는 아버지께서 상을 주실 것이라고 하셨습니다.

두 번째, 예수님은 외식하는 자와 같이 사람에게 보이려고 회당과 큰길 어귀에서 기도하지 말라고 하셨습니다(마 6:5-8). 이것은 하나님을 이용하여 사람에게 이익을 취하는 심각한 패역이라고 하셨습니다. 오히려 예수님은 돌이켜 골방에 들어가 문을 닫고 은밀한 중에 계시는 아버지께 기도하라고 하셨습니다. 또한 우상에게 절하며 중언부언 기도하는 이방인과 같이 하지 말라고 하셨습니다. 하나님이 먼저 필요한 모든 것을 알고 계시기 때문입니다. 마태복음 6장 9-13절은 제자들이 아버지 하나님께 구해야 하는 기도의 내용인데, 이것으로 하나님이 기뻐하시는 기도를 할 수 있습니다.

세 번째, 예수님은 금식하는 것을 사람에게 보이려고 슬픈 기색을 하고 얼굴을 흉하게 하지 말라고 하셨습니다(마 6:16-18). 오히려 머리에 기름을 바르고 얼굴을 씻으며 은밀한 중에 계시는 아버지께 보이라고 하셨습니다. 그리하면 은밀한 중에 보시는 아버지 하나님이 그 수고를 갚아 주실 것이라고 약속하셨습니다. 기도와 마찬가지로 금식 역시 사람에게 보여 자랑하고 영광을 얻는 수단으로 전락하기 쉬운 종교적 행위입니다. 성경에서 금식은 진실로 그 죄를 참회하고 돌이키는 자들이 나타내는 한 행위입니다. 진실로 하나님께 돌이키는 자가 하는 금식은 사람에게 보이기 위한 것일 수 없습니다.

마태복음 6장 19-34절에서 예수님은 이 땅에서 먹고 살 것을 염려하며 세상의 영광을 구하여 재물을 이 땅에 쌓아 두려는 죄악을 지적하셨습니다. 그리고 보물을 하늘에 쌓아 두는 것이 옳다고 하셨습니다. 더 나아가 예수님은 믿음 없이 염려하여 무엇을 먹을까 무엇을 마실까 말하지 말라고도 하셨습니다. 아버지 하나님이 공중의 새를 먹이고 들의 백합화와 풀도 입히듯이 제자들에게 필요한 모든 것을 아신다고 하셨습니다. 이를 기억하면서 오직 하나님의 나라와 그의 의를 구하는 제자로 살라고 하셨습니다.

네 번째, 예수님은 사람에게 영광을 취하기 위해 외식으로 비판하는 것을 돌이키라고 명하셨습니다(마 7:1-5). 외식하는 자들은 형제의 작은 죄를 비판하는 것을 통해 사람들에게 자신을 의롭게 보여 영광을 취하려 합니다. 예수님은 이 외식하는 자들이 자기 눈 안의 들보는 알지 못하고 형제 눈 속에 있는 작은 티를 보고 빼라고 한다며 책망하셨습니다. 이 말씀은 사람에게 보이려고 외식으로 작은 죄를 비판하지 말고 오히려 돌이켜 자신의 큰 죄를 살피고 버리라는 것입니다. 만약 돌이키지 않는다면 그들이 비판하고 헤아리는 대로 하나님께 심판 받을 것입니다.

마지막으로 예수님은 율법과 선지자, 즉 구약 성경을 황금률로 요약하면서 더 나은 의의 열매를 가르치셨습니다(마 7:7-12). 황금률은 "무엇이든지 남에게 대접을 받고자 하는 대로 너희도 남을 대접하라"라는 말씀입니다. 남을 적당히 혹은 형식적으로 대접하는 부족한 의와 남이 아니라 자신이 영광을 얻기 위해 적당히 혹은 형식적으로 남을 대접하는 거짓 의를 버리라는 말씀입니다.

　참고로 예수님은 마태복음 6장 9-13절에서 주기도문을 가르쳐 주시며 제자들이 돌이킴에 합당하게 아버지 하나님께 구해야 하는 기도의 내용을 알려 줍니다. 기도라는 종교적 행위 역시 쉽게 사람에게 보여 영광을 얻기 위한 도구로 전락해 버리기 쉽습니다. 무조건 많다고 하면 좋아하고 자랑하는 것은 세상이 따르는 가치입니다.

　예수님이 주기도문을 통해 알려주는 돌이킴에 합당한 기도의 내용은 다음과 같습니다. 예수님은 나의 뜻이 아니라 아버지의 뜻이 이 땅에 이루어지고 세상 나라가 아니라 아버지의 나라가 임하는 것을 기도하라고 합니다. 죄인들은 아버지의 뜻이 아니라 나의 뜻을 먼저 구하고 세상 나라에서 성공하기를 구합니다. 그러나 예수님은 돌이켜 그에 합당하게 아버지의 뜻과 그의 나라를 구하라고 가르칩니다. 예수님은 부를 쌓아 평생 먹을 양식이 아니라 하루 먹을 양식을 구하라고 가르칩니다. 죄인들은 세상에서 부를 쌓아 평생 먹고도 남을 재물을 구합니다. 그러나 예수님은 돌이켜 그에 합당하게 하루 양식만을 구하라고 가르칩니다. 예수님은 우리가 죄지은 자를 사하여 주는 것과 같이 우리의 죄를 사하여 달라고 기도하게 합니다. 예수님을 따르는 자는 이전에 지은 죄에 대한 용서를 구하는 것이 당연합니다. 그리고 시험에 들게 하지 마시고 악에서 구하여 달라고 기도하게 합니다. 제자들은 이전에 따르며 즐기던 악에서 예수님께 돌이켜 그를 따르는 자들이기 때문에 다시 악을 행하게 하는 시험에 들지 않는 것과 악에서 구하여 달라고 기도하는 것도 당연한 것입니다. 예수님께 돌이킨 제자들은 더 이상 이전의 죄악을 완전히 버리고 더 나은 의를 구하며 사는 자들이기 때문입니다.

더 나은 의의 열매에 달린 구원과 심판 (마 7:13-29)

예수님은 산상수훈에서 돌이킴에 합당한 열매를 가르쳤습니다. 그리고 가르침을 마치시면서 돌이킴에 구원이 달려 있음을 일깨우며 촉구하셨습니다.

> 좁은 문으로 들어가라 멸망으로 인도하는 문은 크고 그 길이 넓어 그리로 들어가는 자가 많고 생명으로 인도하는 문은 좁고 길이 협착하여 찾는 자가 적음이라 (마 7:13-14)

첫째, 예수님은 멸망으로 인도하는 큰 문과 넓은 길에서 돌이켜 생명으로 인도하는 좁은 문과 협착한 길로 들어가라고 하셨습니다(마 7:13-14). 멸망으로 인도하는 큰 문과 넓은 길은 바리새인과 서기관이 외식으로 율법을 행하는 부족한 의 혹은 거짓 의의 길을 묘사합니다. 그리고 그 길을 통해 사람에게서 영광을 취하는 쉽고 달콤한 죄의 길을 묘사합니다.

이와 달리 생명으로 인도하는 좁은 문과 협착한 길은 진실한 마음과 그에 따른 삶으로 하나님의 말씀을 행하는 더 나은 의의 길을 묘사합니다. 예수님은 이 돌이킴의 길이 생명으로 인도하는 길이라는 사실을 강조하셨습니다. 그리고 세상 재물이 아니라 하나님이 주시는 상을 하늘에 쌓는 어려운 의의 길을 가라고 가르치셨습니다(마 6:19-20).

> 거짓 선지자들을 삼가라 양의 옷을 입고 너희에게 나아오나 속에는 노략질하는 이리라 (마 7:15)

둘째, 예수님은 겉은 양의 옷을 입고 있으나 속은 노략질하는 이리와 같은 나쁜 열매 맺는 거짓 선지자들에게서 돌이키라고 하셨습니다(마 7:15-20). 양의 옷을 입고 나오는 노략질하는 이리는 외식하며 사람에게서 영광을 취하는 바리새인과 서기관들을 묘사한 것입니다. 예수님은 나쁜 열매 맺는 거짓 선지자

들에게서 돌이켜 좋은 열매 맺는 참 선지자인 자신을 따르라고
하셨습니다. 그리고 아름다운 열매를 맺지 않는 나무는 모두 찍
혀 불에 던져질 것이라고 경고하시며, 모든 마음과 삶을 돌이켜
아름다운 열매를 맺으라고 촉구하셨습니다.

　예수님은 하늘 아버지의 말씀을 열매로 맺는 일이 구원을
얻는 일에 절대적이라고 강조하셨습니다. 예수님은 주여주여
할지라도 하늘 아버지의 뜻을 열매로 맺지 않는 자는 하늘나라
에 들어가지 못할 것이라고 단호하게 선포하셨습니다. 심지어
선지자 노릇하며 귀신을 쫓아내며 권능을 행한다고 할지라도
불법을 행하고 돌이켜 그에 합당한 열매 맺지 않는 자는 하늘나
라에 들어가지 못할 것이라고 선포하셨습니다. 돌이킴은 아버
지 하나님의 말씀을 그에 합당한 열매로 맺는 것으로 완성되며
그 끝은 하늘나라에 닿아 있습니다.

> 그러므로 누구든지 나의 이 말을 듣고 행하는 자는 그 집
> 을 반석 위에 지은 지혜로운 사람 같으리니 비가 내리고
> 창수가 나고 바람이 불어 그 집에 부딪치되 무너지지 아
> 니하나니 이는 주추를 반석 위에 놓은 까닭이요 나의 이
> 말을 듣고 행하지 아니하는 자는 그 집을 모래 위에 지은
> 어리석은 사람 같으리니 비가 내리고 창수가 나고 바람이
> 불어 그 집에 부딪치매 무너져 그 무너짐이 심하니라 (마
> 7:24-27)

셋째, 예수님은 지혜로운 건축자 비유를 말씀하셨습니다(마 7:24-27). 예수님은 이 비유를 통해 산상수훈에서 가르친 하나님의 말씀을 열매로 맺어 멸망을 피하고 하늘나라에 들어가는 것이 지혜로운 것이라고 하셨습니다. 지혜로운 사람은 반석 위에 집을 지어 비와 창수와 바람이 불어도 절대 무너지지 않는 좋은 미래를 만드는 사람입니다. 반석 위에 집을 지어 좋은 미래를 만드는 것이 너무나 당연한 지혜인 것과 같이 하나님의 뜻을 열매로 맺어 하늘나라에 들어가는 것이 참 지혜입니다.

반면, 어리석은 사람은 모래 위에 집을 지어 비와 창수와 바람이 불 때 심하게 무너지는 나쁜 미래를 만드는 사람입니다. 그는 돌이킴을 거부하고 하나님 아버지의 뜻을 행하지 않는 죄인을 묘사합니다. 예수 그리스도의 이 모든 말씀을 듣고도 아무것도 하지 않고 지옥에 들어가 멸망 당하는 것은 참으로 모래 위에 집을 짓는 어리석은 것입니다. 예수님이 가르치는 말씀을 합당한 열매로 맺는 삶은 좁은 문과 협착한 길을 가는 것입니다. 하지만 그 길은 심한 비바람과 홍수를 견디는 단단한 바위 위에 집을 짓는 지혜로운 길입니다.

결론

예수님은 산상수훈에서 돌이킴에 합당한 열매를 가르치셨

습니다. 모든 제자는 하늘에 계신 아버지 하나님과 그 나라로 돌이킨 사람입니다. 그러므로 그들은 하늘에 계신 아버지가 가르치고 선포한 하늘나라의 법을 모든 마음과 삶으로 실행하는 열매를 맺어야 합니다. 반석 위에 집을 짓는 건축자가 되는 지혜가 필요합니다.

9. 생명을 드리는 선교의 열매
(파송 강화)

> 예수께서 그의 열두 제자를 부르사 더러운 귀신을 쫓아내
> 며 모든 병과 모든 약한 것을 고치는 권능을 주시니라 …
> 이 열둘을 내보내시며 명하여 이르시되 … 전파하여 말하
> 되 천국이 가까이 왔다 하고 …
> 자기 십자가를 지고 나를 따르지 않는 자도 내게 합당하
> 지 아니하니라 자기 목숨을 얻는 자는 잃을 것이요 나를
> 위하여 자기 목숨을 잃는 자는 얻으리라 (마 10:1-8, 38-39)

예수님은 마태복음 10장 파송 강화에서 열두 사도들을 파송하
여 자신이 혼자 펼쳐온 사역을 확장하셨습니다. 특히, 예수님
은 "합당한"이라는 말씀을 다시 사용해 제자들이 돌이킴에 합당

한 열매로 목숨을 다하여 신교하도록 가르치셨습니다(마 3:2, 8, 4:17; 10:37-39).

마태복음 10장을 크게 세 부분으로 나누어 생명을 드리는 선교의 열매를 살펴보겠습니다. 첫째, 예수님은 제자들 중에 열둘을 불러 권능을 주시고 "하늘나라가 가까이 왔다"라고 전파하도록 파송하셨습니다(마 10:1-15). 둘째, 예수님은 제자들이 아주 심한 핍박과 박해를 당하며 죽음의 위기에 처할 것을 예견하셨습니다(마 10:16-23). 셋째, 예수님은 죽음의 위기에서도 돌이킴에 합당하게 선교를 멈추지 않고 자기 십자가를 지고 생명을 잃고 얻으라고 하셨습니다(마 10:24-42).

모든 민족을 돌이키게 하는 선교의 열매 (마 10:1-15)

예수님은 열두 제자를 세워 "보냄 받은 자"를 의미하는 사도라고 부르셨습니다(마 10:1-4). 예수님이 열두 사도를 보낸 것은 이스라엘의 열두 지파를 생각나게 합니다. 이는 예수님이 사도들을 통해 세상 모든 민족을 돌이켜 이스라엘 열두 지파를 대체하는 새로운 하나님 백성을 창조한다는 것을 암시합니다.

예수님은 열두 사도에게 권능을 주어 세상 모든 민족을 돌이키게 하셨습니다. 이는 예수님이 권능을 행하여 죄인을 돌이키셨듯이 사도들이 죄인을 돌이키도록 하기 위한 것입니다(마

11:20-21).

예수님은 열두 사도들이 어디로 가서 무엇을 전파해야 하는지 가르치셨습니다(마 10:5-15). "이방인의 길로도 가지 말고 사마리아인의 고을들에도 들어가지 말고 오히려 이스라엘 집의 잃어버린 양에게로 가라"(마 10:5-6)라고 하셨습니다. 예수님은 사도들을 하나님 나라 원 백성인 "이스라엘 집의 잃어버린 양"들에게 먼저 보내셨습니다.

이스라엘 집의 잃어버린 양들이 직면한 가장 큰 문제는 사회적 소외와 경제적 어려움이 아니라, 푸른 초장과 물가로 인도하여 생명을 얻게 할 참 목자를 잃어버린 것입니다. 이에 예수님은 사도들을 보내어 참 목자인 자신을 따르며 영원한 생명을 얻도록 하셨습니다.

예수님은 "이방인의 길로도 가지 말고 사마리아인의 고을들에도 들어가지 말고"라고 하셨습니다. 이는 사도들의 사역에서 이방인이 제외된다는 것을 의미하지 않습니다. 예수님은 사도들을 이스라엘 집의 잃어버린 양뿐만 아니라 세상 모든 이방 민족을 향해 보내기 때문입니다(마 10:18 참고). 이스라엘은 하나님 나라의 원 백성이기 때문에 하나님께 먼저일 수밖에 없습니다. 따라서 이스라엘 집의 잃어버린 양에게 먼저 전파하고 그 다음으로 모든 이방 민족에게 하늘나라의 임함과 돌이킴을 전파하게 하신 것입니다.

예수님은 사도들에게 "하늘나라가 가까이 왔다"라고 전파하라고 하셨습니다. 예수님이 "돌이키라"라는 말을 포함시키지는 않으셨지만, 자신과 같이 "하늘나라가 가까이 왔다"라고 전파하며 돌이키게 하는 것은 분명합니다. 예수님이 열두 사도에게 주는 이 명령은 우리 모두에게 주시는 명령이기도 합니다.

예수님은 사도들에게 선교를 하면서 필요한 모든 것을 제공해주시겠다고 약속하셨습니다. 그래서 예수님이 금, 은, 동, 배낭, 두 벌 옷, 신, 지팡이를 가져가지 말라고 하신 것입니다. 세상 모든 민족을 돌이키게 하는 일과 그 일을 위해 보냄 받은 제자들의 모든 쓸 것을 채우는 일도 주님의 책임이기 때문입니다. 그럼에도 불구하고 우리가 하나님께 은사로 받은 의술, 학문, 교육, 재물 등 여러 재능을 돌이키게 하는 일에 사용해야 합니다.

예수님은 사도들이 어떤 성이나 마을에 들어가면 합당한 자를 찾게 될 것이라고 말씀하셨습니다(마 10:11). 그리고 그 성이나 마을을 떠나기 전까지 거기에 머물라고 말합니다. 기본적으로 예수님이 예비한 이 합당한 자는 사도들의 전파에 그 모든 마음과 삶을 돌이키고 그들을 진심으로 영접하는 사람일 것입니다. 그리고 그들이 사도들의 필요한 모든 것을 채워주는 합당한 열매 맺는 사람일 것입니다. 이 말씀을 통해 예수님은 자신이 미리 각 성과 마을에 자신이 파송한 일꾼을 영접하고 그 필요를 채워 줄 사람이 준비되어 있다고 하신 것입니다.

예수님은 자신이 예비한 사람의 집에 들어가 평안을 빌어 주라고 하셨습니다. 사도들이 빌어주는 평안은 영원한 생명을 얻는 자들이 얻는 평화를 의미할 것입니다. 반면, 그들을 영접하지 않는 죄인들의 집과 성에서는 발의 먼지를 털어 버리고 나오라고 말합니다. 이는 악인들에게 아무런 미련을 두지 말고 돌아서라는 것입니다. 예수님은 악인들이 심판 날에 소돔과 고모라가 겪은 것보다 더 심한 고통을 당할 것이라고 하셨습니다(마 10:15). 돌이켜 주님을 따르지 않는 악인은 견디기 어려운 심판을 당할 것입니다.

선교하며 당하는 박해 (마 10:16-23)

파송 강화 후반부인 마태복음 10장 16-42절의 내용은 크게 두 가지로 나뉩니다. 먼저, 예수님은 사도들이 박해와 죽음의 위험을 겪게 될 것이라고 미리 알려 주셨습니다. "너희가 나로 말미암아 총독들과 임금들 앞에 끌려가리니 이는 그들과 이방인들에게 증거가 되게 하려 하심이라 … 너희가 내 이름으로 말미암아 모든 사람에게 미움을 받을 것이나 끝까지 견디는 자는 구원을 얻으리라"(마 10:16-22). 그리고 박해와 죽음의 위협을 당하는 상황에서 선교를 멈추지 않고 자신을 위하여 목숨을 잃고 목숨을 얻으라고 하셨습니다(마 10:24-42).

보라 내가 너희를 보냄이 양을 이리 가운데로 보냄과 같
도다 그러므로 너희는 뱀같이 지혜롭고 비둘기같이 순결
하라 (마 10:16)

파송 강화의 후반부는 마태복음 10장 16절로 시작하는데,
이 구절은 강화 후반부의 핵심을 요약합니다. 예수님은 이리 가
운데 놓인 양이 잡아 먹혀 죽을 위험에 처한 것처럼 사도들이
악한 세상에서 거부당하고 심한 박해를 당하여 목숨을 잃을 위
험에 처하게 될 것이라고 하셨습니다. 그리고 그와 같은 상황에
서 뱀같이 지혜롭고 비둘기같이 순결하라고 하셨습니다.

이리에게 둘러싸인 양과 같은 상황에서 뱀같이 지혜롭고 비
둘기같이 순결하라는 것은 무엇일까요? 예수님이 예견하는 위
기 앞에 사도들에게는 두 가지 길이 있습니다. 첫째는 죽음의
위기 앞에 선교를 멈추고 예수님을 부인하고 당장 목숨을 얻고
지옥에 가는 것입니다. 둘째는 그와 반대로 선교를 멈추지 않고
예수님을 시인하여 당장 목숨을 잃고 하늘나라에 들어가 영생
을 얻는 것입니다. 이 두 가지 갈림길에서 뱀같이 지혜로운 선
택과 비둘기같이 순결한 것은 어떤 길일까요?

먼저, 뱀같이 지혜로운 것은 무엇이 자기에게 더 이익인지
뱀같이 약삭빠르게 계산하여 더 좋은 길을 선택하는 것입니다.
더 좋은 지혜로운 선택은 예수님을 시인하고 당장 목숨을 잃어

도 하늘나라에 들어가 영생을 얻는 길입니다. 즉, 예수님은 뱀과 같이 빠르게 계산하여 당장 몸은 죽을지라도 끝까지 자신을 시인하고 선교하며 하늘나라에 들어가 영생을 얻는 선택을 하라고 명합니다. 그리고 비둘기같이 순결하라는 것은 예수님을 향한 믿음과 충성을 끝까지 고수하여 그것을 더럽히지 말라는 것입니다. 예수님은 당장 몸은 죽을 지라도 자신을 부인하지 말고 끝까지 시인하고 선교를 멈추지 않는 순결을 유지하는 선택을 하라고 하셨습니다.

예수님은 마태복음 10장 17-23절에서 이리 가운데 놓인 양이 죽음의 위기에 놓인 것과 같이 사도들이 악한 세상에서 당하게 될 박해의 상황을 자세히 설명하셨습니다. 예수님은 사도들이 공회에 넘겨지고 회당에서 채찍질을 당할 것이라고 하셨습니다. 그리고 세상의 총독과 임금 앞에 끌려갈 것이라고 하셨습니다. 그러나 이 모든 일은 이방인들에게 자신을 증거하기 위함이라고 하셨습니다. 예수님은 그때 성령께서 말할 것을 주실 것이므로 염려하지 말라고 격려하셨습니다.

예수님은 제자들이 형제와 아버지와 자식에게 미움을 받을 것이라고 하셨습니다(마 10:21-22). 나아가 제자들이 예수님의 이름으로 말미암아 모든 사람들에게 미움을 받을 것이라고도 하셨습니다. 그렇지만 끝까지 견디는 자는 구원을 얻을 것이라고 하셨습니다.

예수님은 "이 동네에서 너희를 박해하거든 저 동네로 피하라(마 10:23)"라고 하셨습니다. 이 말씀은 이스라엘의 많은 동네가 돌이킴을 거부하고 제자들을 심하게 박해할 것을 의미합니다. 그리고 예수님은 사도들이 "이스라엘의 모든 동네를 다 다니지 못하여서 인자가 오리라"라고 하셨습니다. 이 구절을 헬라어 원문에 더 가깝게 번역하면 "인자가 오기 전까지 이스라엘의 모든 동네를 다 다닐 수 없을 것이다"라는 말입니다. 이는 인자가 오는 세상 마지막 날까지 이스라엘이 돌이킴을 거부하고 제자들을 박해할 것이기 때문에 모든 동네를 다 다닐 수 없을 것이라는 예언입니다.

예수님의 이스라엘을 향한 이 부정적인 예언은 역사적으로 열두 사도 당시에도 그리고 오늘날에도 이루어지고 있습니다. 이런 상황은 인자가 재림하기 전까지 달라질 것 같지 않습니다. 그럼에도 불구하고 세상 끝날까지 온 세상 모든 민족에게 예수님을 증거하고 하늘나라가 임하였음을 전파하며 죄인을 돌이키는 선교는 계속될 것입니다(마 28:18-20).

뱀같이 지혜롭고 비둘기같이 순결한 열매 (마 10:24-42)

예수님은 뱀같이 지혜롭고 비둘기같이 순결하게 되는 방법을 말씀하셨습니다. 예수님은 자신을 귀신의 왕인 바알세불이라고 말하며 모독하던 자들이 제자들도 귀신의 힘으로 권능을 베푼다고 거짓으로 모욕할 것이라고 하셨습니다(마 10:24-27). 제자들이 그들의 선생이며 상전(집 주인)인 자신과 같이 모욕당하면 그들이 제자와 종(집 사람들)의 역할을 잘 감당하는 것이라고 하셨습니다. 예수님은 이를 통해 제자들이 선교를 멈추지 않고 지혜롭고 순결할 것을 격려하셨고, 이 박해자들을 두려워하지 말라고 하셨습니다.

예수님은 더욱 직접적으로 심한 박해 상황에서 뱀과 같이 지혜롭고 비둘기같이 순결한 열매가 무엇인지 가르치셨습니다. 예수님은 "몸은 죽여도 영혼은 죽이지 못하는 사람을 두려워 말고 몸과 영혼 모두를 능히 지옥에서 멸하실 수 있는 하나님을 두려워하라"라고 말씀하셨습니다. 박해 속에서 몸은 죽여도 영혼은 죽일 수 없는 사람을 두려워하여 자신을 부인하고 몸을 보전하는 것은 어리석은 것이니 몸과 영혼 모두를 지옥에서 멸하실 수 있는 하나님을 두려워하여 영원한 생명을 얻는 것이 더 지혜로운 것이라고 말씀하셨습니다.

그리고 예수님은 하나님 아버지께서 허락하시지 않으면 참새보다 귀한 제자들이 죽을 일이 없고, 하나님이 머리털까지 다 세실 정도로 모든 상황을 아신다고 하시며 그들을 격려하시고 응원하셨습니다.

예수님은 더욱 직접적으로 "누구든지 사람 앞에서 나를 시인하면 나도 하늘에 계신 내 아버지 앞에서 그를 시인할 것이요 누구든지 사람 앞에서 나를 부인하면 나도 하늘에 계신 내 아버지 앞에서 그를 부인하리라(마 10:23-33)"라고 하셨습니다. 이는 박해를 당하고 죽음의 위험 앞에 놓일지라도 끝까지 자신을 시인하고 선교를 멈추지 않는 지혜와 순결함을 가지라는 말씀입니다.

예수님은 자신으로 인해 사람이 그 아버지와, 딸이 어머니와, 며느리가 시어머니와 불화하게 될 것이라고 하시면서, 가장 가까운 사람들마저 원수가 될 정도로 아주 첨예한 갈림이 있을 것이라고 암시하셨습니다.

> 아버지나 어머니를 나보다 더 사랑하는 자는 내게 합당하지 아니하고 아들이나 딸을 나보다 더 사랑하는 자도 내게 합당하지 아니하며 자기 십자가를 지고 나를 따르지 않는 자도 내게 합당하지 아니하니라 자기 목숨을 얻는 자는 잃을 것이요 나를 위하여 자기 목숨을 잃는 자는 얻으리라 (마 10:37-39)

예수님은 결정적으로 제자들은 아버지나 어머니 그리고 아들과 딸보다 자신을 더 사랑하는 것이 합당하다고 하셨습니다. 예수님이 아버지와 어머니, 아들과 딸을 버리고 자신만을 사랑하라고 말씀하신 것이 아닙니다. 예수님은 하나님을 사랑하듯이 네 이웃을 사랑하라고도 말씀하셨기 때문입니다.

또한, 예수님은 자신이 많은 사람을 돌이키고 그들의 죄를 대신해 십자가를 지고 목숨을 잃는 것과 같이 제자들도 자기 십자가를 지고 천하 만민에게 돌이킴을 전파하는 것이 합당하고 이 모든 일로 인한 박해와 죽음의 위기에서 자신을 위해 목숨을 잃고 자기 목숨을 얻는 것도 합당하다고 하셨습니다. 반면, 자기 십자가 지기를 거부하고 목숨을 얻는 자는 결국 목숨을 잃은 것이라고 단호하게 말씀하셨습니다. 이것이 제자들이 박해의 상황에서 맺는 뱀과 같이 지혜롭고 비둘기같이 순결한 열매입니다.

예수님은 마지막으로 제자들을 영접하는 자에게 상을 약속하셨습니다(마 10:40-42). 예수님은 제자들에게 냉수 한 그릇이라도 주는 사람은 결단코 상을 잃지 않을 것이라고 하셨습니다. 심지어 제자들을 영접하는 자는 자신을 영접하는 것이라고 하시며, 자신과 자신이 보낸 제자들을 동일하게 여기셨습니다. 이것은 제자들을 아주 귀하고 소중하게 여기신다는 것을 의미합니다. 예수님은 무엇보다도 제자들이 실질적으로 좋은 대접을 받을 수 있도록 구체적인 보상을 약속하셨습니다. 이 모두는 예수님의 제자를 향한 사랑을 보여줍니다.

결론

 예수님은 제자들이 하늘나라의 도래에 따른 돌이킴을 전파하게 하셨습니다. 그리고 그로 인해 박해를 당하는 상황에서도 세상 그 누구보다 자신을 사랑하고 자신과 같이 자기 십자가를 지며 자신을 위해 목숨을 내어주고 얻는 뱀같이 지혜롭고 비둘기같이 순결한 열매를 맺으라고 하셨습니다. 그러나 예수님이 먼저 제자인 우리들에게 자기 생명을 내어주셨다는 것을 잊지 말아야 합니다. 예수님이 제자들을 위해 십자가에서 목숨을 내어주셨듯이 제자들도 예수님을 위해 목숨을 내어주는 것이 돌이킴에 합당한 열매입니다.

 예수님은 제자들과 함께 서로 목숨을 내어주는 관계 속에서 세상 모든 민족을 돌이키게 하는 선교를 함께 펼쳐 나가기를 원하십니다. 그러므로 예수님을 따르는 제자인 우리도 예수님에게 인생(목숨)을 드려 많은 사람을 돌이키게 하는 아름다운 열매를 맺는 것이 합당합니다.

10. 자기 낮춤의 열매
(교회 공동체 강화)

그 때에 제자들이 예수께 나아와 이르되 천국에서는 누가
크니이까 예수께서 한 어린아이를 불러 그들 가운데 세우
시고 이르시되 진실로 너희에게 이르노니 너희가 돌이켜
어린아이들과 같이 되지 아니하면 결단코 천국에 들어가
지 못하리라 그러므로 누구든지 이 어린아이와 같이 자기
를 낮추는 사람이 천국에서 큰 자니라 (마 18:1-4)

예수님은 "하늘나라가 가까이 임하였으니 돌이키라"라고 전파
하시며 공생애 사역을 펼치셨습니다. 이에 세상은 예수님을 따
르는 제자와 그렇지 않은 불의한 사람들로 나뉘어졌습니다(마
11-16장). 그리고 예수님은 지난 사역의 결과이자 열매인 제자

공동체를 교회로 세우셨습니다(마 16:15-20). 그리고 마태복음 18장에서 이 교회 공동체에 다시 한번 돌이키라고 말씀하셨습니다. 이 장에서는 이 강화를 통해 예수님이 교회에 무엇을 돌이키라고 가르쳐주셨는지 살펴보겠습니다.

자기 낮춤과 섬김의 열매 (마 18:1-4)

예수님은 마태복음 18장 1-4절에서 하늘나라에서 누가 큰 사람인지를 묻는 제자들의 질문에 한 어린아이를 그들 앞에 세우시고는 다음과 같이 단호하게 말씀하셨습니다. "진실로 너희에게 이르노니 너희가 돌이켜 어린아이들과 같이 되지 아니하면 결단코 천국에 들어가지 못하리라" 예수님은 이미 돌이켜 자신을 따르는 제자들에게 다시 돌이키라고 선포하셨습니다. 그들 안에 여전히 돌이켜야 할 또 다른 종류의 세상의 가치와 욕망을 따르는 죄악이 있기 때문이었습니다.

예수님은 하늘나라에서 누가 큰지를 묻는 제자들의 질문 속에 다른 제자보다 높고 큰 사람이 되어 그 위에 군림하며 섬김을 받고자 하는 강한 죄성이 있는 것을 발견하셨습니다. 그래서 어린아이처럼 자기를 낮추어 섬기는 열매를 맺으라고 단호하게 말씀하신 것입니다. 하늘나라는 하늘에서 땅으로 자기를 낮추고 십자가에 자신을 희생하는 예수님처럼 자기를 낮추어 섬기는 가치만을 추구하는 곳이기 때문입니다.

어린아이같이 되라는 말씀은 정확히 무슨 의미일까요? 어린아이처럼 순하고 선하라 혹은 부모에 전적으로 의존하는 어린아이처럼 하나님께 완전히 의존하라는 등의 의미가 아닙니다. "어린아이"라 번역된 헬라어 파이디온(παιδίον)은 낮은 자리에서 섬기는 "종"을 의미하기도 합니다. 예수님 당시 주인 가까이에서 섬기는 몸종들은 대부분 어린아이(파이디온)였습니다. 이 어린아이(파이디온)는 낮아짐, 겸손, 섬김, 종, 희생 등을 상징합니다.[1] 즉, 이 말씀은 서로의 종이 되어 섬기라는 의미입니다.

예수님은 어린아이처럼 자신을 낮추어 섬기지 않는 사람은 "결단코 하늘나라에 들어갈 수 없다"라고 단호하게 말씀하셨습니다. 하늘나라에는 돌이켜 어린아이처럼 자기를 작게 하고 낮추어 섬기는 사람들만 들어갈 수 있습니다. 예수님을 따르며 자기 낮춤과 섬김의 열매를 맺는 사람만이 교회입니다. 자신을 다른 사람보다 높게 여기고 다른 사람을 자신보다 낮게 여기는 자는 진실로 예수님에게 돌이킨 하늘나라 백성이 아닙니다. 그는 하늘나라에 들어갈 수 없습니다.

예수님이 먼저 십자가에서 어린아이처럼 자신을 낮추어 다

---

1 Davies & Allison, *Matthew* 8-18, 753.

른 사람을 섬기는 열매의 모본을 보여주셨습니다. 예수님은 가진 모든 것을 내어주고 심지어 자신의 전부인 목숨까지도 대속제물로 내어주셨습니다. 예수님이 이 땅에 온 이유는 십자가에서 자기 목숨을 많은 사람의 대속물로 주어 섬기기 위함입니다(마 16:21; 20:20-28). 그러므로 돌이켜 예수님을 따르는 제자는 십자가를 본받아 자기를 낮추어 섬기는 아름다운 열매를 맺는 것이 합당합니다(마 18:1-6; 19:13-15, 16-30; 20:1-16, 20-28; 21:1-9; 28-31; 23:1-12; 24:45-51; 25:31-46).

예수님 = 돌이켜 자기를 낮추는 작은 제자 (마 18:5-10)

> 또 누구든지 내 이름으로 이런 어린아이 하나를 영접하면 곧 나를 영접함이니 누구든지 나를 믿는 이 작은 자 중 하나를 실족하게 하면 차라리 연자 맷돌이 그 목에 달려서 깊은 바다에 빠뜨려지는 것이 나으니라 … 삼가 이 작은 자 중의 하나도 업신여기지 말라 (마18:5-6, 10)

예수님은 "이 어린아이를 영접하는 것이 곧 나를 영접하는 것"이라고 하셨습니다. 예수님이 말하는 이 어린아이는 자기를 낮추어 섬기는 작은 자입니다. 예수님은 자기를 낮추어 섬기는 제자를 자신과 동등한 존재로 높여 주십니다. 왜냐하면 예수님도 자기를 낮추어 십자가를 지고 섬기기 때문입니다. 예수님은 이 선포를 통해 이 작은 자가 상징하는 자기 낮춤과 섬김의 열매가 절대적으로 중요하다는 것을 알려주십니다.

예수님은 "만약 이 작은 사람 중 하나라도 넘어지게 하는 사람이 있다면 크고 무거운 연자 맷돌이 그 목에 달려 깊은 바다에 빠뜨려지는 것이 나을 것"이라고 경고하셨습니다. 즉, 누구라도 어린아이처럼 자기를 낮추어 섬기는 작은 자를 넘어지게 하는 사람이 있다면 죽음의 심판을 피할 수 없다는 의미입니다. 그리고 그들을 "넘어지게 하는 사람과 세상에는 화가 있을 것"이라고 강하게 경고하셨습니다. 예수님은 이를 통해 자신을 본받는 이 작은 제자와 그가 상징하는 돌이킴에 합당한 자기 낮춤, 겸손, 섬김, 희생, 종 됨의 열매를 절대적인 가치로 지켜야 한다고 가르치셨습니다.

예수님은 이 작은 자를 넘어지게 하는 죄를 지으면 지옥 불에 던져질 것이라고 강하게 말씀하셨습니다. 그러므로 차라리 작은 자를 넘어뜨리지 않도록 손, 발, 눈을 없애 버리고 하늘나라에 들어가는 것이 낫다고 하셨습니다. 즉, 어떤 것이라도 작은 자를 넘어뜨리는 것은 모두 없애 버리라는 것입니다. 어떤 수단을 동원해서라도 교회 안에 자기 낮춤과 섬김의 열매를 지켜내라고 명하는 것입니다.

마지막으로 예수님은 "절대로 이 작은 자 중의 하나도 업신여기지 말라(마 18:10)"라고 말씀하셨습니다. 세상의 가치를 따라 크고 높은 사람을 중요하게 여기는 자들에게 작은 자를 업신여기는 것은 너무나 쉬운 일입니다. 세상의 크고 높은 가치를 따르는 자에게 작은 자는 너무나 보잘것없이 여겨지기 때문입니다. 그러나 하나님은 작은 자를 귀하게 보십니다. 그러므로 누구든지 이 작은 자를 업신여기는 자는 자기 자녀를 돌보시는 아버지 하나님의 심판을 피할 수 없습니다.

자기를 낮추는 제자: 잃어버린 한 마리 양 (마 18:12-14)

> 너희 생각에는 어떠하냐 만일 어떤 사람이 양 백 마리가 있는데 그 중의 하나가 길을 잃었으면 그 아흔아홉 마리를 산에 두고 가서 길 잃은 양을 찾지 않겠느냐 진실로 너희에게 이르노니 만일 찾으면 길을 잃지 아니한 아흔아홉 마리보다 이것을 더 기뻐하리라 이와 같이 이 작은 자 중의 하나라도 잃는 것은 하늘에 계신 너희 아버지의 뜻이 아니니라 (마 18:12-14)

일반적으로 이 비유는 목자가 아흔아홉 마리 양을 두고서라도 길 잃은 한 마리 양을 찾아 나서듯이 예수님이 죄인 하나를 찾으신다는 것을 의미하는 것으로 알려져 있습니다.[2] 그러나

---

2 France, *Matthew*, 689.

예수님은 분명히 이 잃어버린 어린 양 한 마리로 앞서 말한 돌이켜 어린아이처럼 자기를 낮추어 섬기는 작은 사람을 묘사합니다. 이 비유를 시작하는 마태복음 18장 10절과 이 비유를 마치는 18장 14절은 모두 "이 작은 자"를 언급하며 그를 업신여기지 말라고 명하고 그를 잃어버리는 것은 하늘 아버지의 뜻이 아니라고 말합니다. 이는 예수님이 이 비유를 통해 말씀하는 것이 이 작은 자와 그가 상징하는 자기 낮춤과 섬김의 열매를 업신여기지 말고 넘어뜨려 잃어버리지 말라는 것임을 알려 줍니다. 그리고 만약 이 작은 자를 넘어뜨려 잃어버린다면 다른 모든 것을 제쳐 두고 그것을 찾아 나설 만큼 가장 최우선으로 여긴다는 것을 알려 줍니다.

또한 이 비유는 자기를 크고 높이려는 악한 자들이 작은 자를 업신여기고 넘어뜨렸을 때 예수님이 어떻게 행하실지를 분명히 보여줍니다. 예수님은 목자가 아흔아홉을 두고 한 마리 양을 찾아 나서는 모습을 통해 작은 자를 결코 업신여기지 않고 어떤 일이 있더라도 찾아 회복할 것이라고 강조해 말씀하십니다.

죄지은 형제자매를 돌이키는 방법 (마 18:15-20)

예수님의 제자라고 해도 육신을 입고 있는 한 언제든지 죄를 범할 수 있습니다. 교회는 할 수 있는 모든 것을 다해 사랑과 섬김으로 죄를 범하여 넘어진 형제나 자매를 다시 돌이켜야 합니다. 예수님은 마태복음 18장 15-20절에서 죄를 지은 형제자매를 돌이키는 방법에 대해 가르쳐 주셨습니다.

먼저 예수님은 형제나 자매 중 하나가 죄를 범하거든 그에게 혼자 가서 그가 잘못한 것을 말하게 하라고 하셨습니다. 만약 그가 잘못을 인정하고 돌이키면 그를 얻은 것입니다. 그러나 듣지 않거든 한 두 사람과 함께 가서 말하고 그들이 죄의 내용을 듣고 증인이 되게 하라고 하셨습니다(신 17:6 참고). 만약 그들의 말도 듣지 않는다면 교회 전체에 말하여 의논하고 교회가 그를 권면하여 돌이키게 하라고 하셨습니다. 교회 전체가 형제자매의 죄의 문제를 무겁게 여기고 적극적으로 그것을 돌이키는 일을 해야 한다는 것입니다.

예수님은 이 과정으로 죄인을 향한 오래 참는 긍휼의 마음을 보여주셨습니다. 예수님은 죄지은 형제자매를 무조건 심판하는 것이 아니라 구원을 베풀기 원하십니다. 그러나 세 번에 걸친 권면에도 불구하고 죄를 돌이키지 않거든 그를 불신자인 이방인과 세리와 같이 여겨 내어 쫓으라고 단호하게 말씀하셨습니다. 끝까지 죄를 돌이키지 않는 자매나 형제는 진실로 예수님의 제자가 아닐 것이기 때문입니다.

무한한 용서의 열매 (마 18:21-35)

> 그 때에 베드로가 나아와 이르되 주여 형제가 내게 죄를
> 범하면 몇 번이나 용서하여 주리이까 일곱 번까지 하오리
> 이까 예수께서 이르시되 네게 이르노니 일곱 번뿐 아니라
> 일곱 번을 일흔 번까지라도 할지니라 (마 18:21-22)

그렇다면 죄를 범한 형제나 자매가 돌이키면 어떻게 해야할까요? 베드로도 같은 의문점을 가지고 있었던 것 같습니다. 형제자매의 죄를 돌이키라는 가르침을 들은 베드로가 예수님께 물었습니다. "주여 형제가 내게 죄를 범하면 몇 번이나 용서하여 주리이까? 일곱 번까지 하오리이까?" 일곱 번도 상당히 많이 용서하는 것입니다. 하지만 예수님은 "일곱 번뿐 아니라 일곱 번을 일흔 번까지라도 할지니라"라고 하셨습니다. 예수님이 일곱 번을 일흔 번까지라고 말한 것이 문자적으로 사백구십 번을 용서하라는 것을 의미하는 것은 아닐 것입니다. 오히려 교회가 범죄한 자매나 형제를 긍휼히 여기는 마음으로 횟수에 상관없이 즉, 무한히 용서하라는 말씀입니다.

하지만, 엄밀히 말해 예수님 말씀의 핵심이 횟수에 상관없이 용서하라는 것에 있지 않습니다. 오히려 제자가 돌이키는 형제자매를 무한히 용서하지 않을 수 없는 존재라는 것에 가르침의 방점이 있습니다. 다시 말해, 제자는 언제든 누구든 용서할

수밖에 없는 존재라는 것입니다. 예수님의 제자는 그의 모든 죄를 용서받고 죽음의 심판을 피하는 큰 은혜를 입었기 때문입니다. 헤아릴 수 없는 은혜로 그 큰 죄의 용서를 입어 죽음의 심판에서 구원받은 제자가 다른 형제자매의 죄를 용서하는 것은 너무나 마땅한 일입니다. 그러므로 무한한 죄 용서의 은혜를 입은 제자는 다른 형제자매의 죄를 용서하지 않을 수 없습니다.

예수님은 이어서 임금에게 일만 달란트의 빚을 탕감받았으나 동료의 백 데나리온을 빚을 탕감해 주지 않는 악한 종의 비유를 통해 이를 더 쉽게 가르쳐 주셨습니다(마 18:23-25). 어떤 임금이 그 종들과 결산하려 할 때 일만 달란트를 빚진 종이 왔습니다. 그러나 그 종에게는 갚을 돈이 없었고 임금은 그의 몸과 아내와 자식들과 모든 소유를 다 팔아 갚으라고 했습니다. 빚을 갚을 수 없는 종은 무릎을 꿇고 애원합니다. 이 간절한 간구에 임금은 종을 불쌍히 여겨 일만 달란트를 탕감하고 보내 주었습니다. 이 비유에서 일만 달란트는 무한한 양의 빚을 의미합니다. 문맥을 고려하면 이는 한 사람이 지고 있는 죄의 값입니다.

그런데 이 일만 달란트 빚을 탕감받은 종은 그에 비할 수 없이 작은 백 데나리온 빚진 동료를 만나 빚을 갚으라고 합니다. 백 데나리온은 요즘 가치로 약 일천만 원에 해당하는 돈입니다. 백 데나리온 빚진 동료는 빚을 갚을 테니 조금만 더 기다려 달라고 간구합니다. 하지만 이 일만 달란트 탕감 받은 종은 빚을 갚도록 그를 옥에 가둡니다. 다른 종들이 이를 "몹시 딱하게 여겨" 주인에게 그를 고발하였습니다. 이에 주인은 그 종을 불러 책망합니다. "네가 빌기에 만 달란트의 빚을 탕감하여 주었거늘 내가 너를 불쌍히 여기듯이 너도 네 동료 종을 불쌍히 여김이 당연하지 않겠느냐?" 이 주인의 말에 동의하지 않을 사람은 없을 것입니다.

이처럼 제자가 큰 죄를 용서받았다면 다른 형제자매를 불쌍히 여겨 그들의 작은 죄를 용서해 주는 것이 마땅합니다. 예수님이 이 말씀과 비유를 통해 무한히 용서하라는 말씀을 하신 것이 아닙니다. 일만 달란트 빚을 탕감 받은 자는 백 데나리온 빚진 동료를 탕감해 줄 수밖에 없는 자가 되었습니다. 마찬가지로 큰 죄를 용서받고 영생을 얻은 제자는 자기에게 범죄한 형제자매를 용서할 수밖에 없는 존재가 되었습니다. 예수님의 제자는 예수의 무한한 긍휼과 죄 용서의 은혜를 얻었습니다. 그러므로 제자는 범죄한 형제자매의 죄를 용서하는 열매를 맺는 것이 당연합니다.

십자가에 달리기까지 반복해 명하는 자기 낮춤과 섬김의 열매

예수님은 교회 공동체 강화에서 어린아이처럼 자기를 낮추어 섬기라고 직접적으로 명하셨습니다. 이 명령은 예수님이 십자가에 달리시기까지 여러 번 반복되었습니다. 이는 예수님이 제자들과 여러 사람이 십자가를 본받아 자기를 낮추어 섬기는 자들이 되기를 원하셨기 때문입니다. 하지만 교회 공동체를 이루는 제자들은 여전히 세상 정욕을 따라 크고 높은 곳에 올라 군림하며 세상 사람이 주는 영광을 원했습니다. 그 대표적인 사건이 마태복음 20장 20-28절에서 제자들끼리 누가 더 큰 자인지 다툰 일입니다.

예수님은 마태복음 20장 26-28절에서 "너희 중에 누구든지 크고자 하는 자는 너희를 섬기는 자가 되고 너희 중에 누구든지 으뜸이 되고자 하는 자는 너희의 종이 되어야 하리라"라고 하셨습니다. 예수님은 이 말씀을 통해 다시 한번 교회 안에서 크고 으뜸이 되고자 하는 제자들에게 자기를 낮추어 섬기는 종이 되라고 하셨습니다. 그리고 이어 "인자가 온 것은 섬김을 받으려 함이 아니라 도리어 섬기려 하고 자기 목숨을 많은 사람의 대속물로 주려 함이니라"라고 하시며, 자신이 가는 길은 자기를 낮추어 십자가를 지고 많은 사람을 위해 목숨을 내어주는 섬김의 길이라는 것을 다시 말씀하셨습니다. 이를 통해 예수님은 교회가 가는 길이 자기 낮춤과 섬김의 십자가 길이라는 것을 일깨워 주셨습니다.

결론

　예수님은 교회를 세우시고 돌이킴에 합당한 자기 낮춤과 섬김의 열매를 교회에 명하셨습니다. 예수님을 따르는 모든 교회는 모든 마음과 삶으로 이 명령을 따르고 있는지 돌아보아야 합니다. 만약 그렇지 않다면 예수님이 제자들에게 돌이킴을 선포하셨던 것을 기억하고 경청해야 합니다. 그렇게 함으로 우리는 자기 낮춤과 섬김의 십자가를 지고 예수님을 따를 수 있습니다. 예수님은 다양한 방편을 통해 끝까지 우리를 포기하지 않고, 돌이켜 섬김의 십자가를 지고 자신을 따르도록 하실 것입니다.

RE:TURN

11. 충성과 지혜의 열매 (감람산 강화)

너희 중에 큰 자는 너희를 섬기는 자가 되어야 하리라 누구든지 자기를 높이는 자는 낮아지고 누구든지 자기를 낮추는 자는 높아지리라 (마 23:11-12)

예수님이 이와 같이 선포하시는 것은 이 마지막 강화까지도 돌이킴에 합당한 자기 낮춤과 섬김의 열매에 초점을 맞추고 있다는 것을 보여줍니다. 예수님은 마지막 강화를 시작하는 마태복음 23장에서 예루살렘에 가득한 자기를 높여 군림하려 하는 일곱가지 죄악을 책망하고 화를 선포하셨습니다. 그리고 마태복음 24장에서 돌이키는 제자가 얻는 구원과 그렇지 않은 악인에게 임하는 최후 심판을 종합해 선포하셨습니다. 마지막으로 마태복음 25장에서는 돌이킴과 그에 합당한 열매를 항상 행하는 충성과 지혜로 자신의 재림을 준비하도록 가르치셨습니다.

종교 지도자들이 돌이켜야 할 일곱 가지 죄악과 화 (마 23장)

십자가를 지기 위해 예루살렘에 입성한 예수님은 예루살렘 성전을 가득 채운 죄악을 보시고 그것들을 몰아내며 깨끗이 돌이키려 하셨습니다(마 21:12-17). 그러나 결국 죄로 더럽고 어두운 이스라엘 성전이 무너질 것이라는 멸망을 선포하셨습니다(마 24:1-2). 이런 상황에서 예수님은 예루살렘과 그 지도자들의 일곱 가지 죄악을 책망하고 화를 선포하셨습니다.

자기 높임의 죄악과 자기 낮춤과 평등의 열매 (마 23:1-12)

> 서기관들과 바리새인들이 모세의 자리에 앉았으니 … 너희 중에 큰 자는 너희를 섬기는 자가 되어야 하리라 누구든지 자기를 높이는 자는 낮아지고 누구든지 자기를 낮추는 자는 높아지리라 (마 23:2, 11-12)

예수님은 예루살렘 종교 지도자들이 돌이켜야 할 죄악의 본질을 지적하며 책망하셨습니다. 그리고 이 책망은 그들을 따르는 이스라엘 백성과 동일한 욕망을 추구하는 패역한 세상을 향한 것이기도 합니다. 예수님은 서기관과 바리새인이 모세의 자리에 앉아있는 죄를 지적하셨습니다. 모세의 자리는 백성을 다스리는 하나님의 자리인데, 그 자리에 서기관과 바리새인이 앉아있었습니다. 그들은 자신을 하나님과 그의 말씀보다 높이고 율법을 이용하여 사람들 위에 군림하며 이득을 취하는 패역한 죄를 짓고 있었습니다.

서기관과 바리새인은 모세의 자리에 앉아 자기들 마음대로 율법을 해석하고 임의로 적용했습니다. 예수님은 그들이 백성에게 무거운 짐을 묶어 사람의 어깨에 지우고 자신들은 손가락 하나도 움직이지 않는다고 책망하셨습니다. 그리고 사람에게 보이기 위하여 외식으로 율법을 행하여 사람에게서 영광을 취한다고 고발하셨습니다. 그들은 외식으로 하나님을 기만하고 율법을 임의로 사용해 사람들을 속박하고 온갖 불법적인 이익을 취했습니다.

예수님은 예루살렘 종교 지도자들이 높은 곳에 올라 지배하고 섬김받으려는 패역을 버리고 돌이켜 따라야 할 하나님의 뜻을 가르치셨습니다(마 23:8-10). 첫째, 예수님은 "너희 선생은 하나요 너희는 다 형제니라"라고 하셨습니다. 누구라도 자신을 다른 사람보다 높여 랍비라 칭함을 받지 말고 타인을 낮게 여기지 말라고 하신 것입니다. 우리가 선생으로 높이고 배워야 할 분이 오직 하나님 한 분이시며 오직 그의 말씀 만이 우리가 배우고 따라야 하는 절대적인 가르침이라는 것을 일깨우셨습니다.

둘째, 예수님은 "땅에 있는 자를 아버지라 하지 말라 너희의 아버지는 한 분이시니 곧 하늘에 계신 이시니라"라고 하셨습니다. 예수님은 이 말씀을 통해 모든 사람은 하늘에 계신 하나님 한 분을 아버지로 둔 동등한 형제자매라는 것을 가르치셨습니다. 이 말씀은 땅에 있는 아버지의 부와 지위와 능력에 따라 사람을 높이고 낮추며 차별하는 죄악을 경계합니다.

셋째, 예수님은 "지도자라 칭함을 받지 말라 너희의 지도자는 한 분이시니 곧 그리스도시니라"라고 하셨습니다. 사람이 자기를 높여 지도자가 되어 다른 사람을 지배하거나 그 위에 군림하며 다스리는 것은 하나님의 뜻이 아니고, 그 욕심조차 허용되지 않는다는 것입니다. 오히려 지도자의 자리에서 사람을 다스리는 분은 그리스도 한 분이며 사람은 그 아래에 모두 동등한 지위를 갖는다는 것을 가르칩니다. 그리스도는 자신을 낮추어 섬기는 참된 지도자입니다. 그러므로 그리스도가 다스리는 세상은 오직 서로 낮추어 섬기는 다스림이 가득한 곳입니다.

넷째, 마지막으로 예수님은 예루살렘 종교 지도자들의 죄악과 그들이 어떻게 돌이켜야 하는지 말씀하셨습니다. "너희 중에 큰 자는 너희를 섬기는 자가 되어야 하리라 누구든지 자기를 높이는 자는 낮아지고 누구든지 자기를 낮추는 자는 높아지리라"

예수님은 이 모든 말씀을 통해 돌이킴에 합당한 열매의 핵심은 사람과 사람 사이에는 어떤 것으로도 높고 낮음과 크고 작음이 있을 수 없고, 모든 사람이 한 분 아버지 하나님의 자녀이며 그리스도를 선생이요 지도자로 배우고 따르는 평등한 존재라는 것을 가르칩니다. 그리고 오히려 섬기는 사람이 큰 사람이며 자기를 낮추는 사람이 높은 사람이라는 것을 강조합니다.

이 말씀은 우리가 마음에 새겨야 하는 중요한 말씀입니다. 특히, 우리 교회 안에 세워진 목사, 장로, 집사 등의 직분자들이 마음에 새겨야 하는 말씀입니다.[1] 교회는 세상과 같지 않습니다. 세상에서 돌이킨 제자들이 모인 곳이 교회입니다. 그러므로 교회에는 그리스도 외에는 어떤 자랑도 자기 높임도 없는 곳입니다. 모두 한 아버지 하나님의 자녀이며 그리스도에게 배우는 평등한 형제자매입니다.

일곱 가지 죄와 일곱 가지 화 (마 23:13-39)

예수님은 구체적으로 예루살렘 종교 지도자들이 돌이켜야 할 일곱 가지 죄악을 책망하고 그에 대한 심판의 화를 선포하셨

---

1   Bruner, *Matthew* 13-28, 816–18, Keener, *Matthew*, 545–56.

습니다.

첫째, 예수님은 "화 있을진저 외식하는 서기관과 바리새인들이여 너희는 천국 문을 사람들 앞에서 닫고 너희도 들어가지 않고 들어가려 하는 자도 들어가지 못하게 하는도다"라고 하셨습니다. 어린아이처럼 자기를 낮추어 섬기는 자만이 하늘나라에 들어갈 수 있습니다(마 18:3). 그러나 서기관과 바리새인은 사람에게 보이기 위해 외식으로 율법을 행하며 모세의 높은 자리에 앉아있었습니다. 그들은 하늘나라의 법이 아니라 세상의 가치를 따라 자기를 높이고 크게 합니다. 심지어 지도자의 자리에 앉아 백성들에게 직간접적으로 자기들을 따라 세상의 가치와 욕망을 소망하고 좇게 합니다. 그리하여 하늘나라 문을 닫고 그들도 들어가지 않고 백성들도 들어가지 못하게 합니다.

둘째, 예수님은 "화 있을진저 외식하는 서기관과 바리새인들이여 너희는 교인 한 사람을 얻기 위하여 바다와 육지를 두루 다니다가 생기면 너희보다 배나 더 지옥 자식이 되게 하는 도다"라고 하셨습니다. 외식하는 서기관과 바리새인은 사람들에게 보이기 위해 바다와 육지를 두루 다니며 유대교에 입교하는 자들을 찾아 자신들이 따르고 추구하는 외식의 악을 가르쳤습니다. 그들에게 외식으로 율법을 행하여 자신을 높이고 크게 하는 모본을 보이며 욕망을 심어줍니다. 그래서 그들도 같은 욕망을 따라 행하게 하여 지옥에 들어가게 합니다.

셋째, 예수님은 "화 있을진저 눈 먼 인도자여 너희가 말하되 누구든지 성전으로 맹세하면 아무 일 없거니와 성전의 금으로 맹세하면 지킬지라 하는도다"라고 하셨습니다. 외식하는 서기 관과 바리새인은 하나님과 성전과 그 제단으로 맹세하는 것은 아무 힘도 가치도 없는 것이라고 가르쳤습니다. 그러나 그곳에 드려진 금과 예물로 맹세하는 것은 실제로 가치 있고 힘이 있어 지켜야 하는 것이라고 강조했습니다. 예수님은 외식하는 서기 관과 바리새인이 성전보다 금을 더욱 가치 있게 여기는 이 악한 행태를 책망하셨습니다.

넷째, 예수님은 "화 있을진저 외식하는 서기관들과 바리새 인들이여 너희가 박하와 회향과 근채의 십일조는 드리되 율법 의 더 중한 바 정의와 긍휼과 믿음은 버렸도다 그러나 이것도 행하고 저것도 버리지 말아야 할지니라"라고 하셨습니다. 예수 님은 외식하는 서기관과 바리새인이 사람에게 보이기 위해 박 하, 회향, 근채의 십일조는 드리지만, 그보다 더 중요한 눈에 보 이지 않는 하나님의 법인 정의, 긍휼, 믿음은 버린다고 지적하 셨습니다. 예수님은 율법 안에 상대적으로 중요한 법과 가벼운 법이 있다고 하셨습니다(호 6:6; 마 9:13; 12:7; 미 6:8; 슥 7:9-10).[2]

---

2 Turner, *Matthew*, 556.

외식하는 지도자들은 눈에 보이는 가벼운 법을 철저히 지키며 종교적 행위로 겉을 치장합니다. 하지만, 그 내면은 무거운 법을 버리고 불의, 무자비, 불신으로 가득합니다.

예수님은 이 외식하는 서기관과 바리새인의 행태가 하루살이는 걸러 내고 낙타를 삼키는 것과 같다고 하셨습니다. 하루살이와 낙타는 율법이 모두 부정한 것으로 정해 먹지 못하는 것입니다(레 11:4, 23, 41). 예수님은 이들이 사람에게 보이기 위해 가벼운 율법은 철저하게 지키면서도 무거운 율법은 어기는 모순적인 태도를 보인다고 지적하십니다. 이는 그들이 거짓 하나님의 백성이요 교인을 지옥으로 인도하는 자들임을 잘 보여줍니다. 예수님은 이 악을 돌이켜 두 법들을 모두 지키는 것이 합당하다고 선포하셨습니다.

다섯째와 여섯째, 예수님은 서기관들과 바리새인들이 겉은 깨끗이 하지만, 그 안에는 탐욕과 방탕으로 가득한 잔과 대접과 같다고 책망하셨습니다. 또한, 회를 칠하여 그 겉은 깨끗하지만 그 안에는 죽은 사람의 뼈와 모든 더러운 것이 가득한 무덤과 같다고 하셨습니다. 예수님은 그들에게 "먼저 너는 안을 깨끗이 하라 그리하면 겉도 깨끗하리라"라고 하시며 죄로 가득한 마음과 삶을 깨끗이 돌이키라고 말씀하셨습니다. 서기관과 바리새인의 외식과 불법은 사람에게 영광을 취해 자신을 높이고 스스로 모세의 자리에 앉아 군림하며 섬김을 받으려 하는 죄악입니다.

일곱째, 예수님은 서기관과 바리새인이 하나님이 보낸 선지자들과 그의 아들을 영접하지 않고 죽이는 악을 책망하셨습니다. 외식하는 서기관과 바리새인은 자기 조상들이 죽인 선지자들의 무덤을 만들고 의인들의 비석을 세워 자신들은 조상들과 다르다고 말했습니다. 하지만, 예수님은 그들이 하나님의 선지자 세례 요한과 그의 아들 그리스도를 영접하지 않고 박해하는 것을 보며 조상들과 다르지 않다고 말씀하셨습니다. 예수님은 그들이 의인 아벨의 피로부터 선지자 사가랴의 피까지 흘린 모든 의로운 피에 대한 심판을 받을 것이라고 하셨습니다. 그러나 오직 예수 그리스도께 돌이키는 자에게 구원이 임할 것입니다.

돌이키지 않는 죄인에게 임하는 최후 심판 (마 24:1-42)

예수님은 돌이킴의 명령과 함께 그 유무에 따른 구원과 심판의 말씀을 반복해 선포해 오셨습니다. 그리고 마태복음 24장에서 돌이킴을 거부하는 이스라엘과 세상이 당할 심판을 종합하며 마지막으로 말씀하셨습니다.[3]

---

3 Luz, *Matthew* 20-28, 179. Luz는 마태복음 24장이 마태복음 심판 주제의 중심부라고 말합니다. Bruner, *Matthew* 13-28, 467. Brunner는 마태복음 24장이 마태복음 4장 17절의 돌이키라 하늘나라가 가까이 왔으니라는 선포가 의미하는 마지막 심판을 최종적으로 설명하며

예수님은 돌이킴을 거부하는 세상의 최후 심판과 재난이 예루살렘과 성전이 황폐화되는 것으로 시작될 것이라고 선포하셨습니다(마 24:1-14). 돌이키지 않는 패역한 예루살렘과 성전의 황폐화로 최후 심판의 환난이 시작되고 그것이 하늘나라 복음이 온 세상에 전파되는 날까지 지속될 것이라고 가르치셨습니다. 그렇지만 환난이 마치는 그날까지 끝까지 견디는 자는 구원을 얻을 것이라며 격려하셨습니다.

예수님은 최후 심판의 시작을 알리는 예루살렘 성과 성전 파괴의 참혹한 모습을 설명하셨습니다(마 24:15-22). 돌이키지 않음으로 임하는 그 환난이 어찌나 크고 고통스러울지 창세로부터 지금까지 그리고 그 이후에도 이런 환난이 없을 것이라고 경고하셨습니다. 그러나 택하신 자들, 교회로 부름 받은 제자들을 위해 그날을 감하실 것이라고 하셨습니다(마 16:18 참고).

예수님은 예루살렘 멸망과 함께 최후 심판의 큰 환난이 시작되면 거짓 그리스도가 등장하여 많은 이를 미혹할 것이라고 경고하셨습니다. 사람들이 그리스도가 광야에 있다고 말하여도 나가지 말고 골방에 있다고 하여도 믿지 말라고 하셨습니다. 재림이 동서를 가르며 치는 번개와 같고 주검이 있는 곳에 독수

돌이킴과 그에 합당한 삶을 직간접적으로 명령한다고 설명합니다.

리가 몰려드는 것과 같이 누구라도 볼 수 있고 알 수 있게 일어날 것이기 때문이라고 가르치셨습니다. 예수님은 택함받은 교회 공동체가 이 거짓 선지자에 속아 넘어가지 않도록 단단히 경계하셨습니다.

마지막으로 예수님은 이 시작된 최후 환난의 날들이 지나간 이후에 특별한 징조와 함께 재림할 것이라고 가르치셨습니다. 그리고 자신이 재림하는 날과 때는 아무도 모르기 때문에 깨어 그날을 준비하라고 하셨습니다(마 24:36-42). 예수님은 그날이 마치 노아 때처럼 사람들이 먹고 마시고 장가들고 시집가며 일상을 살던 중 깨닫지 못하고 홍수가 나서 멸망 당하였던 것과 같을 것이라고 예언하셨습니다. 그리고 그날에 밭에 있는 두 사람 중 하나는 데려감을 당하고 하나는 그렇지 못할 것이며 맷돌질하는 두 여인 중에 하나는 데려감을 당하고 다른 하나는 그렇지 못할 것이라고 말하셨습니다. 이는 그의 임함이 정말 아무도 알지 못하는 날 매일 반복되는 일상을 살던 날 중 하루가 될 것임을 강조합니다. 그러므로 다른 사람들과 같이 일상을 살면서도 깨어 준비하여 최후 멸망에 버려지는 것이 아니라 하늘나라로 데려감을 당하게 하라고 명합니다.

충성과 지혜로 준비하는 재림 (마 24:42-25:30)

> 그러므로 깨어 있으라 어느 날에 너희 주가 임할는지 너
> 희가 알지 못함이니라 … 이러므로 너희도 준비하고 있으
> 라 생각하지 않은 때에 인자가 오리라 충성되고 지혜 있
> 는 종이 되어 주인에게 그 집 사람들을 맡아 때를 따라 양
> 식을 나눠 줄 자가 누구냐 (마 24:42-45)

　때와 시기를 알지 못하는 예수님의 재림과 그날에 있을 최
후 심판을 어떻게 준비해야 할까요? 예수님은 마태복음 24장
44절부터 25장까지 이어지는 세 개의 비유(충성되고 지혜로운
종, 열 처녀, 달란트)를 통해 이를 가르치셨습니다.

충성되고 지혜 있는 종의 비유: 돌이킴에 합당한 열매를 항상
맺는 충성과 지혜 (마 24:45-51)

> 충성되고 지혜 있는 종이 되어 주인에게 그 집 사람들을
> 맡아 때를 따라 양식을 나눠 줄 자가 누구냐 주인이 올 때
> 에 그 종이 이렇게 하는 것을 보면 그 종이 복이 있으리로
> 다 내가 진실로 너희에게 이르노니 주인이 그의 모든 소
> 유를 그에게 맡기리라 만일 그 악한 종이 마음에 생각하
> 기를 주인이 더디 오리라 하여 동료들을 때리며 술친구들
> 과 더불어 먹고 마시게 되면 생각하지 않은 날 알지 못하
> 는 시각에 그 종의 주인이 이르러 엄히 때리고 외식하는

자가 받는 벌에 처하리니 거기서 슬피 울며 이를 갈리라
(마 24:45-51)

예수님은 이 비유를 하늘로 오르기 전 제자들에게 말씀하셨습니다. 그러므로 비유 속 집을 떠나는 주인은 십자가에 죽고 부활하여 하늘에 올라 다시 돌아오는 예수님을 의미합니다. 그리고 충성되고 지혜있는 종은 다시 돌아오실 예수님을 기다리며 그의 명에 항상 순종하는 제자를 의미합니다. 그리고 비유 속 주인이 종에게 분부한 것은 예수님이 제자들에게 분부한 것을 의미합니다. 즉, 이 비유는 예수님이 다시 돌아오기 전까지 제자들이 예수님이 가르치신 돌이킴에 합당한 열매를 항상 맺는 충성과 지혜를 강조합니다.[4]

특히, 악한 종이 벌을 받을 것이라는 말씀은 예수님이 책망하신 외식하는 예루살렘 종교 지도자들을 생각나게 합니다(마 23장). 즉, 예수님은 이 비유를 통해 제자들은 외식하는 자들과 달라야 하고, 하늘나라를 기업으로 받아야 함을 강조하셨습니다.

결국 이 비유는 우리들에게 예수님이 가르치신 돌이킴과 그에 합당한 열매에 대한 모든 말씀에 항상 순종하여 예수님이 언

---

4 Davies & Allison, *Matthew* 19-28, 394. 이 비유가 "두 부류의 무리들이 나누어짐, 재림과 최후심판이 유보됨, 때(시간)를 경시함, 마지막이 갑작스럽게 옴, 깨어 있음, 신실(충성)" 등을 묘사한다고 말합니다.

제 돌아오시든지 충성스러운 종으로 발견되어 하늘나라를 얻는 것이 유익하다는 것을 알려줍니다.

열 처녀 비유: 돌이킴에 합당한 열매를 항상 맺는 지혜
(마 25:1-13)

> 그 때에 천국은 마치 등을 들고 신랑을 맞으러 나간 열 처녀와 같다 하리니 그 중의 다섯은 미련하고 다섯은 슬기 있는 자라 미련한 자들은 등을 가지되 기름을 가지지 아니하고 슬기 있는 자들은 그릇에 기름을 담아 등과 함께 가져갔더니 신랑이 더디 오므로 다 졸며 잘새 밤중에 소리가 나되 보라 신랑이로다 맞으러 나오라 하매 이에 그 처녀들이 다 일어나 등을 준비할새 미련한 자들이 슬기 있는 자들에게 이르되 우리 등불이 꺼져가니 너희 기름을 좀 나눠 달라 하거늘 슬기 있는 자들이 대답하여 이르되 우리와 너희가 쓰기에 다 부족할까 하노니 차라리 파는 자들에게 가서 너희 쓸 것을 사라 하니 그들이 사러 간 사이에 신랑이 오므로 준비하였던 자들은 함께 혼인 잔치에 들어가고 문은 닫힌지라 그 후에 남은 처녀들이 와서 이르되 주여 주여 우리에게 열어 주소서 대답하여 이르되 진실로 너희에게 이르노니 내가 너희를 알지 못하노라 하였느니라 그런즉 깨어 있으라 너희는 그 날과 그 때를 알지 못하느니라 (마 25:1-13)

열 명의 여인이 신랑이 언제 도착할지 모르는 상황은 사람들이 예수님이 언제 다시 오실지 모르는 것을 묘사합니다. 슬기로운 다섯 여인이 신랑이 더디 올 것을 대비해 기름을 가져가서 꺼지지 않는 빛으로 신랑을 맞이하는 것은 슬기로운 제자들이 재림을 대비해 예수님이 명하신 돌이킴과 그에 합당한 열매를 항상 맺음으로 그의 재림을 준비하는 것을 묘사합니다. 또한, 이 슬기로운 여인들이 혼인 잔치에 들어가는 것은 이 슬기로운 제자들이 하늘나라 생명 잔치에 들어가는 것을 의미합니다.

슬기로운 여인들이 준비한 것이 기름입니다. 학자들은 이 기름을 선한 행실, 악한 행위의 자제(15:19), 원수를 사랑함(5:44), 다른 신자를 사랑함(24:12), 다른 이를 용서함(18:21-35), 망설임 없는 믿음(21:21); 예수님을 향한 충성(10:23), 하나님을 향한 사랑(22:37) 등이라고 보고 있습니다.[5] 하지만, 엄밀히 말해 슬기로운 여인들이 준비한 것은 기름을 태워 발하는 꺼지지 않는 빛입니다. 왜냐하면 이 비유에서 처녀들이 더디 오는 신랑을 맞이할 수 있게 한 것은 기름이 아니라 그것을 태워 어두운 밤을 비추는 꺼지지 않는 빛이기 때문입니다. 그리고 이 꺼지지 않는 빛은 돌이킴의 열매를 항상 맺는 것을 의미합니다.[6]

---

5 Davies & Allison, *Matthew* 19-28, 396-97.

6 Bruner, *Matthew* 13-28, 545, 550. Bruner는 슬기로운 여인들이 준비한 것은 "하나님의 말씀을 청종하고 그 말씀에 대한 신념 아래서 인내하는 삶과 지속적인 돌이킴의 삶"을 나타낸다고 말합니다.

이 꺼지지 않는 빛은 예수님이 산상수훈에서 제자들을 세상의 빛과 소금이라고 하신 것을 생각나게 합니다(마 5:14-16). 또한 등불을 등경 위에 두어 집안 모든 사람에게 빛을 비추듯이 그 가르친 돌이킴에 합당한 착한 열매를 사람들에게 나타내라고 하신 말씀도 생각나게 합니다. 즉, 예수님은 이 비유를 통해 자신의 재림을 지혜롭게 준비하는 참 제자는 돌이킴에 합당한 열매를 항상 맺음으로 죄로 어두운 세상을 항상 비추고 있는 자라는 것을 가르치십니다.

반면, 미련한 다섯 처녀가 기름을 가져가지 않아 빛이 없어 혼인 잔치에 들어가지 못한 것은 악하고 게을러 열매를 맺지 못하는 사람이 하늘나라에 들어가지 못하는 것을 의미합니다. 미련한 여인은 예수님이 산상수훈에서 돌이킴에 합당한 열매를 맺지 못한 자를 "맛을 잃은 소금"이라고 하신 것을 생각나게 합니다(마 5:16). "맛을 잃은"이라고 번역된 헬라어 모라이노(μωραίνω)와 "미련한"이라고 번역된 헬라어 모로스(μωρός)는 의미가 같은 단어입니다. 문지기가 이 미련한 다섯 여인을 철저히 문전박대하는 모습은 돌이킴에 합당한 열매를 맺는 지혜가 없으면 결코 하늘나라에 들어갈 수 없다는 것을 의미합니다.

예수님은 "그러므로 너희는 그 날과 그 때를 알지 못하니 깨어 있으라"라고 말하며 비유를 마치셨습니다. 여기서 "깨어 있는 것"은 무엇일까요? 슬기로운 다섯 여인이 꺼지지 않는 불을 준비했듯이 돌이킴과 그에 합당한 열매를 꺼뜨리지 않고 항상 맺는 것입니다. 이로서 예수님이 언제 오시든지 합당한 열매 맺는 충성된 종으로 발견되어 칭찬받고 하늘나라 생명 잔치에 들어가는 것입니다.

달란트 비유: 돌이킴에 합당한 열매를 맺는 충성 (마 25:14-30)

예수님은 달란트 비유를 통해 제자들이 합당한 열매를 행하는 충성으로 재림을 준비하도록 하셨습니다. 슬기로운 다섯 처녀 비유가 돌이킴에 합당한 열매를 항상 맺는 지혜에 초점을 두고 있다면 달란트 비유는 그 열매를 맺는 충성에 강조점이 있습니다. 한 사람이 타국에 가며 종들에게 능력에 따라 각각 금 다섯, 둘, 한 달란트를 주고 갑니다. 그리고 다섯 달란트와 두 달란트 금을 받은 종은 바로 가서 장사하여 같은 양의 금을 주인에게 돌려줍니다. 그러나 한 달란트 받은 자는 바로 가서 일하지 않고 땅을 파고 감추어 두었다가 그대로 돌려줍니다.

한 사람이 타국에 가며 종들에게 능력에 따라 각기 금 다섯 달란트, 두 달란트, 그리고 한 달란트를 맡기는 것은 무엇을 비유할까요? 사람들은 이 달란트가 하나님의 말씀, 성경을 이해하는 깊이, 카리스마(고전 12:12-31), 사회적 지위, 부와 영향력, 개인의 능력 혹은 돈을 상징하는 것으로 이해합니다.[7] 하지만 이 비유의 문맥을 살펴보면 주인이 종들에게 주고 떠나는 달란트는 예수님이 하늘로 가며 제자들에게 주신 것을 의미합니다. 그것은 바로 돌이킴과 그에 합당한 열매에 대한 말씀, 십자가의 자기 낮춤과 섬김, 죄 사함과 구원의 사랑입니다. 예수님은 달란트로 그 가치를 표현하신 것입니다.[8]

금 다섯 달란트와 두 달란트를 받은 종들이 충성스럽게 장사하여 받은 것과 동일한 양의 금을 주인에게 돌려주는 것은 무엇을 상징할까요? 그것은 제자들이 예수님에게 십자가의 자기 낮춤과 섬김의 사랑을 받아 충성스럽게 일하여 그와 동일하게 돌이킴에 합당한 자기 낮춤과 섬김의 열매를 맺는 것을 의미합니다. 이 두 충성스러운 종들의 모습을 통해 예수님은 제자들이 돌이킴에 합당한 자기 낮춤과 섬김의 열매를 충성스럽게 맺도록 하셨습니다.

반면, 한 달란트를 받은 종이 일하지 않고 그것을 땅에 묻어 두었다가 그대로 돌려주는 것은 무엇을 상징할까요? 그것은 예수님의 자기 낮춤과 섬김의 은혜를 받고도 돌이킴에 합당한 자

---

7 Luz, *Matthew* 21-28, 259.

8 Davies and Allison, *Matthew* 19-28, 405. 여기서는 달란트가 모든 은혜를 상징한다고 말합니다. 당시 금 한 달란트는 20년 치의 품삯이 었습니다.

기 낮춤과 섬김의 열매를 맺지 않는 것을 의미합니다. 좋은 나무가 좋은 열매를 맺고 나쁜 나무가 나쁜 열매를 맺을 수 밖에 없듯이 이 종이 열매를 맺지 않는 것은 그가 진실로 예수님에게 돌이킨 제자가 아니라 거짓으로 돌이킨 악한 사람이라는 것을 알려줍니다. 즉 이 종은 처음부터 제자가 아니었습니다.

그런데 이 세 명의 종이 각각 다섯 달란트, 두 달란트, 한 달란트 다른 양의 금을 받는 것은 무엇을 상징할까요? 서로 다른 양의 달란트는 죄 사함과 구원의 은혜를 각기 다른 분량으로 받는 것을 의미합니다. 엄밀히 말해 예수님은 돌이켜 자신을 따르는 모든 제자에게 자기 낮춤과 섬김의 십자가를 통한 구원의 은혜를 베풉니다. 하지만, 각각의 돌이킨 제자는 그가 이전에 지은 죄의 양과 정도에 따라 예수님의 자기 낮춤과 섬김의 십자가와 그것으로 사함받은 죄의 양과 그에 따른 구원의 은혜가 다르게 여겨질 수 있습니다. 즉, 다섯 달란트 받은 자는 두 달란트 받은 자에 비해 더 큰 죄의 용서와 그에 따른 더 큰 구원의 은혜를 경험하는 자를 묘사합니다. 예수님은 누가복음 7장 40-47절에서 빚이 많아 많이 탕감받은 자는 많은 십자가의 은혜를 받고 많이 사랑하며 빚이 비교적 적어 적게 탕감받은 자는 적게 사랑한다고 말합니다.

각기 다섯 달란트 금과 두 달란트 금을 받아 같은 열매를 남긴 두 종은 주인이 돌아오는 날에 "착하고 충성된(신실한) 종"이라 불리우고 주인의 더 많은 재산을 맡아 다스리며 주인의 즐거움에 참여하는 축복을 받습니다. 그러나 한 달란트 금을 받고 땅에 감추어 두었던 종은 악하고 게으른 종이라 불리우며 바깥 어두운데 쫓겨나 슬피 울며 이를 갈게 됩니다. 이는 제자가 예수님에게 받은 것과 동일한 자기 낮춤과 섬김의 열매를 맺어 예수님이 다시 오실 때 "착하고 충성된(신실한) 종"이라 칭찬받으며 예수님의 즐거움에 참여하는 것과, 악인들이 지옥에 던져지는 심판을 받게 될 것을 의미합니다.

결론

돌이킴에 합당한 열매는 십자가를 본받는 자기 낮춤과 섬김뿐만 아니라 산상수훈, 파송 강화, 교회 공동체 강화 등에서 명한 모든 착한 열매들입니다. 예수님은 하늘에 계시지만 이 땅에 남아있는 제자들을 홀로 두지 않으십니다. 예수님은 세상 끝날까지 제자들과 항상 함께하시며 합당한 열매를 맺게 하실 것입니다.

우리의 마음과 삶을 말씀에 비추어 돌이키고 또 돌이키며 그에 합당한 열매 맺는 삶을 살다보면 예수님을 만나게 될 것입니다. 그리고 그 날에 오래 그리워하며 기다리던 연인을 만나는 것과 같이 우리는 큰 기쁨을 누리게 될 것입니다. 우리는 돌이킴에 합당한 열매를 항상 맺는 충성과 지혜로 그날을 염려와 근심과 걱정이 아닌 설렘으로 기대하며 기다릴 수 있습니다.

RE:TURN

나가며

스불론 땅과 납달리 땅과 요단 강 저편 해변 길과 이방의 갈릴리여 혹암에 앉은 백성이 큰 빛을 보았고 사망의 땅과 그늘에 앉은 자들에게 빛이 비치었도다 하였느니라 이 때부터 예수께서 비로소 전파하여 이르시되 회개하라 천국이 가까이 왔느니라 하시더라 (마 4:15-17)

성경과 역사 속의 부흥은 항상 회개의 역사였습니다. 하나님의 주권적인 은혜는 반복해서 하나님을 떠나는 패역한 세대를 긍휼히 여기시어 그 심령과 그에 따른 삶에 돌이킴을 허락하셨습니다. 하나님은 지난 구속 역사 속에 많은 선지자를 보내 돌이킴과 부흥의 역사를 반복해서 허락해 주셨습니다. 마지막 때에 하나님의 아들 예수 그리스도를 보내어 세상 모든 민족을 구원하는 부흥의 역사를 이루셨습니다.

우리는 이 책을 통해 마태복음에서 예수님이 명하는 돌이킴에 대해 살펴보았습니다. 예수님이 가장 먼저 "돌이키라"라고 선포하셨던 이유는 죄인을 돌이켜 구원하는 것이 예수님이 세상에 오신 가장 중요한 목적이었기 때문입니다. 그리고 예수님이 가장 먼저 선포하지 않으면 안 될 만큼 돌이킴이 가장 중요한 것이기 때문입니다. 그러나 우리는 "돌이키라"라는 예수님의 이 첫 번째 외침과 돌이킴에 합당한 열매에 대한 수많은 말씀을 잘 알고 있지 못합니다.

모든 진정한 돌이킴과 부흥의 역사는 돌이킴에 합당한 열매 맺는 것으로 완성됩니다. 그 열매는 제자도의 열매, 더 나은 의의 열매, 생명을 드리는 선교의 열매, 자기 낮춤의 열매, 지혜와 충성의 열매입니다. 예수님은 돌이킴을 중심으로 땅에서 펼친 사역을 마치시고 하늘에 오르시면서 마지막으로 다음과 같은 말씀을 선포하셨습니다.

> 예수께서 나아와 말씀하여 이르시되 하늘과 땅의 모든 권세를 내게 주셨으니 그러므로 너희는 가서 모든 민족을 제자로 삼아 아버지와 아들과 성령의 이름으로 세례를 베풀고 내가 너희에게 분부한 모든 것을 가르쳐 지키게 하라 볼지어다 내가 세상 끝날까지 너희와 항상 함께 있으

리라 하시니라 (마 28:18-20)

예수님이 하늘로 오르시기 전 마지막으로 하신 이 말씀은 자신이 땅에서 펼치던 돌이킴의 사역을 하늘에서도 제자들과 함께 온 세상을 돌이키는 부흥의 역사로 이어가겠다는 약속입니다.

우리는 예수님과 함께 이 돌이킴의 역사에 참여하는 자들로 부름 받았습니다. 예수님이 처음부터 마지막까지 일관되게 전파하신 돌이킴에 세상 모든 민족의 구원이 달려 있습니다. 그러므로 예수님의 말씀을 따라 돌이킴을 전파하고 그에 합당한 열매를 맺도록 하는 것은 우리가 세상 끝날까지 모든 것을 동원하여 힘써 해야 하는 일입니다.

참고도서

Allison, Dale C. "The Continuity between John and Jesus." *Journal for the Study of the Historical Jesus* 1, no. 1 (January 1, 2003): 6-27.

_____. "The Structure of the Sermon on the Mount." *Journal of Biblical Literature* 106, no. 3 (September 1, 1987): 423-45.

Bauer, Walter, Frederick William Danker, William F. Arndt, and F. Wilber Gingrich. *A Greek-English Lexicon of the New Testament and Other Early Christian Literature*. 3rd ed. Chicago: University of Chicago Press, 2000.

Boda, Mark J. *"Return to Me"*: *A Biblical Theology of Repentance*. Downers Grove, IL: IVP Academic, 2015.

Boda, Mark J., and Gordon T. Smith, eds. *Repentance in Christian Theology*. Collegeville, MN: Michael Glazier, 2006.

Bruner, Frederick Dale. *Matthew: A Commentary: The Churchbook, Matthew 1-12*. Grand Rapids: Wm. B. Eerdmans, 2007.

_____. *Matthew: A Commentary: The Churchbook, Matthew 13-28*. Grand Rapids: Wm. B. Eerdmans, 2007.

Carter, Warren. *Matthew and the Margins: A Sociopolitical and Religious Reading*. Sheffield, England: Sheffield Academic Press, 2000.

Choongjae Lee, *Repentance as a major theme of the Gospel of Matthew* (Wipf&Stock: Eugene, OR; 2020).

Davies, W. D., and Dale C. Allison, Jr. *Matthew 1-7*. International Critical Commentary. London: T&T Clark, 2004.

_____. *Matthew 8-18*. International Critical Commentary. London: T&T Clark, 2004.

_____. *Matthew 19-28*. International Critical Commentary. London: T&T Clark, 2004.

France, R. T. *The Gospel of Matthew*. New International Commentary on the New Testament. Grand Rapids: Wm. B. Eerdmans, 2007.

Keener, Craig S. *The Gospel of Matthew: A Socio-Rhetorical Commentary*.

Grand Rapids: Wm. B. Eerdmans, 2009.

_____. *Matthew*. IVP New Testament Commentary Series. Downers Grove, IL: IVP Academic, 1997.

Kingsbury, Jack Dean. *Matthew*. Proclamation Commentaries. Philadelphia: Fortress Press, 1977.

Louw, J. P., and Eugene A. Nida. *Greek-English Lexicon of the New Testament: Based on Semantic Domains*. New York: United Bible Societies, 1989.

Luz, Ulrich. *Matthew 1-7*. Hermenia. Minneapolis: Fortress Press, 2007.

_____. *Matthew 8-20*. Hermenia. Minneapolis: Fortress Press, 2005.

_____. *Matthew 21-28*. Hermenia. Minneapolis: Fortress Press, 2005.

Pennington, Jonathan T. *The Sermon on the Mount and Human Flourishing: A Theological Commentary*. Grand Rapids: Baker Academic, 2017.

Robertson, A. T. *Word Pictures in the New Testament*. Nashville: Holman Reference, 2000.

Runesson, Anders. *Divine Wrath and Salvation in Matthew*. Minneapolis: Fortress Press, 2016.

Scaer, David P. *The Sermon on the Mount: The Church's First Statement of the Gospel.* St. Louis: Concordia Pub. House, 2000.

Silva, Moisés, ed. *New International Dictionary of New Testament Theology and Exegesis.* Vol. 3. Grand Rapids: Zondervan, 2014.

Snodgrass, Klyne R. *Stories with Intent: A Comprehensive Guide to the Parables of Jesus.* Grand Rapids: Wm. B. Eerdmans, 2018.

Strecker, George. *The Sermon on the Mount: An Exegetical Commentary.* Nashville: Abingdon, 1988.

_____. *Theology of the New Testament.* New York: Westminster John Knox Press, 2000.

Talbert, Charles H. *Matthew.* Paideia. Grand Rapids: Baker Academic, 2010.

_____. *Reading the Sermon on the Mount: Character Formation and Decision Making in Matthew* 5-7. Grand Rapids: Baker Academic, 2006.

Turner, David L. *Matthew.* Baker Exegetical Commentary on the New Testament. Grand Rapids: Baker Academic, 2008.

Wilkins, Michael J. *Discipleship in the Ancient World and Matthew's Gospel.* Eugene, OR: Wipf & Stock, 2015.